唐君毅全集 卷二十八

日記（下）

臺灣學生書局印行

目錄

日記（下）

日記

（下）

本書乃作者日記遺稿，由謝廷光（方回）謄寫編排，收入全集前從未發表。

民國五十三年（一九六四年）

一月

一日　晴　標點並改正前作秦漢以後之天命觀一文，夜參加新亞校友日聚餐會並看電影。

二日　陰雨　晨標點作文完，寫信二封，午睡後至友人處，夜哲學會，以雨到者只六人，未正式開會，此會已五年皆每月第一個星期日開會，不另發通知，到者通常十餘人至廿人，從未流會，但近數月到者已漸少，可知眞學問興趣之難持久。宗三爲王君與珠海考入研究所之某君各有意見。

三日　陰　上午到校辦公並交涉事，下午睡，夜至宗三處談。

四日　晴　上午到校辦公，下午寫二信，友人來談，夜約黃伯飛家人來晚飯並看電影。

五日　晴　上午思哲學問題，寫筆記數條。

六日　晴　上午上課二時，午睡，學校談話會，夜改朱子理氣太極論一時許。
七日　晴　上午上課二時，下午睡，改朱子理氣太極文一時許，交人重抄。
八日　晴　上午上課二時，下午睡，改麥仲貴所記我講演中國文學與哲學至夜完。
九日　晴　上午上課二時，下午君勱先生來校講演，夜校對學生所抄文數千字。
十日　晴　上午校對學生所抄文一萬字，參加月會，午睡後爲一學生改研究計劃。
十一日　晴　上午到校辦公，改學生報告，午睡後再改學生報告，夜約李定一家人晚飯並看電影。
十二日　晴　上午學生來，下午與廷光安兒及李國鈞等遊清水灣及沙田，夜赴一學生開辦書店之酒會。
十三日　晴　上午到校辦公，中午學校宴澳州大學來訪之教授，下午聽講演，夜陳士文約。
十四日　上午校對學生所抄文三時，下午研究所講會，夜聽英文二時。
十五日　陰　上午校文一時許並辦雜事，下午校對文四時。
十六日　晴　上午校對文並辦雜事，下午君勱先生來講演，講後至一小店吃飯。
十七日　晴　上午校對文三時，下午學位考試委員會開會，中國文化協會開會，夜又校對文。
十八日　晴　上午校對學生所抄文三時，中午羅香林約午飯，下午睡，夜與宗三等同往看電影。

十九日　晴　上午人文學會開會，午睡後改正所作太極問題疏抉及秦漢以後之言命文。夜陳荆和請吃飯。

二十日　晴　上午到校考試，中午王道約午飯，下午圖書館會議，夜又補改所作文二三處。

廿一日　陰雨　上午復信一封，並至大埔，下午復梅貽寶一函，陳永明、張龍鐸各一函。

廿二日　晴　上午至圖書館開書目，下午張君勱先生講演，明日起放寒假。

廿三日　陰　上午與宗三兄同出，下午在校中晤陳榮捷，夜改文一時，並看電影。

廿四日　陰　上午閱白虎通義，下午學生來，夜閱 Harthorm: Logic of Perfection 二十頁。

廿五日　陰　上下午閱昨書六十頁，夜至仙宮樓晚飯。

廿六日　雨　上午閱昨書二三時，中午楊守衎及王覺同約午飯。

廿七日　陰　上午閱昨書，下午睡，錢清濂約晚飯，夜思音樂中十二律之問題。

廿八日　晴　上午校對文，午睡後閱書百餘頁。

廿九日　晴　上午辦公。閱 Harthorm 書完，下午睡，夜看電影。

三十日　陰　上午閱試卷，並復 Moore 一函。

卅一日　陰　上午與廷光及數友至新界妙法寺內明佛學院，夜歸為國樂會特刊草一文，題為音樂與中國文化千餘字。

二 月

一日 陰 續昨文千字完。

二日 晴 閱雜書，下午學生來。

三日 陰 下午開研究所會，至沙田香林別墅午餐下午歸。

四日 陰 上午寫信二封，閱羅素 Wisdom of West。

五日 陰 上午到校辦公，下午學位考試委員會，夜赴一學生婚宴。

六日 晴 上午到校辦公，下午睡，夜哲學會。

七日 陰 上午到校辦公，中午至飛機場，下午睡，晚在恆生銀行酒會。

八日 陰 上午到校辦公，下午復盧遂現一函，又整理書物。

九日 晴 上午過海看藝術系展覽，閱 Russell: Wisdom of West 至夜七八十頁。今日為我五十五歲生日。

十日 陰 上午至何魯之先生處，送禮劵三百元，因其為先父之友也。下午睡並閱 Ressell 書。

十一日　陰　上午到校辦公，中午校中請客，得二妹信謂母病入醫院治療已漸好，下午改論個人與世界之文之英文稿，夜赴婚宴，歸校文改稿至夜半。

十二日　陰　終日補作昨文之註譯，及中英名辭對照表至夜完，今日爲除夕，約數同學來過年。

十三日　陰　元旦終日有人來拜年，得二妹一電甚驚懼，後知是囑買藥航寄之電文乃放心。

十四日　陰　今日仍時有人來拜年，夜至鄰近數處回拜年。

十五日　晴　上午至數友處拜年，下午過海至張君勱、趙冰、曾履川先生處拜年。

十六日　晴　上午整理文稿，下午時有客來，夜劉之仁婚宴。

十七日　陰　上午至校中辦公，下午校改文稿，夜赴馬義約晚飯。

十八日　陰　上午到校辦公，下午至游雲山處晚歸。

十九日　陰　上午辦公，午睡後校改文，夜人文學會聚餐，飯後同至我家中談話。

二十日　陰　上午辦公，下午校文，晚看電影，歸再校文。

廿一日　陰　今日開學，中午曾履川借家中請客。下午校對文二時，夜張君勱先生約晚飯，又孔聖堂亦約晚飯。

廿二日　陰　上午到校辦公，校對文二時。

廿三日　陰　上午學生來同午飯，下午睡，夜校對文。

廿四日　陰　上午上課三時，下午再校文一次，郵寄夏威夷，得鄭學弢一信謂母親病仍未癒，與二妹一信。

廿五日　陰　上午上課二時，下午回拜數友，夜閱 Russell 西哲史。

廿六日　陰　上午上課二時，下午聘任會。

廿七日　晚得電知吾母逝世。

廿八日　吾去慈航淨苑，於該處唸經開奠，三月七日歸家，十日中爲母喪日記斷。自茲以後，吾長爲無母之人矣，嗚呼痛哉。

廷光代筆（三）

一九六四年二月二十七日夜得電報，知阿婆已於二月廿六日卽甲辰年元月十四日病逝蘇州，時毅兄不在家，我與安兒驚惶失措，電話通知牟宗三先生及鄭力爲同學，他們瞬間卽來，我請鄭君往接毅兄，並囑暫勿言母逝消息，只言家中有事請早回家，但毅兄已知乃不幸之事也。鄭君言：「先生全身戰慄，幾不能行動。」鄭君攙扶歸來，毅兄支撐不住，仆倒地上。見牟先生在卽頻頻呼叫：「宗三兄，我是罪人，我要回家，我要見母親……」至情至性，此時牟先生亦無言相慰。夜既深，牟先生與力爲同學離去。毅兄不時搥胸蹬足，嚎啕大哭，我與安兒亦只有陪他哭至天明。二月廿八日趙潛、李國鈞陪往新界訪若干寺廟，後由曉雲法師介紹擇定沙田慈航淨苑奉設阿婆靈位，毅兄住苑中終日守靈，我與安兒亦住苑中，喪事全由同學們協助料理。住苑七日，每日皆有菴尼誦經，每日友好同學往來不絕，三月四日開弔，由高僧樂果老法師設壇說法安位，祭禮則由錢賓四、吳士選兩位先生主持，毅兄哀痛欲絕淒苦孺慕之情，弔者無不感動。樂果老法師說法安位後，本已離去，但爲毅兄至孝所感，去而復回，安慰毅兄說：「老人算是高壽，我已爲他說法安位，老人已安，如你太悲傷，老人又不安了，聽我的話，體老人愛子之心，節哀保重才是。」毅兄叩謝老法師，嗚咽不能語。淨苑住持智林老師傅亦爲毅兄天性仁孝所感，每日皆至靈堂誦經，助亡人早升極樂世界，毅兄亦跪拜以謝老師傅。

開弔日各界前輩友好，先後同學，來弔唁者三百餘人，送輓聯者甚多，玆錄一部份：張君勱先生輓詞：「大孝終身慕父母；斯文一線繫興亡。並附言君毅先生太夫人仙游蘇州寓邸，時局如此，不得親視殮，誠抱無涯之痛，惟有努力文運以慰親心。」錢賓四、吳俊升先生輓詞：「教子成名儒，孝思永錫，此日帷帳興悲，蓼莪廢讀；倚門傷永訣，寒舍難安，他年收京上冢，進祭椎牛。」曉雲法師輓詞：「佛儒兼尊示懿範；行依三寶發菩提。」羅香林先生輓詞：「與郎君道義相交，故國鐵山圍，恨未登堂瞻懿範；仰賢母福壽俱備，華嚴樂土現，更從敷坐誦遺規。」牟宗

三、程兆熊先生輓詞：「喪亂同逢，痛華夏無光，光明終當永在；孤零常慰，欽哲人有母，母教自爾千秋。」徐佛觀先生輓詞：「鶴駕九天，桃李園林垂懿範；家國萬里，屺瞻詩句動哀思。」蕭輝楷先生輓詞：「桑梓欽典範人倫，斷機以教，擇鄰以居，課子果爲賢，降帳南開滿麟鳳；萑符正支離天壞，守禮者殘，守道者去，事親誰償志，錦城北望盡雲山。」陶元珍先生輓詞：「相夫傳儒學；教子成哲人。」潘重規、莫可非先生輓詞：「怕言吳地風光，元夜婺星傷遽殞；寄願梵天法相，花朝生佛會重來。」王道、梁宜生先生輓詞：「讀詩廢蓼莪，鞠育親恩同一慟；生子成賢哲，孟歐母教各千秋。」饒宗頤、蕭立聲先生輓詞：「南海望雲哀罔極；西池赴詔報遊仙。」曾克耑、何敬羣、夏書枚先生輓詞：「法證白蓮，自向吳天參佛果；歌悲黃竹，遙從香海奠生芻。」新亞校友會輓詞：「懿範應長存，誕賜良師興絕學；心喪加重服，痛哀賢母別塵寰。」此外送花圈奠儀者甚多，並有遠近唁函多件，亦摘錄部份如下：熊十力老先生唁函：「至中，君實（毅兄妹弟）諸侄，得來函敬悉令慈竟逝於惡劣反常之氣候。人生如幻，豈不悲哉。十一年來，滬蘇咫尺，而未謀一面，此爲恨事。然精神相通，亦無待於接談也。余衰已甚，未知住世幾時。懷思毅、宗、兆，夢或見之，此可轉彼等。敬輓令慈如下：唐母陳嫂卓仙夫人千古。仁壽過古稀。好學好思宗往聖；懿德齊鄒母，教兒教女導來英。愚弟漆園八一老人拜手獻言。公元六四，三月三日。」李幼椿先生唁函：「君毅先生禮鑒：閱報驚悉太夫人仙逝，曷勝悲悼，不及親赴沙田祭奠，特函奉唁，尚望爲道節哀，卽候禮安。」徐佛觀先生唁函：「君毅兄大鑒：牟宗三兄來示，驚悉伯母仙逝，同深哀悼，然就兄而言，順變節哀，卽所以仰體慈母地下之心，而繼志述事尤須善處無可奈何之境也，專此敬頌禮安。」蔡荒山先生唁函：「君毅師長禮鑒：接讀人生雜誌，驚悉令先慈陳太夫人在蘇州寓邸仙逝，同深哀悼，想先生孝思純篤，世亂避秦香江，今突遭此不幸變故，不得親視含殮，又不得歸里奔喪，以先生性情之敦厚懇摯，誠抱無涯之痛，感傷悲痛，自不待言，然則世事如斯，天意人事非人所能窮求，切望以貴體爲重，節哀順變，莫過傷神，晚輩對先生高貴莊嚴之人格，思有一語寄慰，學養卑陋，亦不知應何說起，惟內心哀痛，由此而生之關切同情，則非筆墨所能盡言，先生與晚輩素未謀面，惟晚輩對先生之崇仰敬意，其所存在於心胸之間有深切之了解，乃先生所闡發之儒家精神、道德理性，多能有所契接受用，落實生根，此應感謝王道先生之接引，使晚輩知所反省頓悟，知所親近師友，禮敬賢人，亦知所以師友慧命相續之莊嚴意義，晚輩自幼浪跡天涯，生活在此蠻荒之地，讀書寫文，學識卑陋淺薄，先天稟賦資質都不如人，後天又缺少教育培養，雖勤謹學習，躬行篤實唯恐不及，無如駑駘朽質，所學所思仍無法超越俗情，雖無有親炙先生之機緣，恭聆教益，然每當燈下展卷，潛研先生學術思想，心與神會，幾若置身在先生門下，恍若先生親身授教，精神與先生相契相接，無時不以先生之上庠教學與健康生活狀況爲念，若久無見尊作在人生刊上發表，則心神若有所失，殷殷懸念，常是寄情默禱，十餘年來，千里神交，對先生之宏深悲願，高山仰止，景行行止，雖不能至，而心嚮往之，久思有一語爲先生道候安好，亦恐因先生忙於教學著述，精神勞倦，冒瀆騷擾，始終未敢貿然輕易表達私心敬意，簡慢之罪，諒荷先生寬予薄責，今日中國文化之興亡繼絕，有賴先生及人生師友之繼續努力，謹此奉唁，並致慰問之忱，肅此敬請禮安。」蔡仁厚先生唁函「君毅先生禮鑒：今閱人生雜誌知太夫人仙逝蘇州，厚與此間諸友，不勝哀仰，敬維太夫人福壽全歸，懿範千秋，先生誠抱無涯之痛，然聖學正仰弘揚，伏祈勉節哀思，順時自保，厚謹掬心香，遙薦靈筵，肅此上慰敬請禮安。」王韶生先生唁函：「君毅教授吾兄禮鑒：閱報驚悉伯母陳太夫人於蘇州棄養，曷勝哀悼，吾兄純孝性成，遭此大故，尚盼節哀順變，以襄大事，玆草就挽詩一章，另紙錄上，藉表哀悼之意，並發揚幽德，耑此敬問孝履。」王韶生先生輓詩：「華嚴與地獄，相看有淚痕，我昔聞此語，震蕩動心源，賢母善修持，昭昭德義尊，有見隆孝養，惆悵倚國門，焚香常禮讚，慈竹已生孫，姑蘇寄踪跡，遊心給孤園，眾生具疾苦，大法解煩冤，賢郎儒之宗，接席聆雅言，哲教張海隅，所以報慈恩，寶座敷蓮花，蕭寺樹風旛，誓具龍象力，同此挽乾坤。」王西艾先生唁函：「君毅先生賜鑒：頃得兆熊先生信，驚悉太夫人病逝於大陸，哀悼無盡；先生一代哲人，於養生送死皆不可能之今日，當早已洞識生死之眞諦，因素悉先生純孝，恐哀痛有不可已者，祈千萬節哀，千萬珍重，敬祝道安。」洗塵法師唁函：「君毅大居士禮鑒：太夫人往生蓮邦，想必瑞相迭現，狀極安詳，以先生孝思之篤，遽失萱幃，哀悼自在意中，然有生必滅，爲人生過程之定律，尚冀稍節哀思，勉成大禮，以慰在天之靈，賢母子宿植德本，同爲我佛信徒，實爲稀有，欽佩無似，於令先堂終七之期，當在本寺設壇誦經，仗佛慈力，增甚蓮位高生也，特此佈達，順候禮安。」李滿康先生唁函：「君毅先生道席：日前晤劉泗英先生，得知令堂仙逝，悲悼莫名，先生孝思純篤，自有百身莫贖之憾，然令堂克享遐齡，先生亦卓然有以自立，聲聞四海，榮歸母氏，思此或可稍以自慰，專此函達，敬乞節哀順變。」唐潁坡先生唁函：「君毅宗兄禮鑒：閱報驚悉吾兄蓼莪廢詠，掬育興悲，以不匱之孝思，自必逾恆哀痛，惟念老伯母大人年登耄耋，繹衍芝蘭，今者歸眞，應無遺憾，尚祈勉節哀忱，以掖後進，是所盼禱。」胡應漢先生唁函：「君毅先生：獲悉尊堂陳太君作古，至深悼念，以左右之純孝，傷痛何待言，惟太君年高，秦政苛暴，一旦不視，可謂解脫，幸體太君慈庇兒孫之意，節哀順變，謹唁。」胡欣平先生唁函：「君毅先生道鑒：驚聞尊太夫人仙逝之訊，同深哀悼，近日正撰寫戚儉盡哀，祭神如在一文，研讀禮記，知中國古人喪祭之禮，如此明滿，用情之厚，存心之深，古今世界之所無也，然時異勢遷，親族關係日淡，國家社會歷史文化的責任日重，古禮終不可復，不禁惘然，尚祈先生節哀，至禱。」黎正甫先生唁函：「君毅先生道鑒：閱報藉悉太夫人歸道山，深爲傷悼，先生純孝性成，特爲設壇遙祭，諒太夫人虔信佛敎，在生旣有皈依，死後必有所寄託，尚祈節哀順變以慰靈爽爲盼，耑此敬唁，順請教安。」勞思光先生唁函：「君毅先生惠鑒：驚聞太夫人仙逝，未及親赴靈堂一拜，罪歉殊深，以先生純孝，哀傷可想，然太夫人已享上壽，先生復以衛道自任，仍乞節哀珍重爲幸，聞李幼老言，先生居喪不見賓客，故耑函致唁，敬頌禮祺。」錢清廉先生唁函：「君毅先生禮鑒：驚悉令慈老伯母大人棄養，殊深敬悼，沙田之會未及趨前恭祭，彌覺失禮，曷勝歉疚，至希詧宥，並祈節哀順變，專肅馳唁，祇候禮祺。」蘇文擢先生唁函：「毅公先生禮次：頃閱夜報驚悉伯母太夫人在籍仙遊，哀悼何已，足下純孝天成，情深護背，潘輿之養，邈隔山河，孟荀之悲，空聞布奠，豈惟家難，亦譫民勞，凡在含生，能無憤怨，獨念太夫人德慧雙脩，人天無憾，飾終之典，已備哀榮，至祈勉抑哀思，以順大變，途路雖局，課事所牽，不克趨叩靈帷，尤深咎仄，耑函馳唁，祇頌素祺。」復禮興仁學會全體仝人唁函：「君毅教授禮鑒：閱報哀悉世伯母陳太夫人在蘇州仙遊，先生設祭沙田，弟等未能及時參加，深以爲愧，竊以先生平素勤倡孝行，端正士習爲職志，今日身逢親喪，所有哀毀，定必過人，伏祈禮取權宜，節哀順變，致力斯文爲重，稍減風木之悲，恆見教澤是隆用顯熊丸之德，是爲至禱，謹此奉唁，聊表寸哀，並頌禮安。」陳祖翼君唁函：「唐先生大鑒：太師母逝世大陸，噩聞傳來，全校師生，無不悲痛。太師母病重，先生不得歸侍奉，今太師母歸天，先生又不得歸執紼，先生之悲傷，有目皆睹，惟念太師母得天獨厚，高齡壽終，此亦先生憂傷中之慰藉，受業感於先生諄諄教誨之恩，特爲太師母幽靈祈禱，望早日獲得她一生功德之報賞，並願先生切勿過於悲傷與傷身，願先生保重。」簡又文先生唁函：「君毅吾兄教授：今晨閱報始悉太夫人仙遊，曷勝怛悼，徒因足疾未癒，不克親到弔唁，謹具花圈金致敬，尚祈節哀順變，蓋發努力於文化學術工作，太夫人必含笑於天上矣，並頌禮安。」王同榮先生唁函：「君毅兄嫂禮鑒：驚聞太夫人仙逝，同深哀悼，我兄大孝性成，並遵古制成服弔奠，足以彰懿德與示範也，惟思老人處此亂世，入土爲安。且庭前蘭桂芬芳，兄能繼志，敷敎化於香島，揚名顯親，太夫人在天之靈，亦必含笑也，弟趨沙田，廟有雲深不知處之慨，今趨府唁問，尚祈節哀，敬候禮安。」

週後由慈航淨苑返九龍家中，奉阿婆像於天地祖宗聖賢神位側，每日廷光獻茶，毅兄上香。毅兄常思侍母不周，許多疏忽之處，只望他日能承歡膝下，誰知從此已爲無母之人矣，每念及此，莫不聲淚俱下，廷光亦竟未盡侍奉阿婆之責，慚愧無極。毅兄常讀佛經，希能有小小功德，以迴向阿母。一日廷光往樂果老法師處，拜謝爲阿婆說法安位之功德，老法師以唸珠一串賜廷光，望廷光常唸南無阿彌陀佛，觀想親人，思親者心安，親卽心安，廷光受老法師慈悲感召，卽決定常唸阿彌陀佛，每當深深的唸，親切的唸，偶亦有「六字弘明繫心中，聲聲喚出主人翁。」當下得到解脫之感。吾人常執迷不悟，不知反省，不知一念誠明，本心卽可出現。佛說人人有佛性，先儒說凡人皆有仁心，廷光此時才深切的體驗到，但願常保此種心情。

逢七日毅兄安兒廷光必去慈航淨苑拜祭阿婆，並請菴尼誦經。如毅兄有空時，我們隔一日或二日亦去淨苑阿婆靈前上香，每當跪拜時，廷光竟有幽明相通之感，平日不解毅兄每逢節日忌日必拜祭天地祖宗聖賢之意，如今廷光已領會其親切之處，吾民族先賢提倡奉立天地祖宗聖賢神位，主張祭祀叩拜，其義實在深遠，原來一念之誠，若能相續，卽可開啟繼志述事之重任，慧命由此相續也。

（「廷光代筆之三」止）

三　月

八日　陰　抄母喪雜記。（廷光按：「母喪雜記」編入全集第三卷「人生隨筆」）

九日　晴　勉強去校辦雜事，晚至樂果老法師處。

十日　晴　以缺課太多，對學生不住，今日固上課，以此講者爲佛學也。得二妹信知母親爲農曆一月十四日逝世，而我之藥尚未到，今日又動悲思，晚至慈航淨苑，以今日爲二七日。

十一日　晴　與二妹信，下午開哲學組考試會，仍由廷光陪我同去，晚發謝帖，以母喪來弔者，致誄賻者共三百餘人，除學生外皆當發謝帖也，仍由趙潛魏羽展辦此事。

十二日　晴　上午上課二時，夜閱法華玄義釋籤。

十三日　晴　重閱法華玄義釋籤，下午到校。
十四日　晴　上午到慈航淨苑爲母靈燒香，閱昨書。
十五日　晴　上午又至慈航淨苑，閱昨書，夜歸。
十六日　晴　上午上課二時，得二妹信謂母親之墓地已定在靈岩山，風景頗好，地約三百二十方尺，可分期付款修墓云，閱摩訶止觀。
十七日　晴　上午上課二時，下午仍閱摩訶止觀，將靈堂開奠之日友人所照像片分寄諸弟妹。
十八日　陰　上午上課二時，下午閱摩訶止觀，得五弟信。
十九日　陰　上午上課二時，閱摩訶止觀完，閱大般涅槃經。
二十日　晴　上午閱大般涅槃經，下午至慈航淨苑母親靈前上香，携涅槃經去閱。
廿一日　晴　閱涅槃經完，夜閱華嚴經探玄記。
廿二日　晴　閱華嚴探玄記，母親逝世唯有讀佛經，望能以微薄功德迴嚮吾母。
廿三日　陰　上午上課二時，並閱華嚴探玄記，得二妹信詳告母逝世及病中情形，悲悔無極，由廷光回二妹信。
廿四日　陰　上午上課二時，閱華嚴至十地品，下午至淨苑，今日爲吾母逝世四七日矣，與六妹一信。

廿五日 陰 上午上課二時，閱華嚴探玄記十地品。

廿六日 陰 閱華嚴經至入法界品，訪張君勱先生，下午歸閱華嚴探玄記完。

廿七日 晴 上午至何魯之先生處，何先生與吾父吾母皆相識，下午至淨苑母靈處，夜歸閱佛教史。

廿八日 晴 上午開校務會，下午整理雜物，夜送宗三赴臺。

廿九日 晴 上午與廷光及數同學同至凌雲寺，樂果老法師等亦去，下午歸。

三十日 晴 上午友人來訪，閱大乘起信論眞僞辨。

卅一日 晴 上午至冷定菴處商系中事，夜得二妹一信，並整理母親所遺信札。

四月

一日 晴 上午上課二時，下午開哲學考試會，得六妹一信。

二日 晴 上午上課二時，下午與廷光同過海，夜閱錢先生所著論語新釋。

三日 晴 上午到校辦公，下午至淨苑母靈處上香，與六妹一信。

四日 晴 閱 Pepper: World Hypotheses 至夜完大半。

五日 晴 晨閱完昨書。此間佛教徒設萬緣善會，有洗塵法師自動為母親設一靈位，今日上午往上香。

六日　晴　母親逝世已四十日，仍時有所感，下午與廷光安兒等驅車至新界文錦渡大陸邊境遙望。

七日　晴　上午上課二時，下午過海開校外課程會，又至淨苑，今日爲吾母逝世六七之日也。

八日　晴　上午上課二時，下午睡。

九日　晴　上午上課二時，下午閱諦閑大師遺集中念佛論講疏。

十日　晴　上午到校辦公，午睡後至淨苑爲母敬香，夜學生來。

十一日　晴　上午到校辦雜事，復劉泗英先生一函，午睡後一學生來，夜閱諦閑大師遺集觀無量經疏。

十二日　晴　上午復吳森函，午睡起閱諦閑法師遺集中梁皇懺及水懺申義疏及普賢行願品疏。

十三日　晴　上午上課二時，下午聽張君勱先生講演，夜復陳永明一函。

十四日　晴　上午上課二時，今日爲吾母逝世七七之期，妙法寺住持洗塵法師自動爲母唸經，寺中僧尼皆參加，備齋菜招待同事及學生共有二三十人。

十五日　晴　上午閱圓覺經講疏，下午教務會，得二妹一函。

十六日　晴　上午上課二時，下午至夜閱張仲如佛化基督教及煮雲佛教與基督教之比較等書。

十七日　晴　上午到校辦公，下午復二妹一信，並至沙田母靈處上香。

十八日　晴　上午復李相殷一函，胡蘭成一函，並到校辦公，下午睡，閱太虛全書總論佛法者二冊。

十九日　晴　上午閱太虛全書總論佛法二冊。

二十日　晴　上午上課二時，下午閱指月錄數卷。

廿一日　晴　閱指月錄。

廿二日　晴　上午上課二時，閱指月錄，除十七卷至卅卷多不可解外，皆已閱過。

廿三日　晴　上午上課二時，下午中文大學茶會，閱法華經。

廿四日　晴　母親逝世後共只夢見三次。第一次見母在一桌旁，因謂母，兒等索母已久，母未有所言。第二次夢見母由一梯下至一大室，見母與弟妹亦未有言。昨夜夢見與母過一茅屋同上山，而天正下雨，若自疑是夢，乃自看地下土石覺皆歷歷在目，漸至一路上之轉折處，母親乃讀吾所著之論人文人性之文，似甚樂，謂此文與詩不同，不能成韻，遂醒。上午至中文大學李校長處談，並赴校辦公，午睡起至淨苑母靈處上香。

廿五日　晴　上午在校中辦公，聞一學生言可以航空寄藥至大陸，而我於母病時竟未念及以此航空寄藥之事，頓覺心痛。下午參加李校長與學生談話茶會，夜月色甚好，計母親逝世已匆匆二月矣。

閱太虛法華經講記。
廿六日　晴　上午訪一友，午睡後又訪數友，重閱古農佛學答問。
廿七日　陰　上午上課一時，月會，午睡，聽張君勱先生講演，夜閱古農佛學答問完。
廿八日　晴　上午上課二時，閱太虛法華經講記完，夜訪一友。
廿九日　晴　上午上課一時，午睡起閱太虛大乘本生觀心地經講記大體完。
三十日　晴　上午上課二時，校改昔在研究所講之文學意識講稿，下午至沙田淨苑母靈處上香。

五　月

一日　晴　上午校對昔之講稿完，下午張君勱先生到校講演，夜將所校對之稿重閱一遍。
二日　晴　復蔡荒山及劉伯松各一函，到校晤吳百思君，下午睡。
三日　陰　上午標點前論太極文一篇，至游雲山處，午後至錢先生處晚歸。
四日　陰雨　上午上課二時，下午張君勱先生講演，標點論太極文。
五日　陰雨　上午上課二時，午睡起標點論太極一文完，得二妹函謂萱侄病，廷光往寄藥並去信。
六日　晴　上午上課二時，下午聘任會，至兆熊兄處取回大藏經，夜整理書籍。
七日　晴　上午上課二時，下午教務會議，夜訪友未遇。

八日　晴　上午爲校中事寫信，下午過海爲李國鈞作保，開校務會議，並至母靈處上香，夜重校對太極文。

九日　晴　上午重校對論太極文並抄稿，下午上課二時，夜校對秦漢以後天命思想之發展並抄稿。

十日　晴　上午重校對論天命文完，下午至夜閱 Tillich: New Being 一書完。

十一日　陰雨　上午上課二時，午睡後聽張君勱先生講演，夜在兆熊處約君勱先生共餐。

十二日　陰　上午上課二時，與陳榮捷一函說明因母喪擬不參加暑中在美舉行之東西哲學家會議事，下午研究所開會。

十三日　晴　上午上課二時，下午與廷光、羅香林、劉百閔等同去元朗靈渡寺，歸來同至一處便飯。

十四日　晴　晨重校論天命文，上午上課二時，午睡後到校，陳榮捷來，夜未作事，得二妹一信。

十五日　晴　上午到校辦雜事，復信三封，午睡起至母靈處，夜重校論天命文。

十六日　晴　上午重閱太極文，到校辦公，下午上課二時。

十七日　晴　上下午皆有客人來，閱南傳法句經等至夜完。

十八日　晴　上午就孟子、論語各篇大意爲朱子未及言者寫於商務版四書集注之章首。閱觀無量壽佛遺教經。
十九日　晴　上午上課二時，下午睡起閱八大人覺經，四十二章經英譯。
二十日　晴　閱金剛經英譯，上課二時，並復友信。
廿一日　晴　上午上課二時，閱六祖壇經英譯本完。
廿二日　陰雨　上午校改昔以英文所作之中國知識問題，下午至母靈處遇雨。夜閱星雲法師編英文佛學叢書教理之部數文。
廿三日　晴　上午到校辦公，下午上課二時。
廿四日　晴　上午復宗三兄一長信，下午睡，閱英譯小乘法句經等。
廿五日　晴　上午閱英譯法華經等，夜閱六祖壇經英譯本。
廿六日　晴　上午上課二時，下午出外種痘，夜閱佛教與基督教之論辯完。
廿七日　風雨　上午上課二時，下午聘任會，我前托陳榮捷函 Moore 謂不擬去夏威夷開會，彼來信必要我去，頗覺爲難。
廿八日　風雨　今日颱風未作事。
廿九日　陰　晨復信二封，上午開教務及校務會，下午至母靈處，歸來與張龍鐸一函，得二妹六妹函。

三十日　陰　上午到校商下年度新聘教員事，中午錢先生約至樂宮樓茶會，下午上課二時，夜復二妹六妹信。

卅一日　晴　上午與宇野、安崗、張君勱先生及李杜各一函。

六　月

一日　晴　上午上課二時，下午與廷光同看醫生。

二日　晴　上午上課二時，中午約擬聘請之社會系教員於樂宮樓吃茶，下午標點母喪雜記。

三日　陰　上午上課二時，下午至移民局辦回港證。

四日　陰　上午上課二時，母逝世今已百日矣，下午至沙田母靈處致祭。

五日　晴　上午開聘任會，哲社系決定聘何太太與張鍾元。

六日　晴　上午到校辦公，與 Moore 一函，謂我如不生病，只有遵去年約赴夏威夷會，下午補課二時。

七日　陰　上午與李相殷一函，午睡起復六妹一函。

八日　陰　上午上課二時，下午至移民局取回港證，夜校對鄭力爲所抄人文學術與照明文。

九日　陰　上午上課二時，午睡起開文憑及學位考試委員會。

十日　陰　上午上課二時，下午睡，與系中教員商量下期課程。

十一日　陰　上午上課二時，與幼偉商量下期哲學課程，午睡後編下期課程表，半月來皆爲系中聘教員排課等事籌劃，今可告一結束矣。

十二日　陰　今日傷風，閱張鍾元 Creativity and Taoism 大體一遍。

十三日　陰　上午有學生來，下午睡，寫筆記數條。

十四日　陰　上午約哲社系一二年級學生談話，下午劉百閔約談錢先生辭職事，夜又與楊汝梅一談此問題。

十五日　陰　連日傷風皆未大癒，乃由太疲倦之故。

十六日　陰　上午至港大監考，下午與錢先生談其辭職事，並開研究所會，歸與劉百閔談錢先生辭職事。

十七日　陰　上午在家辦雜事，午睡復至沙田母靈處，夜與牟潤孫談錢先生事。

十八日　陰　上午至港大監考，並與孫國棟談校中事與錢先生辭職事，再到校辦公，下午錢先生約茶話，其辭職事似難挽回。

十九日　晴　上午與二妹一函，下午校對文學意識之本性一文。

二十日　晴　上午至港大監考，下午閱試卷。

廿一日　晴　上午人文學會開會，中午與劉百閔談錢先生辭職事，下午過海訪趙冰及蔡貞人二先生商錢先生辭職事。

廿二日　晴　上午至錢先生處商校中事，下午歸，夜訪吳士選商校中事。

廿三日　晴　與校中同仁談校務，與張君勱先生一函，擬儒家在世界一書編輯計畫。

廿四日　晴　上午到校辦公，中午約陳佐舜午餐並與談編儒家在世界一書事；下午閱試卷，校對所抄文，夜在丕介處談校務。

廿五日　晴　上午校對文學意識文，下午至母靈處，又至錢先生處商校中事，夜與六妹一信。

廿六日　陰　上午到校與三同事談校中事，下午乘機至檀香山，經十二時到達，仍爲廿六日上午十時，住王書林家，機上未能休息，下午睡。

廿七日　晴　上午至夏威夷大學東西哲學家會註册，並便道至舒家及彭子游、陳特住處一看，復同歸王家午飯。與廷光一函，夜至張瑄等處一坐。

廿八日　晴　昨夜睡眠不安，上午又睡，下午閱哲學會所印之方東美先生論文及我之論文，下午及夜往看中國人參加哲學會之會員。

廿九日　陰　上午閱我擬宣讀之論文，晚哲學會開幕典禮。

三十日　陰　上午陳特、劉述先、彭子游等來談，下午四時哲學會茶會，夜正式會開始，由方東美先生讀論文。

七　月

一日　陰　昨夜睡眠又不安，上午睡，下午茶會，夜哲學會由一印度人讀論文，與廷光一函。

二日　陰　上午方東美先生等來談，至陳道行處午餐，復張君勱先生一函，下午睡，夜哲學會由二日本人讀論文。

三日　陰　上午陳中英約到此間開會之中國哲學界同人茶會，下午睡，夜哲學會由一英人讀論文，內容不佳。

四日　晴　上午張瑄來約同出午飯，下午睡，夜王兆凱約晚飯。

五日　晴　上午未出門，下午夏大校長約酒會。

六日　晴　上午將論文自讀一遍，約五十分鐘，下午睡，夜由我宣讀中國知識論中之世界與個人，連討論時間共二時半，發問者十餘人，我答覆尚不感窒礙。

七日　晴　上午劉述先、陳特來，下午與廷光一函，又參加咖啡茶會，乃以我之論文為討論中心約一時半。我之論文宣讀討論完畢，我以後亦可少懸掛一事矣，夜由中村元讀論文。

八日　晴　上午至中國領事館，下午睡，夜哲學會由 Raju 讀論文。

九日　晴　上午至日本領事館及航空公司辦手續，下午哲學會由 Hocking 讀其父之論文。

十日　晴　昨夜睡不安，上午補睡，下午與吳士選、冷定菴、王道及廷光各一函，收到廷光一函。

十一日　晴　上午知識論組之數會員同至一處錄音，下午哲學會酒會，夜歸早睡。

十二日　晴　上午復張葆恒一函，與蔡貞人、楊汝梅各一函，下午睡，晚參加哲學會贊助人邀請之晚宴。

十三日　晴　上午 Richard、Hocking 來談，下午睡，夜哲學會由陳榮捷讀論文。

十四日　晴　今日上午思人性問題一文中應列入之數點，下午參加哲學會茶會，夜由印人 Muti 讀論文。

十五日　晴　上午至圖書館閱書三時，中午曹日新約中飯，下午睡，夜日本人 Hori 讀論文係述日本宗教之發展者。

十六日　晴　上午閱金神父所著 In the Presence of my Enemies，與廷光一函，並思若干哲學問題，梅貽寶約晚飯，飯後同去聽 Memurran 講演。

十七日　晴　上午劉若愚來並約中飯，下午與 Mrs. Marris 共校改所宣讀之論文　夜由 Smith 讀論文。

十八日 晴 上午出外購物兼午飯，下午日本領事館酒會，張鏡湖約晚飯。

十九日 晴 上午閱金神父書，張瑄約午飯，午後 Saksena 約酒會，夜中國人治哲學者同在 Hocking 家聚談。

二十日 晴 上午 Hocking 及方先生來同至一處午餐，下午睡，夜由幼偉讀論文。

廿一日 晴 閱 Kaubmann: Critique of Religion and Philosophy 數十頁，與廷光及冷定菴各一函，夜 Mrs. Dusgupta 讀論文。

廿二日 晴 上午與吳士選一函， Young 君及陳特等來談並同出午飯，夜日人某讀論文。並閱 Kanbmann 書。

廿三日 陰 上午至書店購書，下午睡，中國哲學同仁聚談並同進晚飯。

廿四日 陰雨 與成中英至機場取游雲山所寄書物，未得，下午再同往取，夜 Werkmeister 讀論文。

廿五日 晴 上午隨眾去廟宇參觀，後乃知是去珍珠港，參觀後美海軍招待茶會，十一時半返，下午睡後閱 Kaubmann 書，中國領事館酒會。

廿六日 晴 上午至 China town 訪中國佛教總會及中華新報兼爲游雲山畫展事，夜梁士鵬約晚飯。

廿七日　晴　上下午閱 Kaubmann 書，夜梅貽寶讀論文。

廿八日　陰　上午至書店購書，劉述先來談，午睡，參加咖啡茶話會，程和慶請晚飯，夜印人 Saksena 讀論文。

廿九日　陰　與廷光一函，閱 Kaubmann 書，下午睡，夜日人某讀論文。

三十日　晴　上午劉述先等來，午睡後閱 Kaubmann 書，夜陳榮捷講演。

卅一日　晴　上午閱 Kaubmann 書，與廷光一函，下午中國哲學同仁聚會，夜 Stronge 讀論文。

八　月

一日　昨夜夢見母親，謂初在橋上候我，過路人皆不識，後乃相見，母親仍着舊日短衣來相扶，夢境極清晰，前所未有也，或因今日將去廟中之故耶。上午與哲學會同仁同至日本及中國佛寺與一日本神道教之寺參觀，中午林維楝約午餐，後至中國佛教總會籌備游雲山之畫展事。

二日　晴　上午游雲山畫展會，中午林遠梯約中飯，復吳士選、冷定菴各一函，夜陳道行約晚飯。

三日　晴　晨至中華佛教會，中午即在城內午餐，下午二時許歸，夜吳經熊讀論文。

四日　晴　晨與張鍾元一函，又至佛教會，今日參觀畫展人數較多，四時後畢會由彭子游、陳特將畫收好帶回，此次畫展前後參觀者約二百人，晚與幼偉在 Kings garden 請陳道行、劉若愚、林維棟夫婦、張瑄、梁大鵬夫婦及王家母女共晚餐，夜印人 Chand 讀論文，十時後歸，又整理雜物。

五日　晴　上午整理雜物，劉述先來，晚佛教會祖印法師約晚飯，夜日人讀論文。

六日　晴　上午閱溥儀之自傳第二册完。彭子游來幫整理書籍付郵共書二大包，游雲山畫一大包共十四張。中午中國哲學會員同仁茶會，夜整理雜物。

七日　晴　上午理髮，Hocking 來，復沈宣仁一函，下午睡，夜王太太請吃飯，夜 Dolin 及 Kskeon 讀論文，深夜二時始睡。

八日　晴　上午閱論文，中午 Reaves 約至山上午飯，下午睡，夜哲學會宴別餐會。

九日　晴　上午至機場，十二時機行，經七時半到東京，時間爲十日下午三時矣。

十日　晴　抵東京後有岸陽子及亞大敎授崗倉克行和學生數人來接，住第一旅舍。

十一日　晴　上午胡蘭成及景嘉來，同訪安崗正篤，約在萬歲樓午飯，宇野精一亦來，與彼等談儒學在世界論文集事，下午與胡、景二人同回旅館談，夜亞細亞大學之太田耕造約與中國同事及日本同事共在中國飯店晚飯，八時許返旅館與余秉權談。

十二日　晴　上午至神田區書店購書，胡蘭成來談，夜亞細亞大學太田耕造約晚飯。

十三日　晴　上午至亞細亞大學訪問，下午一時歸送方東美先生及陳特至機場，與吳恒自同至神田區購書。

十四日　晴　上午川口、景天錫來，又至書店購書，中午何肅朝約午飯，四時半乘機赴港，八時達，廷光、安兒及學生等來接，此次本擬在日多逗留幾日，以方先生去港，故提前二日返港也。

十五日　陰雨　上午至方東美先生旅館，冒雨遊淺水灣及太平山頂，中午樂宮樓午飯，應王書林約也。下午又至新界邊境共遙望大陸，夜在沙田畫舫吃飯，唐端正、李杜、黎華標及張彝尊夫婦暨安兒、李國鈞、徐志強同席。

十六日　陰雨　上午至方先生旅館不晤，趙潛、魏羽展來，下午送方先生至機場赴臺，歸來睡，夜至吳士選、冷定菴處談。

十七日　陰　上午寫信六封與安崗、中山優、泰田、吳恒自、倉崗、王太太，到校看同事。下午睡，又寫信六封與張瑄、陳道行、胡蘭成、景嘉、祖印、舒紀維、林維棟。

十八日　晴　與二妹一長信，到校辦公，午睡後至沙田母靈處祭獻，夜周法高約在樂宮樓吃飯。

十九日　晴　上午訪吳康先生談哲學科畢業考試閱卷事，至校辦公，下午睡。

二十日　晴　上午到校辦公，下午至沙田看房屋，夜楊汝梅約晚飯。

廿一日　晴　上午到校辦公，午睡，謝鏡吾來，下午閒坐，忽憶十五六歲時所作之詩數句，又忘去，今僅憶有「吹簫怡我志，高吟悅我情，何必爲名利，反自戕其身。」四句矣。夜新亞請晚飯，羅香林亦約晚飯。

廿二日　晴　晨復張龍鐸、蔡荒山、楊志強各一函，又復德國某文化會一函，說明可能去歐，下午睡，夜古梅來，冷定菴夫婦來。

廿三日　陰　上午吳士選、劉百閔、潘重規來，下午睡。

廿四日　上午到校，研究所會，下午睡，夜約牟宗三夫婦、周法高、沈宣仁及林福孫夫婦晚飯。閱藝林叢錄第二集大體完。

廿五日　晴　上午開哲學考試會，中午李卓敏約午飯，下午睡，夜閱藝林叢錄三集大體完。

廿六日　晴　上午聘任會議，下午校對太極問題疏抉三時，夜李杜婚宴。

廿七日　晴　上午校對太極問題疏抉，中午劉百閔、錢先生、張彝尊夫婦約午飯，下午再校對文，藝術系暑期班結業禮，夜中文系約晚飯，飯後訪李相殷談至十一時。

廿八日　晴　上午將所校文重閱一道，下午閱研究所試卷，睡一時，夜林福孫約晚飯。

廿九日　陰　上午到校辦雜事，並商藝術系事，下午睡，夜約古梅、孫南、張浚華、何金蘭等數畢業女同學晚飯。

三十日　陰　上午與張君勱一函，下午至沙田淨苑母靈處，夜未歸。

卅一日　陰　上午訪游雲山，下午睡，夜仍宿淨苑。

九　月

一日　晴　晨返家，至校中辦公，下午閱佛教聖典大體完，夜應李定一約。

二日　晴　上午到校商畢業文憑及學位事，戴盛虞來訪。下午睡，開文憑學位考試會，晚公宴楊慶堃。

三日　晴　上午復黃振華一函，到校辦公，下午睡，查佛書，夜約李相殷、黃秀璣及吳士選、冷定菴、謝汝逵、何太太等夫婦於樂都晚飯。

四日　晴　上午至李相殷處，並與之同至新亞書院。

五日　風雨　上午與二妹一函關於母親的詩事。今日颱風，未作事。

六日　陰　寫中國人性問題之發展四千字，另校對一文。

七日　晴　續昨文二千字，下午睡，校對文。

八日　陰　續昨文七八千字。

九日　陰　續昨文二千字，上午參加中文學會典禮，夜李卓敏約宴。

十日　陰　寫文八千字。

十一日　陰　上午校中茶會，下午至夜寫文三千字。

十二日　陰　上午教務會議，中午教授會爲吳士選餞行，午睡後續寫文三千字。

十三日　陰　續昨文成八千字。

十四日　上下午續文八千字，夜劉百閔約晚飯。

十五日　晴　上午到校辦雜事，下午至夜續文七千字。

十六日　晴　上午教學研究會人來，校中以茶會招待，下午續文四千字，夜至雪園晚飯爲吳士選餞行。

十七日　陰　續文七千字。

十八日　陰　上午校務會議，下午至夜寫文六千字。

十九日　陰　上午寫文千字，中午訪 Saskena，下午續文三四千字，夜中秋，數學生來共晚飯。

二十日　陰　上午宗三兄來，下午寫文三千字。

廿一日　晴　上午開學禮，下午教職員會議。

廿二日　晴　上午到校辦公。午後續寫文至夜成六千字。

廿三日　陰　上午續寫文四千字，可暫告一結束，此文由先秦之言性直述至清代，前後十九日共成約十二三萬言，但文筆太快，只陳大旨，以後有暇，再謀細改。

廿四日　晴　下午至錢先生交談，夜送吳士選至機場，又赴四川同鄉會聚餐。

廿五日　晴　上午教務會，下午上課二時，研究所會，又補寫昨文一章至深夜成六千餘字。

廿六日　晴　上午到校辦公，下午爲中文系講演先秦諸子文學中譬與義，並論文史哲之相即相入三小時。

廿七日　陰　作先秦諸子之辯六千字，夜人文學會開會並聚餐。

廿八日　陰　晨補昨文千字，上午校慶典禮，下午音樂會，晚至夜補昨文三千字。

廿九日　陰　上午上課二時，下午睡後續昨先秦諸子之論辯一文至夜成六千字完。

三十日　陰　上午上課二時，下午睡，夜未作事。

十　月

一日　陰　晨改作前日文千字，上午至校中，有 Heyes 來談，中午共午飯，午睡後回訪四友人，夜復胡蘭成書。

二日　陰　上午寫中國哲學名辭若干個於一紙上，下午上課二時，歸閱翻譯名義集及一切經音義至夜。

三日　陰　上午至校辦公，下午睡，下午赴吳因明處，又至藝術系會聚餐，哲社系晚會，歸來審閱周君論文。

四日　陰　審閱港大學生周君論文至夜大體完。

五日　晴　上午到校辦公，並改學生前所記中文系講演之講稿，下午上課一時，夜復張鍾元、何啟民等信。

六日　晴　上午上課二時，下午準備明日課，至兆熊處夜歸。

七日　陰　上午上課二時，下午準備明日講演，夜重閱趙君論文。

八日　晴　昨夜夢見母親實未逝世。上午至中文大學開會，下午講演二時，又至中大開教務會議，夜再閱趙君論文。

九日　陰　上午寫趙君論文審查報告，與胡熙德一函，中午至九龍塘看屋，下午上課二時，至羅香林處談。

十日　陰　上午再至九龍塘看屋，今日國慶，復張鍾元等信。

十一日　陰　復吳士選、張君勱、陳永明各一函。又至九龍塘看屋，中午約李杜午餐，午睡後有二友來。

十二日　陰風　閱朱子孟子集注及焦循孟子正義，與周開慶一函。

十三日　風　閱焦循孟子集注及荀子約注。

十四日　晴　今日重九，上午參觀一學校畫展，下午見星島報載南韓議員提議在南北韓交界處設一地以便南北韓之家人晤面，百感交集，因寫一文交民主評論，贊揚此議。

十五日　陰　上午到校辦公，後過海至律師樓爲租施他佛道房子訂約，繼至東華東苑看趙冰先生病，再至集大莊購書，夜閱錢賓四先生莊老通辯。

十六日　晴　晨閱錢著完，至校中辦公，午睡後參加中文大學畢業典禮及晚宴，聞趙冰先生已於中午逝世，爲之喟然而嘆。

十七日　晴　晨準備藝術系講演稿，至校中參加趙先生治喪會，又至港大口試趙君碩士考試，再至殯儀館弔趙先生喪，夜復胡蘭成一長函。

十八日　陰　改昨日與胡函，下午參加趙先生喪禮並送葬至薄扶林道，晚歸夜未作事，頗感疲倦。

十九日　晴　復方東美先生、古梅、吳森各一函。

二十日　晴　上午上課二時，下午教務會議。

廿一日　晴　上午爲學生改文，下午校務會議，上課二時，閱傅斯年性命古訓辯證及徐復觀中國人性論史，看彼等所論與我之所論有無相同者。

廿二日　陰　到校辦公，閱學生讀書報告，下午過海看趙冰太太，又至集古齋購書。

廿三日　陰　上午寫札記，下午上課二時，改論人性文中論孟子一節，以與昔作之孟墨莊荀言心中義相涵接。

廿四日　陰　上午重改昨日所改文千五百字，並增補二千五百字完。下午爲藝術系講演藝術的宇宙之形成。

廿五日　晴　增補前文論南北朝佛學處至下午，夜哲社系聚會，又琴會聚餐。

廿六日　晴　上午改作論荀子文三千字，下午上課一時，夜中文系聚餐。

廿七日　晴　晨重改前文論淮南子、呂覽處，下午上課二時，研究所會，夜又續改文共改作四千字。

廿八日　晴　晨改論淮南、呂覽文二千字，上午上課一時，下午整理雜物。

廿九日　晴　上午至下午二時改麥仲貴所記中國思想史中言與默態度之變遷，夜參加蕭約及李卓敏酒會。

三十日　晴　上午改學生所記藝術的宇宙文，下午上課二時，夜應蘇林官約晚飯。

卅一日　晴　到校辦公，並改學生所記對藝術系所講藝術的宇宙與文學的宇宙文。午後二時遷至九龍塘施他佛道七號，整理書物，夜約來幫忙遷居同學晚餐。

十一月

一日　晴　終日整理書物。
二日　晴　上午到校辦公並續改學生所記講演筆記，下午上課一時，續改學生筆記，夜宗三兄來談，整理雜物。
三日　晴　上午到校上課三時，下午至中文大學社會組開會，又至研究所開會。
四日　晴　上午上課二時，校務會議。
五日　晴　出外購物，下午睡後又過海至荷理活道購書，夜歸。
六日　晴　上午到校再改學生筆記，下午上課一時，請黃秀璣爲學生講話，夜與黃秀璣及宗三、謝幼偉等同便飯。
七日　晴　上午至校中辦公，下午睡，夜與錢先生、兆熊兄共晚飯。
八日　晴　上午整理文稿並出外購物，下午睡，夜閱漢學師承記，與二妹一信。
九日　陰　上午陳應耀來約爲白沙學會作講演，午後閱明儒學案、白沙學案及近人論白沙文，夜閱劉百閔經學肄言完。
十日　陰　晨準備明日課，上午上課二時，午睡後至沙田母靈處，夜閱漢學師承記及莊子。

十一日　晴　晨準備後日白沙先生紀念會講演，上午上課二時，午睡後至校中開教職員聯誼會，夜與六妹一函。

十二日　陰　上午重整理書籍，午睡後友人相繼來，未作他事。

十三日　晴　重改麥仲貴所記講演，到校辦公，下午上課二時，二妹來信謂父親之遺作已喪失，甚痛悔前未另抄一份。

十四日　晴　上午復 Moore 一函並準備講演，午睡後到大會堂講陳白沙在明代理學中之地位，六時返家，今日昨日念父親遺作已失，想祖父之遺作亦必不存，今唯有母親遺詩在案頭，皆二妹所手抄寄來者也。

十五日　陰　上午校對母親詩稿，中午孫鼎辰、李獻璋及饒宗頤等來同至樂宮樓午餐，歸仍校母親詩。

十六日　陰　晨校母親詩，十時到校改學生文稿，下午上課一時，擬哲社系計劃。

十七日　晴　晨校對母親詩，上課二時，午睡後準備明日課。

十八日　晴　上午辦公上課二時，午睡後至大會堂爲港大校外課程講演，七時許歸。

十九日　晴　上午與 Moore 及王正義各一函，並到學校辦雜事，午睡，未作事，夜 Asia Foundation 酒會。

二十日　晴　中午校中宴夏威夷大學副校長，下午上課二時，至中文大學開哲學會議，夜歸。

廿一日　晴　昨夜睡不安，午夜起來寫悼念趙冰先生一文，題爲趙蔚文先生二三事，約二千四百字，上午到校辦公，下午睡，夜李潤生、霍韜晦、曾錦璋三生來問學。

廿二日　晴　晨復李杜、高君湘、李相殷、張君勱各一函，下午睡，夜一學生來談其家中事。

廿三日　晴　上午閱章太炎齊物論釋，到校辦公，校對文，下午上課一時，夜閱高僧傳，又訪王書林兼至九龍城購物。

廿四日　晴　上午上課二時，下午閱章太炎書，夜整理書物。

廿五日　晴　上午上課二時，午睡後至大會堂港大校外課程上課。

廿六日　晴　晨重閱大乘要義問答完。下午睡，今日安兒廿一歲生日，與二妹、六妹各一函，安兒已不能再函母親拜生矣，夜具食祭獻於神位之前。

廿七日　晴　上午過海至律師樓爲租房簽約，繼至校中辦公，下午上課二時，楊汝梅來，夜許冠三來。

廿八日　晴　上午到校一看後卽與廷光出外購物，午後中大送來傢具，整理至夜。

廿九日　晴　上午整理書物，下午睡後至 University Service Center 晤 Husten Smith 其人尙好，夜閱雜書。

三十日　晴　上午閱雜書，下午上課一時，夜又清理書籍。

十二月

一日　晴　上午至中文大學、新亞上課二時，下午研究所開會。

二日　晴　上午上課二時，下午約 Husten Smith 茶會，至大會堂講港大校外課程。

三日　晴　寫中國哲學之新方向大綱成六千字備十六日講演之用。

四日　晴　上午標點中國哲學中理之六義一文，下午上課二時並購物，歸重標點文，並試改之為文言文。

五日　晴　晨改理之六義為文言文，十時赴校辦公，歸來再改此文，午後三時至校參加趙冰先生追思會，五時半返，改文至夜完。

六日　晴　終日標點孟墨莊荀言心文五篇。

七日　陰　晨標點講演稿，至中大開會，到新亞辦公，下午上課一時，歸家準備明日課。

八日　陰　上午上課二時，午睡，至中大開教務會議。

九日　晴　上午標點並改正孟墨荀言心之文，上課二時，下午港大校外課程上課二時。

十日　晴　上午到中大並校對稿，下午校對理之六義文。

十一日　晴　上午到校辦公，下午上課二時，開教務會議，夜胡建人約晚飯。

十二日　晴　上午校務會議，下午睡，夜濬重規約晚飯。

十三日　晴　上午有客來，下午睡，與二妹一函，閱劉師培書周末學術史序等。

十四日　晴　上午到校辦公，下午上課一時，出席印度佛教會之臺灣代表周重德、李恆鉞等來校參觀。

十五日　晴　上午上課二時，下午睡，研究所月會。

十六日　晴　上午上課二時，下午中文大學茶會，會後舉行講座教授第一次學術講演，由我講中國哲學研究之新方向於大會堂，聽眾頗多。

十七日　晴　上午準備下午研究所講演義理之方向種類與層次共講兩小時，晚廷光宴其琴會中人。

十八日　晴　上午校對秦漢以後天命觀一文，下午上課二時，又校此文完。

十九日　晴　上午為大英百科全書，寫張橫渠一短文三百字，晚訪二遷居之友人。

二十日　晴　上午寫信四封，今日廷光四十九歲生日，上午同出外購物，下午睡。

廿一日　晴　上午改中國思想史中言默態度變遷四千字，下午上課一時，又改文至夜共成一萬字。

廿二日　晴　上午上課二時，下午改中國思想中言默態度之變遷文四五千字。

廿三日　晴　標點中國思想史言默態度之變遷文一半，上港大校外課程課，夜至董志英處晚飯。

廿四日　晴　終日標點中國思想史言默態度之變遷夜完。

廿五日　陰　上午改黎華標、葉龍所記前在陳白沙紀念日所作之講演，陳白沙在明代理學之地位共五千字，與張君勱一函。

廿六日　陰　終日標點著作言性文，有數學生來。

廿七日　晴　上午標點言性文，並改作一段，下午至沙田淨苑母靈處，旋至錢先生處商研究所事，又至曉雲法師處晚餐。

廿八日　晴　上午與 **Pelzer** 哈佛燕京學社代表談研究所事，下午至夜仍標點文。

廿九日　晴　終日校正所標點之文。

三十日　晴　標點原性文，下午大會堂上港大校外課程課完。

卅一日　晴　標點文，宗三來同至樂宮樓午餐，又看其所購之新屋，三時返，仍標點文至夜。

民國五十四年（一九六五年）

一 月

一日 晴 上午標點原性文，中午陶振譽約午飯，參加中國文化協會酒會，四時返，小睡仍標點原性文完，夜至新亞與回校畢業同學共晚餐。

二日 晴 上午整理雜物，與方東美先生、二妹各一函。

三日 晴 上午改原性文一段，寫信一封，下午至妙法寺參加內明書院畢業典禮，便道至曉雲法師處晚飯，夜十時歸。

四日 陰 上午到校辦公，下午上課一時。

五日 晴 上午上課二時，下午睡，至羅文錦律師樓爲重慶大厦簽字。

六日　晴　上午上課二時，下午中文大學畢業考試會，夜準備明日課。

七日　晴　上午到校辦公，午睡後至工展會購物，夜曹明明之母來謂其子服藥自殺，幸已得救云。

八日　晴　上午在家改學生文卷，下午上課二時，至大會堂聽 Fell 講演。

九日　晴　到校辦公，下午相續有友人及學生來。

十日　晴　上午辦雜事，夜約虞君質、陳士文、張碧寒夫婦晚餐。

十一日　晴　上午辦公，下午上課一時，財務會議，夜至醫院看曹明明，因前日服毒自戕。此生頗有性情。

十二日　晴　上午上課二時，中午雷一松來吃飯，下午教務會議。

十三日　晴　上午上課二時，下午研究所會，校務會議，五時哈佛代表 Pelzer 來談研究所事，夜校中宴彼。

十四日　晴　上午到校整理新亞及崇基哲學課程講授綱要，下午二時返，夜閱熊先生乾坤衍書完。

十五日　晴　上午重校改秦以後之天命觀，中午至百樂應李卓敏約，下午上課二時，又重校天命觀文。

十六日　晴　上午到校辦公，午睡後校對李武功所抄原辯文。

十七日　晴　上午標點原辯文，午睡起標點原辯文完，許冠三及謝鏡吾來。夜李國鈞、黃祖植等來。

十八日　晴　到校辦公，並開臨時會議，夜閱船山莊子解及陳玄英莊子疏。

十九日　晴　上午上課二時，午睡，研究所月會，夜閱張橫渠集，冷定菴來談。

二十日　晴　上午上課二時，中午校中約 Brown 午飯，下午與錢清廉談，夜趙潛、石磊二生來談。

廿一日　陰　上午到校辦公，午睡後整理友生等送來賀年片，以備回覆。

廿二日　晴　上午到校辦公，下午上課二時，改哲學概論，王書林約晚飯。

廿三日　晴　上午校改前著海德格之存在哲學文，下午校改原性文，游雲山來，夜校改前所寫黑格爾精神哲學文。

廿四日　晴　終日校改論黑格爾精神哲學文及海德格存在哲學文，夜與幼偉同宴研究所同事於豐澤園。

廿五日　晴　終日校改海德格存在哲學文及諸斯諾圃東西文化之會合文，夜中文系聚餐會。

廿六日　陰　上午辦公，中午比利時人某君約於豐澤園午飯，下午睡，夜日本學生來問學。

廿七日　陰　上午辦公，午睡後閱朱子大全。

廿八日　陰　上午辦公，並送潘重規至飛機場，下午 Young 在大會堂講演，今日我五十六歲生日，夜廷光備酒食在母靈前獻祭，念母逝世方一載。我生日而母已不在，悲不自勝。

廿九日　晴　與 Moore 一函，並擬李相殷囑寫論文提要，與李相殷、朴鍾鴻、李丙燾共一函，並到校辦公考試，夜閱朱子大全，並教訓安安。

三十日　晴　上午復李杜、劉泗英先生各一函，與張君勱一函，閱大藏經湛然金剛經，爲安安事與劉、陳二君談。

卅一日　晴　閱湛然十不二門指要及知禮要指抄。

二　月

一日　晴　今日爲農曆除夕。

二日　晴　晨閱四明十義，今日農曆元旦，九時後即有學生等來拜年，中午到學校團年，歸來續有友生等來拜年至夜。

三日　晴　晨閱四明尊者教行錄，有學生等相續來拜年，夜閱四明尊者教行錄。

四日　陰　晨閱天臺傳佛心印記，過海至趙冰太太等處拜年，二時返九龍又至數同事處拜年，夜歸，黃耀炯、胡耀輝二生來談。

五日　陰　晨閱金光明玄義，相續有人來拜年。

六日　陰　上午至沙田母靈處祭獻，至錢先生處，下午返又至數同事處回拜年。

七日　陰　上午偕程兆熊及虞君質夫婦至曉雲法師處午餐，午睡後仍相續有客來，夜校對言辯文。

八日　陰　上午標點原辯文，下午開圖書館會，夜人文學會開會並聚餐。

九日　陰　上午到校辦公，下午至中大開教務會議，夜校對李武功為我所抄之原性文。

十日　晴　校對印局所排中國思想理之六義稿。

十一日　晴　念吾一生之寫作所嚮往者，可以二語概之：「大其心以涵萬物，升其志以降神明」或「大心涵天地以成用，尙志澈神明以立體。」而此卽中國先哲精神所在也。校對文，下午到校開教務及校務會。

十二日　晴　上午校對文，爲安兒事頗嘔氣，下午到校校對哲學概論紙版。

十三日　晴　上午校對母親詩，以其中有種種問題也。

十四日　晴　終日校對中國哲學原論排印稿。

十五日　晴　上午校對母親詩稿，今日爲母親逝世周年紀念日，下午至沙田淨苑母靈前致祭，轉瞬母親逝世一年，幾無日不念及陟岵陟屺之悲何時能已。
十六日　晴　上午到校辦公，下午校原性文。
十七日　晴　上午與二妹信，言所抄母親詩應校正等處。
十八日　晴　上午到校辦公，與吳士選一函，午睡後擬哲學考試題至夜。
十九日　晴　爲中大開需購哲學書目，並閱大藏經目錄。
二十日　晴　上午到校辦公，擬爲所作原命一文所述諸家之義，以韻語分別記之成四首，下午睡後至大會堂看新亞藝術系展覽，並訪一友。
廿一日　陰　上午改所擬哲學考試題目，夜閱大藏經及海潮音雜誌所載論天臺宗文。
廿二日　晴　今日開學，到校參加典禮，標點文，下午上課一時，夜閱大陸雜誌。
廿三日　晴　上午上課二時，午睡後開社會學組會，夜閱海潮音。
廿四日　陰　上午上課一時，中午與 Clifford 到樂宮樓午飯，歸校對中國哲學原論文至夜。
廿五日　陰　上午到校辦公，開會，下午開哲學教務會及考試會三時。
廿六日　晴　上午到校開會，又閱禮記，下午上課二時，歸家校對中國哲學原論稿至夜。
廿七日　晴　上午校對文稿，並到校辦公，下午訪吳士選，又過海至佛經流通處購書。
廿八日　晴　終日閱楞伽科解大體完。

三　月

一日　晴　上午到校辦公，校對原性文，下午上課一時，與二妹信。

二日　晴　上午上課二時，傷風，校對文一時，夜休息。

三日　陰　上午上課一時半，傷風未癒，晚草補原性文三四千字，容後再改正。

四日　陰　上午改正昨文，又翻譯哲學題，下午開校務會議，改學生所著論桐城派文，並校對原論文。

五日　陰　上午校文，下午上課一時半，到大會堂參加講演。

六日　陰　上午到校與吳士選談校中事，下午整理試題，又閱朱子大全數卷。

七日　陰上午閱朱子大全，二友人來。

八日　陰　上午到校辦公印題，上午校一原性文，上課一時，歸家校原心原名文至夜。

九日　陰　上午到校校對原心文，上課二時，午睡後整理哲學科試題，夜潘樸約晚飯。

十日　陰　上午到校上課二時，下午睡後仍校對文。

十一日　晴　上午到校並校對文，午睡後閱賢首五教義至夜。

十二日　晴　重閱天臺宗四明之書，到校辦公，下午上課一時，夜校中同事聚餐歡迎吳士選。

十三日　晴　閱賢首五教義完，閱海潮音文，夜牟潤孫請吃飯。

十四日　晴　晨閱海潮音，相續有友人及學生來，今日爲母親七十八冥壽，晚備食物致祭，夜閱海潮音。

十五日　晴　上午到中文大學，下午上課一時，校對文。

十六日　晴　上午上課二時，下午校對文，閱印順中觀今論。

十七日　晴　上午上課二時，下午閱印順中觀今論完，又閱其聖學探原。

十八日　晴　上午閱唯識論，並改正前著原性文論佛學處，下午爲研究所講演學術名辭之涵義問題。

十九日　晴　上午改正前論佛學文，下午上課二時，至大會堂參加講演會，夜約數同事於三喜樓便飯。

二十日　晴　上下午補原性文中論佛家之心性論一章成六七千字，夜閱華嚴疏抄。

廿一日　晴　翻閱華嚴疏抄至夜，有二三學生來。

廿二日　晴　上午閱湛然止觀輔行傳，到校辦公，下午上課一時，校對哲學概論補篇稿。

廿三日　晴　上午上課一時，校中宴一西人，下午到中文大學開兩會，與錢先生談學校事，夜又至吳士選處談。

廿四日　晴　上午上課二時，下午校對哲學概論補篇稿至夜。

廿五日　晴　上午校對哲學概論補篇文，下午閱 Heidegger: Being and Time。

廿六日　陰　上午閱昨書，下午上課二時，又閱 Heidegger 書至夜。

廿七日　陰　上午復安崗、景嘉、朱文升、李杜、楊志強五人函，下午閱 Heidegger 書。

廿八日　晴　終日閱 Heidegger 書。

廿九日　晴　上午閱 Heidegger 書完，下午上課一時。

三十日　晴　上午上課二時，下午中文大學開會。

卅一日　晴　上午上課二時，下午至夜校對哲學概論補篇。

四　月

一日　晴　上午到校辦公，中午校中宴一西人，下午校對文，並與吳士選談校務，夜校對李武功抄稿。

二日　陰　上午校對哲學概論補篇，下午上課二時，研究所月會，夜又校對中國哲學原論稿。

三日　陰　上午校對中國哲學原論稿，並與二同事談校中事。

四日　陰　上午辦雜事，訪虞君質談藝術系事，午睡後去沙田母親靈處，今日清明。

五日　陰　重翻閱窺基法苑義林等書，並改原性文。
六日　陰　上午上課二時，翻閱湛然止觀輔行論及智者摩訶止觀。
七日　陰　上午上課二時，翻閱慧遠大乘義章及定性論及大智度論。
八日　陰　晨改原性文論佛學處，到校校對哲學概論文，下午開聘任會，我提出李杜爲哲學系副講師。
九日　陰　上午到校與潘重規談中文系事，下午上課二時，歸來校李武功所抄文。
十日　陰　上午至印刷廠，並到校與吳士選商校中事。
十一日　陰　至張丕介、張葆恒處商學校事，午睡後校中國哲學原道稿。
十二日　陰雨　上午辦公，下午上課一時，校對文。
十三日　晴　上午上課二時並辦公，中午校中宴客，下午校對文。
十四日　陰　上午上課二時，上午教務會議。
十五日　陰　上午校對哲學概論文，下午睡後開校務會議。
十六日　陰　晨校對原論文，下午寫儒學與近代化英文稿二千字。
十七日　陰　續寫昨文，夜四川同鄉會聚餐。
十八日　晴　上午續寫昨文草稿完，共五六千字，俟以後再改。

十九日　晴　上午復胡蘭成、安崗各一緘，與陳榮捷及越南嚴讚、阮登淑各一緘，閱歐陽竟無先生藏要經部之敍。

二十日　陰　上午讀藏要敍經部完，下午校對文，李國鈞約於國際飯店晤張浚華之家人。

廿一日　陰　上午閱歐陽先生藏要敍論部完，下午到校與何廉談，夜同在豐澤園晚餐。

廿二日　晴　上午到校辦公，下午董事會開會，校對哲學原論稿。

廿三日　晴　上午到校辦公，下午上課二時，校對李武功所抄文，夜杜祖貽來談。

廿四日　陰　上午校對文二時，到校參加李濟之講演，並同至豐澤園午飯，下午睡，夜應蕭約約酒會，與二妹一信。

廿五日　陰雨　上午有客人來，下午至元朗赴鄧家約晚飯夜歸。

廿六日　陰　上午到校辦公，中午至曉雲法師處晤檀香山來之音樂家 Feurring，以彼為我介紹來此演奏者，下午上課一時。

廿七日　陰雨　補作儒家思想與近代化最後一節英文稿千餘字，下午睡。

廿八日　陰　上午上課一時，下午教務會議及校務會議至夜七時，夜校對哲學原論。

廿九日　陰　上午校對哲學原論稿，並復柳嶽生一信，下午錢先生來與談繼任校長事，夜研究所同仁及學生於雪園為之餞行。

三十日　陰　上午到校辦公並校對文稿，下午上課二時，夜至大會堂參加 Feurring 演奏中西音樂。

五　月

一日　陰　上午至中文大學開教授談話會，中午茶會招待Feurring，並約彼及謝幼偉、程兆熊等樂宮樓午餐。

二日　晴　上午到錢先生處談校長事，幼偉與陶振譽來，同在一處午餐，餐後我與廷光至慈航淨苑母靈處拜祭。

三日　晴　上午到校辦公，中午教授會理事為錢先生餞行於國際飯店，下午上課一時，夜到吳士選處談請其任校長事。

四日　晴　上午上課二時，下午閱港大龔道運碩士論文。

五日　晴　上午上課二時，下午睡，閱港大曾柳珍碩士論文。

六日　陰　上午到校辦公，下午為設新聞學系開小組會議。

七日　晴　上午寫信五封，下午上課二時，研究所開會，夜改原性文。

八日　陰　上午改前在中文大學之講演稿，並寫一英文扼要，夜改原性文論劉蕺山處。

九日　晴　上午寫星期四研究所講題，談若干佛學名辭之涵義與其在先秦諸子中之故訓，沈燕謀先生來談。

十日　晴　上午準備道家哲學課，到校與系中同事及虞君質談哲社系與藝術系事，下午上課一時。

十一日　晴　上午上課二時，下午教務會議。

十二日　晴　上午上課二時，午睡，校務會議。

十三日　陰　上午準備下午講演，下午研究所講演。

十四日　晴　上午改前在中文大學講稿，下午上課二時。

十五日　陰　上午至婚姻註册署爲李國鈞、張浚華證婚，到校校刋文，午睡後閱謝幼偉、霍韜晦、孫述宇文。

十六日　陰　上午至錢先生處談其任研究工作時間事，中午至李國鈞新房候其迎新娘來同行禮，國鈞結婚亦設天地祖宗聖賢神位，夜至瓊華代表其家長敬酒。

十七日　陰　上午與吳士選、謝幼偉分別談校中事，校對文，並上課一時，歸家甚倦。

十八日　晴　上午上課二時，下午中大教務會議。

十九日　晴　上午上課二時，下午中大考試會議。

二十日　晴　上午至那打素醫院看曾履川先生病又至法國醫院看錢先生病。新亞聘任會。

廿一日　晴　上午改前所作英文論現代化文一節，下午上課二時，研究所開會，復丁乃通與張君勱先生信，夜校對文。

廿二日　陰　重改英文所寫論現代化文，終日重寫三千字。

廿三日　晴　上午重改昨日文，虞君質等來談，下午再改昨日文。

廿四日　陰　終日再抄改昨日文至夜半。

廿五日　晴　上午上課二時，下午睡，夜改昨文二段。

廿六日　晴　上午上課二時，下午開會，夜校對哲學原論文三時。

廿七日　晴　上午到校辦公，下午睡後校對中國哲學原論稿至夜。

廿八日　晴　上午校對中國哲學原論，下午上課二時。至中大開獎學金委員會，研究所開會。

廿九日　陰　上午校對英文稿二時，到校辦公，下午與張君勱、張鍾元各一函，並復其他信二封，夜至錢先生處問其眼疾，又訪潘重規談學校事。

三十日　晴　上午校改李武功所抄英文稿，數學生來，下午睡，夜至兆熊所遷新居。

卅一日　晴　上午辦公，下午上課一時並辦雜事。

六　月

一日　上午上課二時，下午睡，夜應港督約至港督府晚宴，十一時許返。

二日　晴　上午上課二時，下午至 Asia Foundation 與 Pike 君談，夜陳特與孫述宇來談。

三日　晴　上午到校，Smith 君及陳世運相續來談，下午至移民局辦回港證，又至大會堂看圖書展覽，購書廿餘册。

四日　晴　上午到校開聘任會，通過鄭力為為正式助教，下午至中國文化協會參加中日音樂欣賞會，與方東美先生一函，夜約在校服務之老同學及其家人共十餘人來共渡端午節。

五日　陰　上午到移民局及韓國領事館華僑旅行社。

六日　陰　上午重閱 Reconstruction of Confucianism and Modernization 一文，並校改文法錯處，下午睡後閱港大黃繼持君碩士論文，夜宗三兄來。

七日　陰　上午寫黃君論文報告，並校改 Reconstruction of Confucianism and Modernization，下午至旅行社取赴韓飛機票，並赴白沙學會開會。

八日　陰　上午到韓國領事館辦簽證，上課二時許，午睡。二妹寄來歐陽先生著作，閱完釋教一篇。

九日　晴　上午上課二時，下午睡，閱歐陽先生新著，夜中央大學同學會紀念六十三週年校慶於英京酒家，夜十二時返。

十日　晴　上午至韓國領事館簽證，又至港大口試龔道運及曾柳珍二君，午睡起閱歐陽先生新著。

十一日　晴　上午到校辦公，下午上課二時，到大會堂參加中文大學教授末次講演，夜宴新亞哲社系同事及崇基聯合社會系同事于豐澤園。

十二日　晴　上午到校開聘任會並辦公，午睡起校對中國哲學原論文至夜。

十三日　陰　上午改原性文一千字，與廷光及安兒駕車至沙田慈航淨苑母靈處祭奠，午睡後相續有學生及同事來，夜改中國哲學原論完。

十四日　陰　上午復李相殷、馬定波、胡蘭成、劉述先、張仁濟、柳嶽生各一函，並爲赫愛華寫一推薦信。

十五日　陰　上午到校辦公與吳士選談校務，午睡後試排哲社系下年課，夜吳士選約於雪園晚飯。

十六日　晴　上午到校辦公，又與吳士選談校務，午睡後校墨莊孟荀之辯論文。

十七日　晴　上午至港大監考，繼到校辦公，午睡後校李武功所抄之中國先哲對言默之運用文，與潘石禪談中文系事。

十八日　陰　上午到校辦公，中午中文大學同仁聚餐於百樂酒店，四時過海列席新亞董事會，已決定吳士選繼任校長。

十九日　晴　上午到中文大學校對題目，與吳士選談校務，午睡後與李杜一信，與廷光安兒至華爾登小坐，夜校對原論稿。

二十日　陰　上午校對文，並復林福孫、張公讓各一函。

廿一日　晴　上午教務會議，下午開中文大學哲學 Panel 會。

廿二日　晴　上午校務會議，寄出以英文論儒學稿至韓國，午睡後至錢先生處，夜至宗三兄處。

廿三日　晴　上午與文學院各系主任開會，午睡後往看曾履川先生病，夜至大會堂赴劉百閔榮休宴。

廿四日　晴　上午與哲社系教員開會商下年課程事，下午研究所月會。

廿五日　晴　晨任國榮來談，上午到校辦公，下午睡起至沙田母靈處辭別，因我明日將去韓國開會也，夜整理雜物，與二妹、六妹各一短函。

廿六日　晴　上午到校辦公，與王佶、潘重規、吳士選談校中事，午後一時返家整理雜物，四時赴機場，五時乘機飛日，夜宿 Hilton 旅館。

廿七日　晴　上午九時半乘車赴機場，十一時起飛赴漢城，午後一時抵達宿 Hill 旅館，高登河等來接機。

廿八日　晴　上午亞洲近代化問題國際會議擧行開幕典禮及一般性會議，下午擧行正式分組會議，我屬第一組，下午由二韓國學者宣讀論文，與廷光一函，夜高麗大學校長請其在家中酒會。

廿九日　晴　上下午參加會議共七時，夜準備明日宣讀之論文可能有之疑難之答案。

三十日　晴　上午各組聯合會議，由我宣讀亞洲近代化與儒學重建問題四十分鐘畢，會中有致疑難者數人，我總答之，此諸疑點皆俗見，如我青年時之見解云。下午赴高麗大學參觀，繼在創辦人之墓園前晚餐，有該校創辦人之未亡人及董事長作陪。在赴高麗大學參觀前曾赴國樂院看古典音樂舞蹈，衣冠樂器皆唐代遺風，而中國今皆已無有，可爲慨嘆。

七月

一日　晴　上下午會議，與廷光一函，夜漢城市長請晚飯，飯後亦有韓國古代音樂舞蹈表演，夜十時返。

二日　晴　上午與君勱先生同入城在東亞日報社午餐，八時返開會議起草委員會。

三日　晴　上午一般會議通過會議報告，下午結束會，四時入城移住半島飯店，下午內閣總理約酒會，夜高麗大學校長約晚宴。

四日　陰雨　上午與廷光一函，十時與同仁乘車至板門鎮看韓戰場及和談會議之地點與會議室，下午四時歸，晚臺大畢業同學宴中國同仁於一飯館。

五日　晴　上午與中國來開會之同仁參觀慶禧大學，午飯於該校，下午參觀延熙及梨苑二教會大學，移居世元旅館，夜李相殷等約晚飯。

六日　晴　上午參觀漢城大學圖書館，東閣大學校長約午飯，東閣大學爲一佛學大學，下午參觀韓國故宮昌德宮及花園。

七日　雨　上午至商店購物，中午前教育部長李先生約午飯。午睡二時，夜李相殷約至其家晚飯。

八日　晴　晨寫札記，上午到移民局辦延期手續，中午中國來此參加會議同仁於雅景園聚餐，午睡後與高登河同至舊書店購書二三十部，參觀華僑中學。

九日　陰　上午與譚君同往舊書店購書百餘卷，有性理全書及字帖等，午睡後閱韓國史及中韓文化集。

十日　陰雨　上午與譚君遊德壽宮景福宮及博物館與宗廟，下午四時返旅館與鄭業盛一函。

十一日　陰雨　上午寫札記，蔡茂松來，高登河來談，蔡在此研究韓國儒學，下午睡。

十二日　陰雨　晨寫札記，梁大淵與蔡茂松來談，同出午飯，下午睡。

十三日　陰　上午李相殷來談，又與譚君至書店購書，下午歸，夜梁大淵約晚飯，李相殷帶來廷光一函謂尚未收得我信，蓋郵誤也。

十四日　陰雨　晨與廷光一函，上午又出外購書，至高麗大學訪李相殷談，下午至曹溪寺一看，夜高登河來談。

十五日　陰　上午獨至韓國宗廟遊，歸來睡二時，五時起寫札記至夜十一時。

十六日　陰　上午寫札記四時許，下午至成均館大學講演，晚成均館哲學系約晚飯。

十七日　陰　上午至東國大學圖書館看書，晤沈喁俊、柳承國、權允達及中國同學陳祝三等，許宇成約吃茶談國事，下午至大會堂聽韓國音樂。

十八日　陰　今日動身南遊，下午與高登河乘車至釜山，宿一旅舍。

十九日　陰　上午參觀一華僑中學，中午至東萊山溫泉浴，夜乘車至慶州，為新羅文化古蹟集中之地。

二十日　陰　包車遊慶州各名勝，至佛國寺石崛菴，夜乘車至太邱。

廿一日　陰　乘車至海印寺為華嚴宗，有高麗藏經版八千，夜宿臨溪畔一小旅舍。

廿二日　雨　下山遇雨，水淹汽車道，折回高靈一小旅館住。

廿三日　陰　下午乘車至一小鎮，再轉車，旋搭夜車返漢城。
廿四日　晴　晨七時乘西北航空公司飛機至日本即轉機返港，十時抵家。
廿五日　晴　與廷光安安至沙田母靈處，午睡後又至卡爾登休息。
廿六日　晴　上午到校辦公，兼訪同事，中午王書林等約於仙宮樓午飯，下午睡，夜訪數友。
廿七日　晴　上午到校，中午宴梁敬錞，下午睡，夜同事及學生等來談，並看試卷。
廿八日　陰　上午看試卷，下午睡二時，到校與吳士選談校中事，歸來寫信三封。
廿九日　晴　上午到校辦公，至機場接方東美先生，下午睡，夜請方先生於國際飯店晚飯，並約數友作陪。
三十日　晴　上午教務會議，中午劉百閔約於紅南之家午飯，下午校務會議，夜約陳特、李杜等晚飯。
卅一日　陰　上午聘任會，中午沈燕謀約於雪園，下午睡。

八　月

一日　晴　上午訪虞君質，楊汝梅約午餐，夜潘重規、張彝尊約。
二日　晴　上午學生等來談，下午睡，夜至兆熊兄處談。

三日　晴　上午研究所開會，下午寫信數封，夜與謝幼偉在豐澤園宴方東美先生及黃君璧。

四日　晴　上午到校辦公，中午學校宴方東美先生，下午方先生在研究所講演，夜黃君璧約晚飯。

五日　陰　上午到校辦公，下午與梁大淵等三函。

六日　陰　上午到校辦公，與吳士選談校務，午睡後至沙田母靈處祭獻，夜訪方東美先生。

七日　陰　上午到校與成中英談後又與彼及吳士選共午餐，下午睡，夜孫述宇來談，閱 Dasgupta 印度哲學史。

八日　晴　上午送方東美先生及黃君璧返臺，午睡後寫英文信二封。

九日　晴　上午到校辦公，下午睡，夜數學生來談。

十日　晴　上午辦公，下午整理書籍，到沙田游雲山處晚飯。

十一日　晴　上午到校開會，歸來見二妹寄來母親墓之像片，甚為悲痛，下午閱 Dasgupta 印度哲學史。

十二日　晴　上午到港大為學生黃繼持舉行碩士考試，下午睡，新聞系會議，夜李達生約於洪長興晚飯。

十三日　晴　上午辦公，午睡後閱 Dasgupta 書。

十四日 晴 上午與李杜談校中事，中午王道約午飯，下午出研究所題，夜約史接雲、佘秉權、董喜陞、張端友、羅香林、程兆熊在家中晚飯。

十五日 晴 上午復柯樹屏、李丙熹、張公讓各一函，下午與黃君璧、Mahan Singh 各一函。

十六日 陰 上午到校辦公，下午教務會，夜閱 Dasgupta 書。

十七日 陰 上午到校辦公並閱 Dasgupta 書，下午亦閱此書，開財務會議，夜王佶約晚飯。

十八日 晴 上午研究所招生會，下午閱 Dasgupta 書至夜閱完一卷，夜復宇野精一及方東美先生各一函。

十九日 晴 上下午取錄新生，夜與廷光安安至卡爾登飲茶。

二十日 晴 上下午取錄新生，中午校中招待耶魯等三大學校長。

廿一日 晴 上午取新生，下午閱研究所試卷，夜復錢先生函，校對中國哲學原論文。

廿二日 晴 上午改與錢先生之信，學生黃耀炯等來談，下午睡，五時人文學會由我報告去韓國經過與感想，夜同聚餐。

廿三日 陰 上午到校辦公，下午校對哲學原論稿，並閱研究所新生試卷。

廿四日 陰 上午口試新生，午睡後標點原性文。

廿五日 晴 上午訪吳康先生，並到校辦公，歸來校正原論稿至下午，夜曹明明母子來。

廿六日　晴　上午到校，學務會議，中午約潘重規、蘇文擢與胡應漢於大會堂吃茶，旋返校參加茶會，乃招待加州大學校長者，四時許返家校對哲學原論文至夜。

廿七日　晴　上午校對文，Foulton 茶會，中午與謝幼偉宴吳康先生於豐澤園，下午校對文，藝術系暑期班結業典禮，又至伊利沙白醫院視潘重規太太病，夜李達生來談。

廿八日　晴　上午教務會議至下午二時始畢，校對哲學原論稿。

廿九日　晴　標點文一時許，與宗三、兆熊二兄夫婦及小孩同至沙田畫舫午餐並環遊新界。

三十日　晴　終日標點哲學原論稿共完四萬字。

卅一日　晴　上午到校辦公，校對哲學原論稿，下午標點並改正原性文一萬五千字。

九　月

一日　晴　上午到校辦公，下午校改原性文至夜完二萬字。

二日　晴　上午到校辦公，十一時歸校改原性文至下午完，約三萬字。

三日　晴　上午校改文二萬字，下午至中大開會。

四日　陰　上午到校辦雜事，校對文五千字。

五日　陰　上午標點文，並改論伊川文二千字，下午與李國鈞夫婦、廷光、安兒到沙田母靈處獻祭。同至小杭公晚飯，夜標點原性文完。

六日 晴 上午到校辦公，下午校對太極文，夜閱二程全書。

七日 晴 上午校務會議，歸改論明道文二千餘字。

八日 陰 上午到校辦公，下午校對文，董事會開會，夜吳士選約晚飯，歸重作論明道言性文千餘字。

九日 陰 上午聘任會、學務會，下午大學部教務會，夜校對文並清理書籍。

十日 陰 上午改論船山文三千字，相續有客人來，今日中秋。

十一日 陰 上午改論唯識宗一節，下午睡起改論朱子一節至夜。

十二日 陰 上下午改作論朱子伊川者各一段共三千餘字。

十三日 陰 終日重改論朱子者五千字，加論陸王者二千字。

十四日 晴 晨改論朱子之學一段，上午研究所會，下午與廷光安兒出外一遊，夜閱朱子程子之書。

十五日 晴 上下午重改論象山朱子之學之會通一節增補為八千字，下午到校與新生談話，夜吳士選約晚飯。

十六日 晴 上午至校，今日新生選課，下午在校中校文，夜閱朱子年譜及宋學概要。

十七日　晴　上午到校辦公，中午中大聚餐，回家睡二時後補作象山一派之原流五六千字。

十八日　晴　上午研究所會，下午校對文，並翻覽性理大全、理學宗傳、聖學宗傳，至夜半。

十九日　晴　重寫論朱陸之會通處一萬字。

二十日　晴　上午到校，下午校改哲學原論文至深夜。

廿一日　晴　上午到校辦公，下午中大開會，夜閱性理全書等。

廿二日　晴　上午上課一時，再重改作象山朱子之學之會通一章至夜成四千字，夜陳荊和約晚飯。

廿三日　晴　上午上課一時，下午睡後補作昨文成三千字，夜校中約晚飯。

廿四日　晴　上午上課一時，下午校改文至夜，任東伯約晚飯。

廿五日　晴　上午校文並上課一時，午睡後又校改文，夜寫二信。

廿六日　晴　上午校改文，下午至容龍別墅參加哲社系學生會，夜校中宴黃華表。

廿七日　陰　上午上課二時，午睡後閱朱子全書至深夜。

廿八日　陰　今日校慶及孔子紀念日，午睡後改論王陽明文。

廿九日　陰　上午上課二時，下午改文三千字至夜。

三十日　雨　上課一時，重改文二千字，下午研究所會，歸來改文三千字。

十　月

一日　晴　上午上課二時，重作論朱陸之學之文三千字。

二日　陰　上午上課一時，下午參加朱振北婚禮茶會。重改作論朱陸之學之文三千字，夜閱韓國儒者所作朱書同異考。

三日　陰　上下午標點昨日所作文，又改論朱子之文數處，並補作若干註語至夜。

四日　陰　上午上課二時，下午至深夜再重改正增補論朱子與象山學之會通文數千字。

五日　陰　上下午再增補昨文二千字，並加以標點，半月來論朱子與象山之會通之文已四易稿，今大體可算確定矣，共約二萬餘字。

六日　陰　上午上課三時，下午睡二時，校對文至深夜。

七日　晴　上午上課一時，中午與成中英、至樂宮樓飲茶，夜校對哲學原論稿。

八日　陰　上午上課二時，校對哲學原論稿。

九日　陰　上午上課二時，中午與謝幼偉、吳士選共宴成中英及新亞崇基之哲學系同仁，歸來校對原論稿至夜。

十日　晴　上午又改論朱子文三千字。下午與廷光出外看國旗，並至荔園一遊。

十一日　晴　上午上課二時，下午補作朱子論仁一節三千字。
十二日　晴　晨改昨日文二時，上午到校辦公。
十三日　晴　上午上課二時，下午校對文二時許，夜閱宋元學案。
十四日　晴　上課一時，下午睡，閱宗三兄論朱子文，夜校對文。
十五日　晴　上午校對文，下午參加畢業典禮，夜閱朱子書。
十六日　晴　上午上課二時，改作朱子文若干處，寫信與嚴讚、阮靈淑催人文學會稿。
十七日　晴　又重改作論朱子文五千字。
十八日　晴　上午改作論朱子文四千字，下午至沙田母靈處。
十九日　晴　改朱子文，晚李超文約晚飯。
二十日　晴　上午到校辦公，下午準備講演題爲知言與知人，夜閱朱子大全。
廿一日　晴　上午上課二時，下午重閱朱子年譜，二程遺書。
廿二日　晴　上午上課一時，參加學生討論文會，下午講演。
廿三日　晴　上午上課二時，下午睡，夜校對文二時。
廿四日　晴　上午上課二時，下午校對文二時，夜請張福良老先生夫婦及哲社系同事晚飯。
廿五日　晴　上午與吳士選同訪虞君質商學校事。校對文二時，下午參加華僑書院畢業禮，夜校文二時。

廿六日 晴 上午到校辦公，下午睡後校對文三時，夜與兆熊共宴鄧雪冰。

廿七日 陰 上午上課二時，下午校對文，教務會，夜閱 Jones 西哲史六十頁。

廿八日 陰 上午上課一時，下午睡，復陳特、胡蘭成等信三封。

廿九日 陰 上午上課二時，下午校務會議，夜準備校外課程。

三十日 晴 上午上課二時，中午哲社系系會，下午至中國文化協會看徵文試卷，夜至樂都晚餐，歸來校文一時。

卅一日 晴 上午校文三時，下午到沙田慈航淨苑母靈處，今日適為祖母百零一歲，岳父八十歲冥壽。

十一月

一日 晴 上午上課一時，閱錢先生三百年學術史，下午招待哈佛燕京社副代表 Boxter，參加研究所月會，夜同晚飯。

二日 晴 上午到校辦公，下午大學校務會，上校外課程課一時，夜學生來，閱西哲史二十頁。

三日　晴　上午上課二時，下午睡二時，夜閱清儒學案。

四日　晴　上午上課一時，聘任會，下午研究所會，並至中華書局購書，夜閱文史通義。

五日　晴　上午上課二時，下午研究所會，夜準備校外課程講稿。

六日　上午上課二時，下午睡，夜標點原性文。

七日　陰　上午標點原性文四時，午睡後參加白沙先生紀念會由宗三兄講演，會後與吳士選等同晚飯。

八日　陰　上午標點文二時，下午睡，夜又標點原性文。

九日　陰　上午標點文並辦公，下午睡，夜上校外課程課一時。

十日　雨　晨校對文，上午上課一時，到中文大學與李卓敏商量校中事，下午學校招待中學校長座談會。

十一日　陰　上午上課一時，開學務會，下午校原性文至夜。

十二日　陰　參加孫中山先生百年誕辰紀念會，下午開哲學系會，夜參加亞洲基金會酒會，讀象山全集一册。

十三日　晴　上午上課二時，午睡起校對原性文至夜，讀象山全集一册。

十四日　晴　上午有友人來，校對原論稿，下午睡，夜閱象山全集一册餘。

十五日　晴　校對原論稿七時，安兒生日出外晚飯，夜閱象山全集。

十六日　晴　上午校對文，下午睡，上校外課程課，夜閱象山全集。

十七日　晴　上午上課一時，下午校對文，夜閱象山全集完。

十八日　晴　上午上課一時，下午中文大學開會，夜校對原論稿，並重讀傳習錄。

十九日　晴　上午上課一時，下午到中國文化協會看孫中山先生文物展覽，歸重閱二程遺書二冊。

二十日　陰　上午上課二時，中午中國文化協會約於漢宮午飯，宴臺灣來之教育部長，下午睡二時，閱二程遺書及伊川易傳等至深夜。

廿一日　晴　上午閱朱子語類，午睡後仍閱朱子語類，晚約數舊同學朱振北等晚飯。

廿二日　晴　上午到校辦公並閱朱子語類，午睡後閱諸子語類至夜深。

廿三日　晴　上午到校辦公，閱朱子語類，下午研究所會，夜仍閱朱子語類。

廿四日　晴　上午開學務會，上課一時，下午至夜閱朱子語類。

廿五日　晴　上午上課一時，下午開教務會及大學研究所計劃會，夜閱朱子語類及胡子知言與上蔡語錄。

廿六日　晴　晨閱龜山語錄，上午到校辦公，與吳士選、潘重規商談曾履川先生聘任事，上課二時，下午至母靈處並看曉雲法師，夜與廷光安兒出外購物，歸閱朱子語類。
廿七日　晴　上午上課二時，下午整理書物並復張君勱先生一函，夜改原性文。
廿八日　晴　上午訪五六同事，下午與李國鈞夫婦等至沙田晚飯，歸來改原性文至夜深。
廿九日　晴　上午校對哲學原論稿，並到校辦公，下午仍校原論稿，夜抄札記，有二三學生來。
三十日　晴　上午往看張丕介病，並至集古齋商務書館購書，上校外課程課一時許，夜抄札記。

十二月

一日　晴　上午上課二時。
二日　晴　上午上課一時，訪李卓敏談曾履川先生續聘事，下午睡，夜準備明日課，復蔡茂松一函。
三日　晴　上午上課二時，下午大學部研究改革會議，夜出外購物。
四日　晴　上午上課二時，午睡起閱 Jones 西哲史百廿頁。
五日　陰　上午閱 Jones 書四十頁，午睡起又閱八十頁。
六日　晴　上午到校辦公，下午至夜閱 Jones 書百廿頁。
七日　晴　上午開三年中學發展計劃會，下午中文大學教務會議，閱 Jones 書廿頁。

八日　晴　上午上課二時，下午至夜閱 Jones 書百十頁。

九日　晴　上午上課一時，閱 Jones 書廿頁，下午哲社系會。今日為廷光五十歲生日，晚與李國鈞夫婦等同至樂宮樓晚飯，歸來閱 Jones 十頁。

十日　晴　上午上課二時。下午校務會議，夜閱 Jones 書百頁。

十一日　晴　上午上課二時，午睡起閱 Jones 書百頁完。

十二日　晴　上午許冠三來談，下午弔胡熙德母喪，至沙田母靈處獻祭。

十三日　晴　上午到校辦公並校對文，下午睡，夜友人來談。

十四日　晴　上午辦公整理試題，並改學生研究報告，下午大學考試會，夜校外課程上課兩時半為最後一次。

十五日　晴　上午上課二時，中午校中招待楊胤宗，送李獻璋到飛機場，復李相殷、湯承業各一函。

十六日　晴　上午上課二時，下午社會學會，董事會夜送藥至一友人處，擬煩其帶廣州六妹處。

十七日　晴　上午上課二時，中文大學聚餐，夜閱十二門論文心解。

十八日　晴　上午上課二時。

十九日　陰　上午標點原性文，午睡後再校對原性文。

二十日　晴　上午校對原論稿，夜標點原性文。
廿一日　晴　上午到校辦公，下午研究所會，夜校對哲學原論稿。
廿二日　晴　上午上課二時，午睡後標點原性文。
廿三日　晴　終日標點原性文三萬字。
廿四日　晴　終日標點原性文。
廿五日　晴　上午標點原性文，下午與廷光安兒至沙田畫舫食海鮮，歸來再標點文至夜。
廿六日　晴　上午改文二時，謝鏡吾來，下午睡，曾履川先生約晚飯，擬中文大學哲學研究所計劃。
廿七日　陰　上午有友人來，下午睡後閱校中文件。
廿八日　陰　上午文學院開會討論三年計劃，下午校對文。
廿九日　晴　上午標點原性文。
三十日　晴　上午到校開會，午睡後標點文，晚約許冠三、李定一吃飯，談編譯書事，歸來標點文，並重閱朱書同異考。
卅一日　陰　上午改原性文，中午香港教育學會籌備會，午睡後校改原性文，夜約中大數老同學在家晚飯。

民國五十五年（一九六六年）

一　月

一日　晴　上午校對原性文，下午至清水灣一遊，夜校中畢業同學會晚會，歸來校對文。

二日　晴　上午校改原性文，下午至宗三處談，夜再校改原性文。

三日　晴　上午校改原性文，一同事來，下午再校對二時完，到沙田母靈處，夜重閱所校改文完。

四日　晴　上午到校辦公，下午閱學生論文卷。

五日　晴　上午上課二時，夜重校對原性文二時。

六日　晴　上午上課一時，下午重校原性文，哲社系開系會。

七日　晴　上午上課二時，下午過海至港督府簽名並至集古齋琳琅閣購書，夜校原性文二時。
八日　晴　上午上課二時，中午與吳士選、謝幼偉商校中事，夜校原性文。
九日　晴　上午校原性文，下午取原性中二章分出爲一文名朱陸异同淵原考辨，補一序言三千字。
十日　晴　上午到校辦公，下午至夜讀朱子語類。
十一日　晴　上午研究所會，下午教務會議，夜讀朱子語類。
十二日　晴　上午上課二時，下午校務會，夜讀朱子語類。
十三日　晴　上午閱朱子語類，到校辦公，下午仍閱朱子語類，夜吳士選約晚飯。
十四日　晴　上午辦公，下午睡起閱朱子語類至夜。
十五日　晴　上下午閱朱子語類，並回賀年卡。
十六日　晴　終日改原性文大體完。
十七日　晴　上午到校辦公，下午開圖書館會議，夜改原性文至夜深完。今日爲我五十七歲生日，晚祭父母祖先。
十八日　晴　上午到校辦公，下午到教育司開會。
十九日　晴　上午復張龍鐸、左光煊、彭子游、黃養志各一函，並與學生談話，下午復劉文潭、鄭業盛各一函，整理雜物。

二十日　晴　上午到校晤胡昌度、唐德剛，下午整理雜物。

廿一日　晴　今日爲農曆元旦，終日有友人及學生來拜年，中午抽暇到宗三及兆熊處拜年。

廿二日　晴　今日仍終日有人來拜年，抽暇至鄰居簡又文及沈燕謀先生處拜年。

廿三日　晴　過海至趙太太處拜年，下午至冷定菴、曾履川等處拜年。

廿四日　晴　上午哲社系學生來拜年，下午開哲學考試會，夜與二妹、六妹各一緘。

廿五日　晴　上午出外拜年，下午至沙田母靈處。

廿六日　晴　上午整理哲學考試試卷，及前日會議之決議案。

廿七日　晴　上午行政會議，上課一時，下午睡，仍有友人來拜年，夜閱 Copleston 哲學史論 Bonaventure 之部。

廿八日　晴　上午上課二時，下午到中大開學位會議及文學院歷史系會，夜校中宴會，歸來閱 Copleston 書論述 Scotus 處。

廿九日　晴　上午上課二時，閱 Copleston 書百頁。

三十日　晴　上午友人來，閱 Copleston 書百頁，夜參加一學生婚宴。

卅一日　晴　上午到校辦公閱 Copleston 書百數十頁。

二月

一日　晴　閱 Copleston 書百數十頁，看完第二册。

二日　晴　閱 Copleston 書第三册論 Occam 處八十頁，下午導師會議。

三日　晴　上午上課二時，下午至夜閱 Copleston 書附編現代哲學二百餘頁完。

四日　晴　上午與吳士選到中文大學與李卓敏交涉研究所事，下午至慈航淨苑母靈處祭獻，今日母親已逝世二週年矣。

五日　晴　上午上課二時，下午到中文大學開研究政策會。

六日　晴　寫中國哲學原論序五千字，下午韓國金君與李杜來談。

七日　晴　上午改昨日所寫之序文，下午閱章行嚴邏輯典範。

八日　晴　終日標點原性文，並改正數處。

九日　晴　上午上課二時，下午爲國樂會特刋寫一發刋辭，夜改原性文論羅念菴及湛甘泉處，並讀明儒學案。

十日　晴　上午學務會，上課一時，下午招待 Cohn 教授，歸來根據昔年之一文重改論王龍溪文一段。

十一日　晴　上午上課二時，下午校對原性文。
十二日　晴　上午上課二時許，下午改原性中論東林學派處三四千字。
十三日　晴　上午吳士選來談校中事後往訪曾先生，下午至夜閱王龍溪語錄。
十四日　晴　上午校對文，下午赴一酒會，夜閱明儒學案。
十五日　晴　上午到校辦公，下午復 Moore 信，夜閱章行嚴邏輯典範。
十六日　晴　上午上課二時，校對哲學原論印稿，得二妹寄來母親之墓像，已大體修成矣。
十七日　晴　上午上課二時，下午睡，夜校改原論序，虞君質來。
十八日　晴　上午上課二時許，午睡後參加校中酒會，夜改哲學原論序二千字。
十九日　晴　上午上課一時許並與吳士選等商校中事，下午改原論序文，夜參加一學生婚宴。
二十日　晴　上午約張彝尊與冷定菴夫婦遊沙田並午飯。下午睡，訪車柱環，夜宗三兄來談。
廿一日　晴　上午到校辦公，下午睡、校對文，夜參加許冠三婚宴。
廿二日　雨　上午到校辦公，下午至機場接錢先生。
廿三日　陰　上午上課二時，午睡不成眠，夜改原性序少許。
廿四日　陰　上午上課一時，下午過海上稅，並至集古齋看書，歸來至法國醫院看牟潤孫病。
廿五日　晴　上午上課二時，下午睡，夜宴車柱環及若干同事於豐澤園。

廿六日　晴　上午上課二時，下午睡，夜校對原性印稿，麥仲貴來。
廿七日　晴　上午校對原性文印稿，中午應陶振譽約，下午睡後校對原性文。
廿八日　晴　上午到校辦公，上課一時，夜改麥仲貴文。

三　月

一日　晴　上午到校辦公並閱李廷輝送來之書，改研究生文。下午復杜祖貽信並校對原性稿。
二日　晴　上午上課二時，下午與趙自強一函，校對原性文。
三日　陰　上午上課一時，今日爲母親七十九歲生日，下午至沙田母靈處拜祭，便道看錢先生未遇。
四日　陰　上午上課二時，下午赴中大開校務會。
五日　陰　上午上課一時並與吳士選談校務，下午睡，夜徐速約晚飯，有林語堂、徐訏等。
六日　陰　上午校對文，下午校對母親詩。
七日　陰　上午上課一時，與二妹一信談母親詩事。
八日　晴　上午到校開校務會議，下午中文大學院務會。
九日　晴　上午上課二時，教職員聯誼會，下午睡未成眠，開教務會議，夜復柳存仁一函，吳士選來談。

十日　晴　上午上課一時，下午教務會議並校對文。

十一日　晴　上午上課二時，下午開校務會議，夜爲一教員聘任事不成眠。

十二日　晴　上午上課一時，與吳士選談學校事，夜校中國樂演奏會。

十三日　晴　上午與謝幼偉、張彝尊夫婦看錢先生，並在小杭公午餐，兼與彼談一教員不續聘任事之經過，夜應吳士選約於樂宮樓晚飯。

十四日　晴　上午上課一時，並辦公，下午校對中國哲學原論序。

十五日　晴　準備星五日研究所講演，題爲中國學術思想名辭之形成，下午至一西醫處檢查身體，夜國樂會約晚飯。

十六日　晴　上午上課二時，下午至劉百閔處談，夜腹瀉數次。

十七日　晴　上午上課一時，與吳士選、孫國棟談不續聘某君之故。下午至醫生處看檢查結果，夜約李定一便飯，夜仍腹瀉睡不安。

十八日　陰　上午上課二時，下午講中國學術思想名辭之形成。

十九日　晴　上午上課一時，並與劉百閔談不續聘某君事，夜仍腹瀉。

二十日　陰　上午與廷光、安兒、唐冬明、徐志強同遊紅梅谷，至母靈處上香。

廿一日　陰　上午上課一時，感冒發燒。

廿二日　陰雨　傷風未癒，今日未到校。

廿三日　晴　上午上課二時，下午睡後復哥大一函，夜校中宴 Cohn 教授。

廿四日　陰　上午上課一時，午睡後改麥仲貴宋明學術年表序。

廿五日　陰　上午上課二時，下午聘任會，會後忽覺左眼視不明，見物變形，夜至一醫生處作檢查。

廿六日　陰　上午復柳存仁及陳特各一函，上課一時，至一處吃蛇膽一副。

廿七日　晴　終日未作他事，只略計畫一文之大要。

廿八日　晴　上午上課二時，下午參加酒會，又用英文寫由王陽明至王龍溪之道德心之觀念之發展千餘字。

廿九日　陰　終日續昨文成三千餘字。

三十日　陰　上午上課二時，下午續昨文三千字，初稿完。

卅一日　陰　上午上課二時，下午 Interview 哲社系應徵之 Demonscration G. C. E. 茶會。

四月

一日　陰　上午上課二時，下午中文大學文學院會，與 G.C.E 來人談，夜至聶醫生處檢查眼睛，彼謂是視網膜脫離。

二日　陰　上午上課二時，下午校對原性稿，吳士選夫婦來。

三日　陰　校對原性一文竟日，程兆熊與張丕介夫婦來。

四日　陰雨　上午上課二時，夜至天主教同學會講話，我主要講人乃先爲人乃爲教徒，及宗教生活先於教會，與各教派互相了解之重要。

五日　晴　上午至移民局辦回港證，下午至陸潤之醫生處，彼謂我之視網膜脫離症甚嚴重。

六日　陰　上午上課二時，下午休息，再至陸醫生處。彼謂我病必須馬上治療，或在此或赴美，以赴美爲好。

七日　陰　上午至中文大學看張鍾元之文件，上課二時，下午至美領事館辦簽證，與柳存仁一信。

八日　晴　上午上課三時，午睡後，口講王陽明至王龍溪一文大要，由安兒打字記下，約二千字。

九日　晴　上午續論文中圖表四張，夜再詳述論文大意，由安兒記下約五千字。

十日　陰　眼疾加重，安兒再代打字，論文完。

十一日　晴　由張端友、李杜等代打字，決定一面應哥倫比亞大學訪問教授之約，兼赴美就醫。

十二日　陰　上下午多人來視我目疾。

十三日　晴　友人多來視疾，午後由廷光陪同乘機赴美講學開會兼就醫。

十四日　飛機飛行廿餘小時，吳百益接機，住紐約巴黎旅館。

十五日　晴　與吳百益至 Prehisteran Eye Hospital 就醫，醫生 Star 謂我病頗嚴重，醫治難有把握，但仍以動手術爲佳，否則更壞云，遂留住該醫院。十七日動手術，五月一日出院，住伍崇俭家。五月十三至哥大 Seminar 講話，五月廿日又去一次。二十日後曾赴 Princeton, Pennsylvania, Washington D.C., Yale, Boston 等處訪問兼一遊，六月十二日去意利諾大學開明代思想會。六月十八日赴三藩市，有唐多明、張龍鐸來共住，六月廿七日去夏威夷，六月卅日赴東京，七月六日去京都，七月九日返香港，此近三月中以目疾書寫困難，日記停止，所經事由廷光記下。

廷光代筆（四）

一九六六年四月十二日，今日除友生來問疾外，毅兄全日準備講稿，由李杜打字，廷光準備行裝。

十三日　今日隨同毅兄赴美，安兒依依不捨，午後六時至機場送行友好甚多，當我們入閘時，安兒大哭，毅兄與我亦感離別之苦，機行廿餘小時。

十四日　晨六時到達紐約，有吳百益世兄來接機，一切甚方便，唯我二人疲乏不堪，住入旅舍後，酣睡整日，夜乃稍進飲食。

十五日　由吳世兄陪同至哥大附屬醫院就診，醫言網膜脫離時間太久，治癒可能極小，見毅兄甚平靜，唯我心跳不已。醫仍主張動手術，毅兄立卽住院，由吳世兄介紹我由旅舍搬到一中國人伍先生家中，主人同情我，給予許多幫助，此處距醫院不遠，來去甚方便，第一天去醫院，由吳世兄陪伴。

十六日　與安兒一信，我買了些必需品卽搭公共交通車赴醫院，司機甚好，見我拿了一大包東西，慌慌張張的，卽來扶我上車，車子直駛到醫院門前。今日有蔣彝先生來院探疾。

十七日　今日與屋主同去中國城購物，待煲好湯菜送至醫院已經午後兩點了，有黃養志同學來。

十八日　今日至醫院，吳世兄已先到，言已決定明日動手術，須時三小時。但願手術成功，望蒼天賜予光明。與吳士選先生一函，收到安兒來信。

十九日　今日一早送去湯菜，但醫生言：nothing by mouth。午後二時開始動手術，我送毅兄到手術室，並告訴他我今夜不回伍家，留在醫院陪伴，毅兄很高興。手術後毅兄留在休息室，醫生先來告訴我，謂手術情形良好，但不知視力能恢復多少，又說溫沙公爵亦在此治目疾。六時毅兄回病房，我問他難過否，他說還好，只覺疲倦沉沉思睡耳。我亦甚倦，我握著他的手，我伏在他床邊休息。雖已四月，紐約天氣仍寒冷，護士小姐給我一氈。誰知到了午夜，護士長來查房，說探病者不可留宿醫院，要我立刻離去，我大驚，毅兄向護士長說：吾妻語言不通，人地生疏，深夜一人行走，實有不便，希能通融一夜。但護士長說，莫有例外，並要一護士小姐馬上帶我離開。無可奈何，我向毅兄說，放心吧，我到門房那邊去坐坐，到天明就回來。門房處有一黑人甚爲善良，見我狼狽情況，特爲我叫一計程車，我仍回到伍家，但沿途驚惶不堪。

二十日　今日仍帶了湯菜至醫院，但毅兄說，沒有口味，僅飲了一碗湯。醫生今日來兩次，吳世兄幾乎全日在醫院陪伴我們。

廿一日　今日毅兄較好，但仍無口味，與冬明一信。

廿二日　與安兒一信，吳世兄帶來安兒信兩封。手術後，毅兄兩眼均用紗布遮蓋，今日已將那隻好眼的紗布取下了，毅兄已可用隻眼看物了。

廿三日　今日兩眼均得解放，毅兄感覺見物變形的情況已較好，但不知視力究竟能恢復多少。

廿四日　醫生說不宜多用眼，要盡量休息。由毅兄口述，廷光代筆與趙潛一函，毅兄念目疾不知是否可能全癒，是否可以照常看書上課，對同學略有失望之處。

廿五日　柳存仁先生帶來安兒一信，今天醫生詳細檢查毅兄目疾，認爲手術完全成功，視力恢復多少，是以後的事，不能預斷。

廿六日　今日又得安兒信，她已收到我的信了。與安兒一信，冬明來一信。

廿七日　有客來毅兄就不斷講話，客人勸他休息他勉強接受，但我勸他休息，他就生氣，說我處處妨礙他的自由。

廿八日　毅兄約好醫生爲我檢查眼睛，醫謂眼底尚好，並無其他目疾，不過須重配眼鏡。

廿九日　De Bary 先生同夏志清先生來看毅兄。

三十日　今天柳、蔣二先生又來看毅兄，吳世兄來幫忙料理明日出院的事。

五　月

一日　毅兄移居伍家，主人十分歡迎。

二日　今日回醫院檢查，醫生說還要作 laser 治療，並囑不可多看書，頭不宜低下。

三日　二人到河邊走走，心神爲之一暢。柳先生又轉來安兒信及王正義先生信。

四日　至附近公園晒晒太陽，感到溫暖，以五月此間仍有寒意。

五日　柳先生又轉來安兒信寄來匯票乙紙。蕭世言來一信。這裏天氣十分乾燥，我二人均感火氣上升，服西洋參水。

六日　今日至醫院作 laser 治療。

七日　二人合作校改文稿。

八日　寫信與孫鼎辰、王道、王正義、蕭世言、唐冬明及安兒，收到唐端正及麥仲貴信。

九日　收到安兒來信。女屋主已病了兩次，不知是否為我二人添增勞累關係，甚覺歉然。

十日　今日由唐德剛來接我們去哥大，訪 De Bary 先生，並晤見蔣、夏、房諸位先生及潘小姐，中午與 Mr. Rich、吳、柳等共進午飯，見到譚維漢先生。

十一日　與左光煊一信，冷定菴先生來信，安兒來信。

十二日　赴醫院作例行檢查，配了眼鏡，但只合好眼使用，病眼還要緩以時日才能決定。

十三日　今日去哥大參加座談會，由毅兄報告論文，費時八十分，參加會者有二十餘人，中國人佔大半，亦有數人提出問題。毅兄以隻眼看物不習慣，不免對講話答問均受影響，始而有些硬澀，繼則自然無阻礙也，收到王正義、唐冬明、潘重規、趙潛、王嘉陵信。

十四日　雅禮協會秘書 Kielver 來訪，午後到公園走走，收到王正義、鄭力為信。

十五日，訪張鍾元，與王嘉陵一信，屋主全家往渡假，家中只有我二人，廷光取琴試彈，大多已不能記憶，練了兩小時，略恢復一些。

十六日　參觀紐約市立博物館，中國文物甚多，午後再練琴。

十七日　毅兄隨便翻閱書刊，廷光仍練琴。

十八日　張鍾元先生請吃中飯，與李卓敏、吳士選先生各一函。

十九日　與安兒及中大會計處各一信，午後赴醫院檢查眼睛，並取眼鏡。

二十日　去哥大參加討論會，由一日人報告，毅兄發問並表示意見。

廿一日　唐德剛請吃飯，座中晤見劉寶華。

廿二日　一周姓青年由港大轉學此間者，爲我們照像，特在醫院門前拍照，以留紀念，午後到聯合國參觀。

廿三日　與蔡德允、潘重規、唐冬明各一緘，趙潛、李杜、端正、力爲、仲貴、鄭捷順、許照理、李潤生、霍韜晦、張震、廖鉅林等同學來信慰候。

廿四日　與古梅、黃伯飛各一函，晚至劉寶華夫家吃飯，夜一時半冬明來電話，聽來十分親切。

廿五日　廷光仍有練琴，與謝幼偉一函，張鍾元來談，得安兒一信。

廿六日　與柳存仁先生同去 Princeton，地方安靜，此間大學歷史悠久，美十三州獨立華盛頓等曾在此間開會。夜宿此間學校招待宿舍。

廿七日　今日去費城Philadelphia，有黃秀璣在費城大學任教，參觀大學博物館，得見昭陵六駿之二，這是當年唐太宗所乘之馬之造像，又參觀費城博物館，回到紐約已夜十一時。

廿八日　今日在家休息，作些雜事。

廿九日　午前有數學生從哈佛來談，十時後由王家琦夫婦駕車赴華盛頓，有柳先生及屋主小姐同行，車行四時到達。

三十日　午前參觀白宮、自然博物館，午後返紐約，夜林昌恆請吃飯。

卅一日　參加哥大中文系同仁與De Bary餞行宴。

六月

一日　屋主渡假歸來，中午陳榮捷先生請吃飯，午後寫信與安兒及冬明，牟宗三先生來信，勸毅兄靜養。

二日　與羅香林一信，抗議把中國文字當作地方語言研究，午後與屋主同往購物，夜與張鍾元及一日本人同吃飯。

三日　午前去哥大取回哲學原論稿並辦取薪手續，中午何廉先生請吃飯，先生已七十一歲，是哥大退休教授，生活尚舒適，但竟煩惱多，有寄人籬下之感。

四日　午前至郵局寄書，再去航空公司定飛機票，與柳、張二先生同去中國城午餐，飯後由張先生陪同買些英文舊書，四時返伍家，甚倦。

五日　De Bary 約至家中晚飯，飯前參觀華盛頓故居，夜陳永明來。

六日　午前購物，有郭子偉同學在該公司作事，給了我們八折優待，午後去 New Haven Yale University，晚上鄭騫與黃伯飛請吃飯。

七日　午前由黃伯飛陪伴訪雅禮協會晤見羅維德先生，並參觀市中及學校圖書館，放善本書處房子構造甚爲特殊精美，從不同角度看去，眞像一幅一幅的圖畫，中午雅禮協會招待，有十餘人同座。

八日　午前赴醫院，醫生說病眼視力可能恢復百分之廿多，但仍在變化中，不宜配眼鏡，囑數月後需要檢查，午後又購物，由陳永明、邱兆禎幫忙郵寄香港。

九日　午前整理雜物，午後陳永明陪同去 Boston，車行五小時。

十日　參觀哈佛博物館，內有玻璃花稱世界一絕，礦物部存有全世界最大之天然金，圖書館收藏之中國書爲全美各大學之冠。中午梅祖麟請吃飯，又晤見衞挺生夫婦，情況較苦，又晤見陳永明中學同學陳方正在此研習物理，陳、梅二君態度甚好，梅在此教書，喜看毅兄書文。午後與楊聯陞先生談研究所事。

十一日　午前去醫院，林昌恒夫婦來談，夫人爲毅兄父母之學生。又寄書物四包回港，晚上張瑄先生請吃飯，在座有郭子偉夫婦、李家淑等同學。

十二日　由陳永明駕車送至納瓜地機場，有張瑄先生夫婦、屋主夫婦、郭子偉夫婦來送行，經芝加哥轉機至伊利諾 Champaign，住 Ramada INN，晚餐後舉行明代學術思想會議，時間較短，非正式討論會，僅擬定正式會議之程序等。此次會議由伊大主持，招待人爲伊大教授 Crawford。

十三日　今日明代學術會議正式開始，毅兄有伴同往，廷光留在旅館習習琴書。

十四日　今日毅兄仍開會，廷光仍習琴書。

十五日　今日仍續開會，與冬明、陳特等電話。

十六日　晨陳特，劉述先等由南伊大來，早餐後他們去開會，廷光練琴。因 De Bary 望我今夜會後演奏古琴，盛意難卻，試彈了梅花三弄與普庵咒二曲。

十七日　原擬今日去印第安那大學，已與柳無忌先生電話約好，目的是想了解那邊大學情況，因安兒在申請去該大學讀比較文學。但以二人均太疲倦，取消原定計畫，並電柳先生說不去了，與安兒及任國榮先生各一信。

十八日 午前由杜維明送我們至機場飛芝加哥，在芝加哥機場停二小時，有戴文伯夫婦、王光一夫婦、俞爾偉夫婦來相見，由芝加哥轉機飛行約五時到三藩市，趙自強先生來接機，直赴預定之旅館。冬明來，四年不見，依然純樸眞切，他是安兒中學同學，我特喜愛他。

十九日 中午柳先生朋友陳夢因夫人請飲茶，午後遷入一公寓，租較廉，有一房一廳並有厨房，冬明可以住此，我們可以自己燒飯、自由休息，亦無任何約會，多日來的疲勞當可漸漸稍除。並想在此覓一眼醫，看看毅兄目疾情況。我覺很巧，這次毅兄來美開會兼治目病，這個會議是明代學術會議，毅兄講的題目是王陽明的思想，沿途照顧我們的有陳永明、杜維明，如今又見到冬明，五明相聚，我覺是象徵毅兄的目疾必可重復光明。

二十日 中午請趙、柳、陳諸先生飲茶，午後冬明回去取物，我們與柳陳等出遊。

廿一日 冬明陪同出遊，無拘無束，直到午後五時返寓，自作晚餐。與古梅一電話，知已舉一男孩。

廿二日 午前訪趙先生，與安兒一電話，雖隔萬里，聲音清晰，猶在目前。冬明在此我們十分開心，但彼得廠方電話言明日須開始工作，只好立刻回去，不知何日再能相見，不禁依依。伊大轉來安兒一信。與安兒一信。深夜得張龍鐸電話，言明日將由羅省來。

廿三日 趙自強先生陪同去 Berkeley，經一灣橋，云爲世界第一長橋，橋上可望見金銀島，島上產金礦，原來此地又稱舊金山或卽此故。參觀加州大學，近年此大學名居全美第一。去醫院看張君勱先生，此老今年八十，有儒者風範。張龍鐸駕車八時，夜十時抵此。

廿四日　遊森林公園，其中古木參天，人在其中有如到了原始地帶，又登美人山，可俯瞰三藩市全景，毅兄說不來三藩市不知美國之美，不登此山不知三藩市之可愛，夜返寓忽見冬明，原來工廠暫緩開工，他又來此。

廿五日　今日又出遊，參觀 Stanford 大學。

廿六日　來此已八日，今日要去夏威夷了，中午卽赴機場，但飛機誤點，七時始起飛，冬明說誤點很好，他可以多陪伴我們一些時間。到夏威夷無人相接，住 Reeb Hotel，旅館在海旁，遊人甚多。

廿七日　今晨起來，毅兄問我今天六月廿七是什麼日子，我一時答不出。原來是我們結婚二十三週年紀念日，我說從今天起我要許下一願，我要盡其在我。今天未去訪友，友人亦不知我們來此，我二人隨便出外走走，買點小東西，覺得這個地方有原始的情調，人們都是高高興興的。

廿八日　陳道行先生來，同去夏威夷大學訪 Moore 及張鍾元先生，中午張先生請吃飯，飯後去領事館，但約好看醫生的時間已錯過。晚 Moore 約吃飯，寫信與安兒及冬明。

廿九日　彭子游來，陳道行先生陪我們去醫生處，醫言毅兄目疾情況尚好。午後彭子游送我們至機場，飛機四時起飛，到達日本已是六月卅日了。

三十日　下榻雅敍園旅舍，地方頗清靜。

七　月

一日　上午休息，下午乘觀光車參觀養珠場、世界運動場、明治神宮等處，這個民族是一個了不起的民族，雖然民族智慧不高，但努力刻苦，善於接受模倣。

二日　晤見李獻璋先生及鄭業盛同學，介紹了一位眼科醫生，但檢查後沒有結果，中午在早稻田大學飯廳吃飯，環境頗幽美。胡蘭成與臧廣恩夫婦來訪，臧先生夫婦約晚飯。

三日　遷往駿臺莊，爲日本式旅舍，地方清靜，頗饒雅趣，但租金較昂，午前至胡先生家，並訪中山優先生。

四日　赴日本大學醫院，由眼科教授加滕謙檢查目疾，結果與美國醫生說法相同。午後胡先生同梅田女士、崛場正夫先生來訪，梅田女士以神道工夫相助毅兄保養目疾。晚李獻璋先生約至家中晚飯，佳餚美酒，十分可口，唯李太太辛苦一日。

五日　李先生陪我們參觀皇宮內之內閣文庫和皇帝書室，宮內到處可見敗瓦頹垣，云爲大戰時所損壞，人民反對修理。中午到一小飯店吃飯，店中專賣鰻魚。又遊一觀音廟及朱舜水園，晚飯後看舞蹈。

六日　午前買書，午後乘機赴大阪，友人均來送別，並送紀念品，易陶天來接機，轉京都住酵素研究會所。

七日　張青松與易陶天來，同遊奈良之東大寺、招提寺、法隆寺，廟倣唐代長安廟宇建造，氣象壯濶，殿宇寬宏，佛像都莊嚴富厚，人在其中若回到故國長安。此外日本庭園佈置，亦倣中國之庭園，甚得小中見大之趣。

八日　午前楊啟樵、張世彬，黃漢超、陳志誠來，他們皆新亞畢業，在此作研究，毅兄說留學生不易作，行爲表現的好壞關係甚大，小則代表自己和自己以前讀書之學校，大則代表國家民族。同時留學生以身在異國，不免有些難爲特殊之感，在某種刺激情況下，愛國之情，使命之感會油然而生，但亦有麻木不仁者。晚上易陶天、張青松請吃飯，座中有陳世驤夫婦、平崗武夫、西谷啟治、木村英一。

九日　午前與易、張及幾位同學遊金閣寺、龍安寺……。京都廟宇建築與奈良不同，乃倣中國宋代洛陽寺廟之建築，重園林之佈置，頗富禪意。午後卽乘機經大阪、沖繩島、臺灣。返港已夜十一時，家中一切依舊，惟安兒悲喜交集，不知所云。

（「廷光代筆之四」止）

十日　晴　上午謝幼偉來，下午睡，晚飯後出外走走，吳士選夫婦來，與二妹、六妹各一信。

十一日　晴　上午拜訪吳、曾二先生及兆熊兄，下午到沙田母靈處上香。

十二日　晴　上午訪同事及宗三兄，李杜等來。

十三日　陰　擬中文大學哲學研究所考試題，訪吳士選及謝幼偉，夜整理雜物，三月來以目疾廢閱讀及書寫。今日疾仍未瘉，須多休息，但出醫院後，實只在伍家休息十日，五十日來各處以訪問、開會、及在旅途勞頓之故，實未能休息也。

十四日　陰雨　上午清理雜物，下午到中大開會，虞君質夫婦來。

十五日　陰雨　中午中文大學聚餐，下午至中大看哲學試卷，張彝尊等來。

十六日　陰　今日目疾似加重，莫可非、楊勇、麥仲貴、宗三及蔡德允等來。

十七日　陰　至聶醫生處檢查目疾。

十八日　陰　上午畢業考試會議。

十九日　晴　大學教務會議，許兆理、麥仲貴等來。

二十日　晴　終日在家休息。張公讓、蔡海雲、廖鉅林來。半夜醒來思：

欲知儒須知無限的仁心。

欲知道須知無限的超越（遨遊）。

欲知佛須知無限的悲懷。
欲知耶須知無限的原恕與愛心。
欲知印度教須知無限的道福。
欲知近代西方文化之形成須知無限的可能之試探。
欲知回須知無限的清純。
欲知中國文化之形成須知無限的攝受。
貫通之者，是道家之游與儒家之仁於其心靈之種種方向（Orientation）。等閒識得東風面，萬紫千紅總是春。

廿一日　晴　上午唐端正與李杜分別來談，下午李武功來。至鍾醫生處看疾。

廿二日　晴　上午教務會議。

廿三日　晴　上午整理雜物，下午至慈航淨苑。

廿四日　陰雨　下午返九龍。

廿五日　陰　上午評研究院學生試卷，夜與伍崇儉、張龍澤、袁玉良、吳百益、趙自強、鄭業盛、戴文伯、易陶天、張瀇思、謝扶雅各一函。

廿六日　晴　上午新亞研究所開會，下午數學生來，晚赴慈航淨苑。

廿七日　晴　計畫哲學系功課。

廿八日　晴　下午哲學 Panel 會，畢業生會。

廿九日　陰　上午校務會議，下午到慈航淨苑。

三十日　雨　在沙田淨苑未作事。

卅一日　雨　未作事。

八月

一日　陰　與李武功共校對哲學原論文。

二日　陰　與李武功共校對哲學原論文。

三日　晴　上午返九龍，復佛觀一函。

四日　晴　復胡蘭成、李獻璋各一函。

五日　晴　復勞思光一函，排下年哲學系課，下午中文大學教務會議，夜赴慈航淨苑。

六日　晴　在淨苑休息。

七日　晴　思哲學系排課問題。

八日　晴　上午到中大哲學研究部口試學生，下午與李杜排哲學系課。

九日　晴　上午到新亞晤吳士選等。

十日　晴　到淨苑休息。

十一日　晴　上午研究所會，張鍾元來。

十二日　晴　上午聘任會，決定請徐復觀、吳康各來此講學半年。至慈航淨苑。

十三日　晴　李武功來讀我所著朱陸異同探原文，並校改錯字。

十四日　晴　李武功來讀昨文。

十五日　晴　李武功來讀昨文。

十六日　陰　上午返九龍，下午研究所會，知安兒已考取中文大學研究院中國文學部第一名。與李卓敏及柳存仁各一函。

十七日　晴　至加多利道看屋，下午去沙田淨苑。

十八日　雨　在淨苑休息。

十九日　雨　在淨苑休息。

二十日　晴　張鍾元與兆熊兄來同往訪錢先生及曉雲法師。

廿一日　晴　與廷光、安兒、徐志強等赴元朗。

廿二日　晴　李武功來共校原性文。

廿三日　晴　與李武功共校原性文。
廿四日　晴　重校原性文，與復觀及勞思光各一函。
廿五日　晴　在淨苑休息。
廿六日　陰　入城開教務會議，研究所請張鍾元講道之意義。
廿七日　陰　與張鍾元、程兆熊及曉雲法師等至凌雲寺午餐。
廿八日　晴　李武功來淨苑校改文。
廿九日　晴　在淨苑靜養。
三十日　晴　在淨苑靜養。
卅一日　在淨苑靜養。

九　月

一日　晴　入城，人文學會開會。
二日　晴　至淨苑休息。
三日　晴　張鍾元、曉雲法師來淨苑。
四日　晴　吳士選先生來淨苑。
五日　晴　在淨苑休息，並從事靜坐。

六日　晴　冷定菴來淨苑。
七日　晴　孫鼎辰來淨苑。
八日　晴　終日靜養。
九日　晴　端正來，與佛觀、黃伯飛各一函。
十日　晴　終日在淨苑靜養。
十一日　晴　今日遷家嘉多利道四十六號山景大樓，我以目疾未回家作搬遷事。
十二日　晴　上午入城參加開學禮，回嘉多利道整理書籍。
十三日　陰　終日整理書籍，夜宗三來。
十四日　晴　復李獻璋、李相殷各一函，孫鼎辰夫婦來。
十五日　晴　到校與 Weinpaul 交涉課程事，王家琦夫婦、吳士選先生、葉龍等來。
十六日　晴　口試研究所新生。
十七日　晴　研究所會議，下午去淨苑。
十八日　晴　在沙田淨苑休息。
十九日　晴　在淨苑休息。
二十日　晴　復張濬思、易陶天、佛觀各一函。

廿一日　晴　返家，下午上課一小時。
廿二日　晴　過海至移民局。
廿三日　陰　復趙令揚一函，上課二時，下午赴淨苑。
廿四日　晴　在淨苑休息。
廿五日　晴　在淨苑休息。
廿六日　陰　入城訪吳敬軒先生，上課二時。
廿七日　陰　在家休息。
廿八日　晴　孔聖誕及校慶，到校開會。
廿九日　晴　中秋。
三十日　晴　上課二時，下午到校介紹 Weinpaul 上課，晚赴淨苑。

十　月

一日　晴　在淨苑休息。
二日　晴　在淨苑休息。
三日　返九龍上課一時半。

四日 晴 研究所開會。
五日 晴 上下午各上課一時。
六日 晴 略記下近日對學生所講。
七日 晴 上課二時。
八日 晴 在家休息，下午吳士選來談研究所事。
九日 晴 在家休息。
十日 陰 今日國慶，與家人出外看國旗，又至清水灣雇一小艇遊半日。
十一日 晴 與平岡武夫一函。
十二日 晴 校改原論文論禪處。
十三日 晴 校改論禪文。
十四日 晴 中大畢業典禮。
十五日 晴 校改原論論華嚴天臺文，金達凱來晚飯。
十六日 陰 校改論天臺華嚴文完。
十七日 晴 在家休息。
十八日 晴 虞君質夫人逝世往弔喪。

十九日　晴　上課二時。

二十日　晴　參加學務會議。

廿一日　晴　上課二時。

廿二日　晴　在家休息。

廿三日　晴　擬哲學學科考試計畫。

廿四日　晴　上課二時。

廿五日　晴　至美國及日本領事館辦簽證手續。

廿六日　陰　上課一時半。

廿七日　晴　在家休息。

廿八日　晴　上課二時，學生葉龍至辦公室狂悖無禮相加，下午開校務會議。

廿九日　晴　上午約宇野精一等午飯。

三十日　晴　中大哲學組會議，與復觀一函。

卅一日　晴　上課二時，葉龍來上課，斥之出教室。

十一月

一日　晴　將葉龍事寫爲致大學研究院之一報告書。

二日　晴　與廷光、安兒至美與日領事中請安兒赴美簽證及我與廷光赴日簽證，夜擬一向校中請目疾病假三月函。

三日　晴　復平岡武夫、岡田武彥、胡蘭成各一函。

四日　晴　在家休息，至聶醫生處檢查眼。

五日　晴　吳士選來談校務。

六日　晴　上課二時。

七日　晴　在家休息。

八日　晴　中大考試會。

九日　晴　至張翹楠眼醫處檢查，彼謂我網膜再脫落，須再動手術云，與復觀一信。

十日　陰　復友人二三函，連日爲養身而習靜坐靜睡。更念只此是道。又在靜中常念及以往之種種過失及不免對人有意或無意之辜負，因知懺悔與對人之感念皆清心靜心之道。

十一日　晴　上課二時。

十二日　晴　至青山極樂寺休息。

十三日　晴　寫札記數條。

十四日　晴　寫札記數條。

十五日　晴　返九龍，念疾增不憂，小癒不喜，不求速效，乃養病之道；往事不追，來事不期，臨事不急，亦養病之道。

十六日　陰　上課一時。

十七日　陰　校對文三時，夜吳士選、張葆恆、張丕介、任國榮等來商學校事。

十八日　陰　上午上課二時，下午校對文。

十九日　陰　上下午校對文。

二十日　晴　到極樂寺。

廿一日　晴　校論中國哲學原論中王學之部。

廿二日　晴　校對原論中王學之部。

廿三日　陰　返九龍，上課一時，與吳士選、潘重規談。

廿四日　陰　校對原性文後數章完。

廿五日　晴　校對文，到校介紹 Weinpaul 與謝幼偉談。

廿六日　晴　校對原性抄稿完，澳門來一張醫生診視我目疾。

廿七日　陰　校對文，與佛觀一函。

廿八日　陰　評閱研究所學生報告三篇。
廿九日　陰　校對文，並打電話與數同事交代各事。
三十日　陰　辦雜事。

十二月

一日　晴　整理原性稿，與胡蘭成一信。
二日　陰　到校中與 Wienpaul 及吳校長等談話交代各事，下午至日本領事館。
三日　晴　上午訪李卓敏一談，晚約數回校重讀之哲學系畢業同學晚飯。
四日　晴　到青山極樂寺休息。
五日　陰　在寺中休息並校對文。
六日　陰　休息並校對文。
七日　陰　返九龍，校對文，夜約唐端正、李杜、鄭力爲、麥仲貴、梁桂珍、蔡康平、廖鉅林等來談。
八日　晴　上午辦理雜事，下午將與廷光同赴日本。我之目疾，近日增劇，而此間醫療設備不足，又時有人事之繁，故向大學請假赴日本醫治兼休養。

廷光代筆（五）

十二月八日，赴日本就醫，事前未告訴朋友行期，但臨行，仍有很多友好及同學至機場送行，到大阪又有楊啟樵……等同學來接，乘車至京都，住京都旅館，一切方便舒適，但覺旅館費用太昂。

九日　中午請日彼野丈夫、張澹思、易陶天、楊啟樵等吃飯，午後看房子，與安兒一信。

十日　毅兄與胡蘭成、徐復觀各一信，又去人文科學研究所拜訪森鹿三、吉川等先生，午後遷居酵素之家，地方不錯，而且很便宜。

十一日　昨夜二人皆睡眠不好，幸今日為星期日，可以休息。

十二日　醫生要星期四才有時間為毅兄診治目疾，雖然三四天的時間不算久，但他的目疾實在不能再拖延時日了，我很著急，毅兄說不要緊，他可以休息，要我彈琴，大家都不要想病的事。

十三日　臧廣恩先生來訪，與安兒一信。

十四日　昨夜甚冷，今晨起來，雪花漫天，我們快二十年不見雪景了。

十五日　今天由日比野先生及易、張、楊諸君陪同赴京大病院，由眼科主任淺山亮二教授爲毅兄診治目病，醫生說視網膜再破裂，情形甚嚴重，雖可再動手術，但視力恢復多少不能預斷，並言美國醫生治療很好，可能手術後未得保養，休息不夠，故視網膜再度脫落。本來治病之事只有盡人事聽天命，但上次治療實未盡人事，爲學校行政，學生課業，爲會議準備論文，校對文稿種種工作，而躭誤了治病時間。毅兄雖毫無怨言，廷光實於心有愧。據說淺山主任爲眼科權威，錦織助理醫師亦醫術高明，各地來此治目疾者甚多，尤以來此治視網膜脫離目疾者，佔目疾百分之六十，大多效果良好，我們亦覺有所安慰。毅兄留院，夜廷光返酵素之家，安兒來一信。

十六日　晨八時赴院，毅兄說昨夜醫生爲他作了四小時的詳細檢查。寫信與李武功及李國鈞。

十七日　尾奇先生來醫院，今日作內科檢查。廷光由易君陪同購必需用品，張世彬、黃漢超、陳志誠亦來醫院。

十八日　今日星期日，來院問疾者較多。醫院伙食不大好，必須自己補充，醫院有專供病人使用之厨房，廷光可以作些湯菜。

十九日　今日又作內科檢查，如心電圖、肝功能、照X光，驗血等。醫院環境很寧靜，附近購物亦方便。

二十日　廷光在酵素之家作一次整骨治療，或者對關節痛有幫助。胡蘭成先生來信，說目疾必要靜養，以毅兄之修養工夫，絕對靜養絕非難事。

廿一日　吉川先生來院並送水果。今天毅兄遷住單人病房，廷光可以留宿醫院，方便多了。

廿二日　今天易陶天來言酵素之家大火，房屋全毀，一殘廢住客，傷重不治，使我大驚。記得日前毅兄說，廷光一人住在旅館，他有不安全之感，曾囑廷光把什物清理清理，把重要與次重要的東西分開，若遇火警，卽棄次要者速逃，今旅舍果然失火，不知何故毅兄有此預感。今天易君陪同購物，楊君陪同赴人文科學研究所取港寄此間之物。毅兄仍作檢查，醫生眞是愼重仔細可佩。

廿三日　今日動手術，望上蒼保佑。手術經過約四小時，錦織醫生說手術成功，特來告訴與安兒一信，李武功來一信。

廿四日　日本醫生甚嚴格，凡視網膜手術後，病人必須仰臥，頸左右墊以沙枕，頭不能自由轉動。毅兄今日除飲果汁外，未吃其他東西。

廿五日　以麻藥關係，今日口味仍不好，只飲了果汁與粥水。

廿六日　毅兄四日無大便，十分辛苦，睡在床上大便不習慣，醫生又吩咐不可太用力，只有浣腸通便了。今日仍無口味，不思飲食，覺得很累。收到 De Bary 及臧廣恩二先生寄來賀年片，平岡先生送來水果。

廿七日　收到謝汝達先生賀年片，安兒來一信，今日買了唱機唱片，讓毅兄聽聽，打發時間。

廿八日　今日淺山教授來檢查眼睛，謂現在情形很好，卽是說將來怎樣不能預斷，因患此疾者，常有翻覆情形，廷光眞擔心，何以此疾如此纏綿。與安兒、冬明各一函。楊君帶來平岡先生所贈菜和餅。

廿九日　毅兄今日精神稍好，能夠睡著大便，亦吃了一些東西。

三十日　尾奇先生來看毅兄，他曾患目疾，是在此醫院治好的。

卅一日　今日除夕日，我們亦買了年貨，平岡先生又送來菜與水果，護士小姐特允廷光去單人浴室風呂（卽洗澡沐浴之意）。毅兄今日又覺無口味，不想吃。吳老擇先生送來水果與菜。

民國五十六年（一九六七年）

一　月

一日　今日元旦，醫院中冷清清，許多醫生護士工作人員均回家過年去了，只有少數醫生護士值班。天雨，廷光到醫院前張望張望，路上行人甚少，店家都關了門。楊啟樵與易陶天來院，直到午飯時始去。今天醫院菜飯很好，中飯連晚餐一同送來，還有圓圓的幾個餅，大概是象徵圓滿之意。記得初入醫院那天，不知何人送來三個餅，餅旁留有一紙，上面寫的是「千秋萬歲」，當然是祝賀之意，但不知三個餅的三字又代表什麼意思，日本人在許多小地方，表示他們無限的情味。今天仍有醫生來換藥。

二日，今日天晴，亦較暖和，寫信三封與安兒、二姊、啟文。

三日　今日易君來，張、黃、陳、林四位同學亦來。

四日　放假完畢，醫生護士全回醫院了。我們又搬入一較大的病房，安兒來亦可住此。午後楊啟樵來，張澹思夫婦來，醫生又來檢查眼，認爲情形很好。

五日　收到安兒兩信，國鈞一信。淸水茂先生來並送餅一盒，今天毅兄口味很好。

六日　冬明來信，又收到國鈞代寄之款，今日醫生將蓋在好眼上的紗布取下，爲毅兄帶上黑色眼鏡。

七日　今天蓋在病眼上的紗布亦取開了。因爲帶了黑眼鏡，亦不知究竟視力如何。李杜來一信。

八日　今日毅兄又不想吃東西，且發冷發熱。

九日　今日仍續發寒熱，腸胃亦不適打針服藥後較好，但亦不想吃，只吃了一些果汁。午後檢查目疾，幸而未受到外感發熱之影響。平岡先生又送菜來，收到任國榮先生及安兒信。

十日　昨夜仍發寒熱，兼有嘔吐，今日淺山教授來查眼說傷口情形好，並在生長中，以後要用打針方法，增加視網膜營養，幫助恢復視力。臧廣恩先生來並送風鷄。

十一日　昨夜又大發寒熱嘔吐，護士來打針退熱，不知究竟是何病症，今晨醫生來，主張作內科檢查並驗血，與安兒一信。

十二日　昨夜尚好，今日檢查眼睛醫生說有進步，但云以網膜脫落很厲害，故手術時用一化學物品築補一橋以連接網膜，將來眼好後，在築橋之處是不能看物的，即視野會變小，所以更要好好保養，常作檢查。今日沐浴，覺毅兄已瘦了許多。

十三日　昨夜又有寒熱，醫生主張用X光檢查。以數日來均口味不好吃東西很少，今日注射葡萄糖。

十四日　今日亦打了補針，昨夜幸未有寒熱。今天照X光檢查肺。今天較有口味，吃了鷄蛋、豆腐，水果等。

十五日　昨夜未發寒熱，但今天中午又發寒熱，注射了抗生素和葡萄糖。幾日均作內科檢查亦不知結果如何，到底是什麼病，眞擔憂。

十六日　今天注射了抗生素及營養劑後又去作內科檢查，亦查不出是什麼病症，且內部五臟六腑皆正常良好，醫生亦覺此種寒熱病甚爲奇怪。得安兒電報，十七日將來此。

十七日　今天楊啟樵同學陪廷光往接安兒，回到醫院才知大衣遺落機上，護士小姐代向航空公司查問，晚上即送來大衣，本擬送點車馬費用，但又怕有損人之尊嚴。

十八日　廷光眼不適往檢查，醫生說無病是敏感，安兒來此一家團聚，心情愉快，似乎大家均精神奕奕。

十九日　與吳士選、任國榮、胡蘭成先生各一信，並與冬明一信。今天由副教授來檢查眼睛。

二十日　現在毅兒已可以起來下床自由活動。醫生特許我與安兒在院沐浴，護士亦爲我們作單獨安排。因爲日本人習慣大家在一起沐浴。午後楊啟樵同學陪安兒與廷光往訪平岡先生，並參觀京大圖書館。

廿一日　毅兒希安兒能遊遊日本名勝，今日特請楊啟樵陪安兒與廷光去奈良拜觀法隆寺、招提寺、東大寺，廟宇寬疏靜謐，人在其中遊息自由，今日毅兒自己一人過了一日。

廿二日　今天張世彬帶安兒參觀京都名勝，與李國鈞、李武功各一函。

廿三日　今日毅兒一人去看牙。安兒與廷光午前去離宮，午後去修學院，前者氣象舒朗，湖光佳麗，後者則人工味較重。

廿四日　今日陪安兒去了寶塚遊樂場，沒有什麼意思。國鈞來一信。毅兒今日拔去三個牙。

廿五日　午後與安兒往購物。

廿六日　今日醫生又爲毅兒拔去二牙。

廿七日　午前去高島屋購物，醫生囑護士帶毅兒去理髮。夜易陶天請吃晚飯。

廿八日　全日下雨，毅兒去牙醫處作模型。我們今天同醫生護士一同拍照。錦織醫生送安兒扇兩把，平岡先生送了一隻胸口針。午後楊啟樵同學陪廷光送安兒至機場，毅兒堅持要送到醫院門口，大動離別之情千言萬語，不知從何說起。這次安兒出遠門留學，我們眞不放心。得冬明信言將去三藩市接安兒，徐志強來信說狗兒花花四處尋找她主人安安。

廿九日　天仍雨，毅兄與廷光全日念著安兒，不知她現在何處，她在此住了十二日，覺得時間過得很快，她現在去了，又覺時間過去太慢。得蕭世言一信。

三十日　李武功來信，今日又去牙醫處。廷光偶覺人生不免有委屈之感，毅兄說人生是要盡責任的，但問耕耘，不問收穫，自然就無委屈之盛，並覺得處處有歉意。又謂人如有貪念，卽有委屈之感。

卅一日　今晨起來，滿院是雪，在香港莫有雪景，拍照留念。午後與楊君同去辦理入國登記，並取回香港寄來包裹。與蕭世言一信。

二　月

一日　徐復觀先生來信，已由臺赴港，下榻我們家中，與徐先生及冷定菴各一緘。

二日　寫信與金媽、徐志強囑好好款待徐先生。唐端正來信。

三日　今日二人沐浴洗頭，毅兄陪廷光往配眼鏡。

四日　毅兄又至牙醫處，近來醫生已許可毅兄到醫院附近散步。

五日　又至牙醫處，並出外散步。

六日　又去牙醫處，安兒來信已平安到校。

七日　與安兒一信。毅兄自得醫生許可，可以自由活動，出外散步，高興得很，有時不到醫院外散步，在醫院內亦走來走去，他說是大大的解放。

八日　天雨，今日爲農曆除夕。與曉雲法師一信並寄去支票，請預定續藏經，毅兄說此經不但爲佛學要典，且與文史哲關係密切，所以勸學校買，自己亦買。他又說不知他的眼睛將來視力怎樣，能夠讀多少書。

九日　今日夏曆元旦，收到呂紹熊賀年片。楊啟樵、謝正光、黃漢超、張世彬、葉國雄、黃君實等同學來拜年，並送果餅，大家一同進元寶並拍照。

十日　廣恩先生來信望毅兄唸佛以養目疾，他亦爲毅兄唸佛，並拜仙佛祈禱毅兄目疾早癒，誠意可感。去年黃伯飛先生爲毅兄算命謂今年會轉好運，望一切均成事實。

十一日　今天是日本開國紀念日，醫生仍照常來看毅兄，並說往往眼睛動過大手術後會有併發症產生，如毅兄現有白內障現象，卽爲手術關係所引起，只有盡量阻止其發展。眼動手術已七週，視力恢復有限，醫生說以網膜失去營養時間太久，所以視力恢復很慢。今天毅兄又扭傷了腰，眞是多災多難。

十二日　星期日未出外，亦無人客來。

十三日　收到冬明來信。與李國鈞一信，又看牙。

十四日　與唐端正一信。

十五日　與冬明一信。

十六日　今天補上兩牙。

十七日　安兒來信。與李國鈞、安兒各一緘。

十八日　又去牙醫處，與金媽、徐志強一信。李杜、李武功來信，並收到家中寄來臘肉與豆豉。

十九日　我們去看一些在醫院中常見的病人，毅兄說，自己生了病後，更覺去看病人，甚爲重要。

二十日　阿部正雄先生來醫院並送花與水果。

廿一日　今日淺山教授與錦織醫生皆來檢查眼睛，測量眼壓視力等。

廿二日　吳士選先生，冬明來信。

廿三日　國鈞來信謂美金貳佰元已寄安仁。哥大來一信，有關上稅事。

廿四日　托黃漢超帶錄音機去香港。與李卓敏、吳士選兩校長各一信，報告病情並請續假一月，中大教務主任胡熙德來一信。

廿五日　與蕭世言信內附推薦書。復胡熙德一信。謝正光說有一次他同一日本友人交談，以日語不好，不能表達意思，故說英語。恰有一似有醉意的青年路過，很生氣的說：何以日本人要說英語，你們是受過教育的人，眞可恥，想打他們，結果鬧到警署始罷。我們都覺這位青年可愛。

廿六日　寫數信。

廿七日　安兒來信言近讀書很有趣味，唯總覺不如人。安兒一向有目中無人之態度，今有此感可以說是進步，毅兄與廷光均感高興。冬明、志強來信。

廿八日　醫生說，京都廟宇很多，我們可以去玩玩。毅兄高興極了，因他早就想去參觀寺廟。今天我們只去參觀了附近的熊野神社。毅兄說由近至遠，所有京都的廟宇他都想去參觀。

三月

一日　復逯耀東一信。遊聖護院，準提觀音神社，交通神社。

二日　楊啟樵、易陶天、張澹思來。毅兄又去補牙，算來去牙醫處共十四次，今天總算全部作好。安兒來一信，說美國人的生活態度，她很看不慣。

三日　與安兒一信要她見賢思齊，見不賢而內省。遊黑谷山寺。

四日　遊平安神宮，爲京都一有名勝地，天雨未能盡興卽歸。國鈞來信。

五日　與國鈞、趙潛二姊各一信。

六日　毅兄覺牙不適，又去牙醫處。午後又遊黑谷寺。今天開始醫生為毅兄注射維他命。安兒來信。

七日　今日風大很冷，就在醫院苑中走走，未出遊。

八日　與吳士選先生、蕭世言、安兒各一信，又遊平安神宮。

九日　與王書林一信，又遊黑谷山寺。周肇初同學移民去美，路經此地，特來醫院看先生。

十日　與彭子游一函，天雨未出遊，易陶天與未婚妻同來訪，約彼等中飯。

十一日　西谷先生之女兒代父來院探病，並送蘭花、蛋糕。De Bary 先生來，約談了二小時。

十二日　與院中一中國病人林太太同遊三十三間堂，有一千〇一座觀音像，端莊靜穆，使人精神凝聚，又參觀博物館，內有弘法大師字，大師留學中國，受中國文化影響甚大，用中國字之偏旁造就日本文字。

十三日　又去牙醫處。任國榮先生來信，復任先生一信。

十四日　遊動物園與藝術館。

十五日　天雨未出遊，張世彬來言彼留日期已滿，明日將返港，約彼吃晚飯。

十六日　又去看牙，與安兒一信，彼已十日不來信矣。吳士選先生來信。

十七日　與牟宗三先生一信，勸回新亞任教，王書林、李國鈞來信。

十八日　又去看牙醫。眼科教授定期廻診，須留在醫院等候，未出遊。

十九日　曉雲法師、蕭世言來信。遊知恩寺爲淨士宗廟。該地名百萬遍，或爲表示唸佛百萬遍之意。又去吉田神社，林木極美，覺有原始意味。

二十日　待教授廻診，並有雜事要辦，未出遊，就在醫院散步。

廿一日　今日醫院放假爲日本春分節，不知是否與中國春分節相同。代抄三信與李卓敏、吳士選、謝幼偉，另與國鈞、志強各一緘，白西先生送來蛋糕一盒。

廿二日　廷光去寄信，路過觀音堂，進去上香禮拜，求得一大吉籤。平岡武夫先生來又送蛋糕，先生與毅兄同年生，唯一在年頭，一在年尾。

廿三日　又去看牙，與安兒一信，已十七日不得彼來信。又遊平安神宮，宮內梅花正開，古雅高潔，令人俗念頓消。

廿四日　復胡蘭成先生一函，近日我們除出遊外，毅兄每日晨起卽去特爲病人所設之厨房，那裏有桌子，早晨亦無人，他在那裏用思寫作，每天約二小時，他說很喜歡那個地方，等於是他的書房。

廿五日　今日醫生詳細爲毅兄檢查眼睛，謂好眼健康良好，病眼情況亦令人滿意，唯病眼之白內障發展情形不知究竟如何。De Bary 先生又來談，並送蘭花。

廿六日　晨毅兄仍去厨房那邊用思，或寫文。今日遊八阪神社、圓山公園、知恩院。

廿七日　晨起毅兄仍去厨間那邊。安兒來信謂因考試未寫信，其實不應該，又去看牙。

廿八日　晨毅兄仍去厨房那邊。又得安兒信，問及文學與哲學相關之問題，其父復信介紹一些哲學與文學有關之書，並談一些讀書的方法。教授廻診，昨今日皆未出去。

廿九日　與易陶天同往看房，均不適合。午後楊啟樵來謂京大外人會所可住，這太好了。我們去高島屋購點禮物以備出院時送與醫生護士，他們對病人眞好。

三十日　又去看牙。

卅一日　整理雜物，李武功、冬明來信。

四　月

一日　整理雜物，錦織醫生請吃中飯。我們在醫院住了三個多月，想到明日將出院，不免有依依之感。

二日　遷居京都大學外國人研究員宿泊所二〇二室，兩廳一房，還有厨房，設備齊全。能住此處，全是平岡先生的關係。先生今日又來照顧一切，眞不知如何感激，中午同至所旁樂友會館午餐。

三日　與國鈞一信。毅兄說這裏環境很好，他可以作事，廷光可以寫字彈琴，要我立刻去買紙墨筆。中午自己燒飯，午睡後我們就開始工作。

四日　參加易陶天婚禮，由毅兄證婚。徐復觀先生、國鈞各來一信。

五日　上午工作約二時，午後去平安神宮，動物園看櫻花，眞美。

六日　午前去醫院看牙，午後寫信四封。

七日　毅兄與宗三、復觀二先生函。午後游吉田山宗忠神社，社前櫻花成巷。又去眞如堂，爲天臺宗廟，遊人甚少，但不失爲一勝地。

（「廷光代筆之五」止）

八日　晴　重閱無門關，到醫院看牙，下午去銀閣寺，臧廣恩太太來。

九日　晴　閱無門關及神仙傳。

十日　陰　到醫院看牙，晚歸。

十一日　陰　閱禪源諸詮集都序，重遊平安神宮。

十二日　上午去植物園及綜合資料館，下午重遊眞如堂，閱禪源諸詮集都序。

十三日　陰雨　遊御苑，閱法華經，黃漢超夫婦來。

十四日　晴　與二妹及冷定菴各一函，閱維摩經，羅什及僧肇經，下午遊清水寺。
十五日　陰雨　閱維摩經完，閱法華經。
十六日　陰　閱法華經完。
十七日　陰　至醫院檢查。閱中國哲學原論下校稿。
十八日　陰　閱原論下校稿，下午遊南禪寺。
十九日　陰　閱原論下校稿，下午遊法然院。
二十日　陰　閱原論校稿。
廿一日　晴　閱原論校稿，下午至靈山觀音廟及高臺寺。
廿二日　晴　晨作原論勘誤表，讀日文字母。
廿三日　晴　晨學日文及校閱原論文，下午遊仁和寺及天滿宮。
廿四日　晴　晨校閱原論稿，並習靜坐，下午至醫院診視。
廿五日　晴　與易陶天等赴大阪延長回港證時間，下午臧廣恩來談並共進晚餐。
廿六日　晴　晨校對 Morre 所寄來前年夏威夷開東西哲學家會所宣讀論文稿。中午與臧廣恩等同午飯。夜校閱李武功寄來哲學原論稿。
廿七日　晴　校閱原論稿。

廿八日　陰雨　校閱原論稿。

廿九日　晴　上下午校原論稿完。

三十日　晴　上午寫札記數條，下午遊金地院及永觀堂。

五月

一日　雨　至醫院檢查。

二日　晴　至大阪移民局並遊大阪城。

三日　晴　數友人相繼來。

四日　晴　思幾何學問題。

五日　晴　重閱原論卷下校稿，午後遊二條城。

六日　晴　重閱原論校稿。

七日　晴　上午閱壇經，下午游大佛殿豐國神廟及博物館。

八日　晴　思道教之神話之性質問題，下午至醫院檢查。

九日　陰雨　校訂李武功寄來原論稿四十頁。

十日　陰雨　上午校對文，下午與黃漢超等同看一日本劇。

十一日 晴 抄原論勘誤表；開始早晚靜坐。
十二日 晴 重抄勘誤表，午後遊本能寺。
十三日 晴 上午至銀行，下午至郵局。
十四日 晴 匆遽，躭憂結果，作事提得起放不下，對已成之事覺有所得，四者同原於一病根，遊金閣寺。
十五日 晴 參觀葵節祭祀，下午至醫院。
十六日 晴 上午看原論稿三時，下午遊青蓮院、清閑堂，晚校文二時。
十七日 晴 上下午共校文四時。
十八日 晴 上午至醫院檢查，校文二時，下午至彙文堂、文苑堂書店購書。
十九日 晴 上下午校文四時，至藝林莊及臨川書店購書。
二十日 晴 閱陸世儀讀朱隨筆完，下午至書店。
廿一日 晴 閱陸世儀讀禮志疑，晚遊吉田山。
廿二日 晴 閱臨濟語錄，下午至醫院診治。
廿三日 晴 到大阪移民局延長留日期限，下午閱臨濟語錄。
廿四日 晴 上午閱日本文法書，臧廣恩來談，下午睡。

廿五日　晴　閱日本文法書，下午 De Bary 來談。
廿六日　晴　復黃耀炯、吳士選各一函。
廿七日　陰　上午與王佶、李武功函，下午讀日文三時，遊吉田山。
廿八日　陰　上午復冷定菴函，閱日文書，下午遊智積院及豐國廟。
廿九日　陰　閱日文，到醫院診視。
三十日　晴　上午閱日文書，下午杜維明及臧廣恩來，同赴晚飯。
卅一日　晴　上午杜維明、臧廣恩來，下午校對李武功寄來原論文。

六　月

一日　晴　校對原論文。
二日　陰　校對原論文，並閱 De Bary 及簡又文論明代思想文。
三日　晴　作原論勘誤表。
四日　晴　上午重校原論文，下午至西大谷及清水寺。
五日　晴　上午校對文，下午到醫院，並赴郵局寄已校文稿至香港。
六日　晴　與臧廣恩、杜維明、易陶天，同赴奈良招提寺及天理大學圖書館參觀。

七日　晴　上午杜維明來談至下午，晚遊吉田山。

八日　晴　復佛觀一函，下午出外購物，晚至吉田山，今日甚感疲倦。

九日　陰雨　上午休息，下午復胡蘭成一函，並至淸水寺。

十日　陰　與周法高一函，下午復王道函。

十一日　晴　上午寫札記數條，午睡後去南禪寺。

十二日　晴　上午訪 De Bary，並與其談其所寫之明代思想文，下午至醫院診病。

十三日　晴　上午閱雜文，下午睡，與 Neglay 一函。

十四日　晴　上午復陳特、黃耀炯函，下午至易陶天處。

十五日　晴　上午寫札記數條。

十六日　晴　上午出外購藥，下午閱雜書，晚約 De Bary 夫婦於白鳳晚餐，以彼明日將離此也。

十七日　晴　上午閱報刋，下午至南禪寺。

十八日　晴　與復觀一函，下午校閱朱陸異同探原文，至大丸購物。

十九日　晴　上午校閱昨文，改寫與復觀函，下午至醫院，晚去南禪寺。

二十日　晴　上下午校閱昨文。

廿一日　晴　上午至大谷大學，下午校文，夜張廣恩等來。
廿二日　晴　上午校文，下午與安兒一長途電話，夜平岡武夫先生約至十二段家晚飯。
廿三日　陰　晨校文完。今日為我動左目疾手術之六個月之期，下午至銀角寺。
廿四日　晴　晨閱雜書。
廿五日　雨　閱劉子全書遺編，沈復粲編。
廿六日　晴　上午與吳士選一函，下午至醫院。
廿七日　晴　上午復李杜、復觀各一函，下午復李相殷一函。
廿八日　雨　上午訪吉川幸次郎談，下午臧廣恩、易陶天來談至夜。
廿九日　陰　上午寫札記數條，下午至東本願寺。
三十日　晴　上午寫札記數條，下午至吉田山，晚校文。

七月

一日　晴　上午校文四時，下午復黃振華、孫國棟各一函。
二日　晴　上午校文，下午看日文。
三日　陰　上午閱日文文法，下午至醫院。

四日　雨　上午至大谷大學看書，下午三時歸，又至大丸購物。
五日　陰　復唐端正一函，閱日文文法。
六日　晴　上午閱日文文法。
七日　雨　上午閱西谷啟治論宗教與哲學文，尚好，彼乃此間之哲學家也。下午赴高島屋購物。
八日　雨　上午訪西谷一談，下午管志東等來談。
九日　陰　上下午閱日文。
十日　陰　上午閱日文，下午至醫院。
十一日　晴　上午閱日文，下午與陳榮捷、程兆熊、徐復觀各一械。
十二日　陰　至京大人文科學研究所看書一日。
十三日　陰　上午至醫院檢查，下午至人文科學研究所看書。
十四日　晴　上午訪同志大學哲學系高田教授，並至張曼濤處，午睡，祖印及 Feur Ring 來晚飯。
十五日　晴　與祖印、張曼濤、楊啟樵同去神戶，於關帝廟見能光及能果二法師，又至神戶大學及六甲山，夜歸。

十六日　晴　上午有人來訪，下午與張鍾元一函，夜看祗園祭。
十七日　晴　上午看祗園祭，下午至區公所，又至醫院、郵局。
十八日　晴　上午至人文科學研究所，並與祖印同去南禪寺，下午訪阿部正雄先生，夜祖印約於東華樓吃飯。
十九日　晴　上午至人文科學研究所，下午至銀行、晚閱 Japanese Religions 中 Abe 論佛教與基督教文及其他人評論。
二十日　晴　閱 Japanese Religions 討論佛教及基督教文完。
廿一日　晴　重閱哲學原論稿。
廿二日　晴　上午至京大研究所閱書，下午至高島屋購物。
廿三日　陰　上午至高島屋複印校稿，下午整理校稿。
廿四日　晴　上午復胡熙德、謝幼偉各一函，下午至醫院檢查，晚北西弘與易陶天來共晚飯。
廿五日　晴　上午至京大研究所閱湯用彤先生魏晉玄學論稿，繼至一漢醫處看病，與周開慶一函。
廿六日　晴　復孫鼎辰、陳永明、戴文伯各一函，閱雜書。
廿七日　晴　上午至大阪辦再入國證，下午歸。

廿八日　晴　上午閱雜書，下午睡，夜吉川幸次郎約晚飯。
廿九日　晴　上午與岡田武彥一函，廷光發寒熱病。
三十日　晴　上午整理雜物，午睡後與李武功一函。
卅一日　晴　上午至京大人文科學研究所，下午至醫院檢查，廷光病稍癒。

八月

一日　晴　上午寫札記數條，下午出外種痘打針，晚宴淺山、錦織二醫及木村、平岡等於白鳳飯店。
二日　晴　上午與廷光至一醫處看病，下午休息。
三日　晴　至人文科學研究所。
四日　晴　擬一現代中國研究中國哲學之趨向。夜約吉川幸次郎、西谷啟治、橫超慧日、木村、鹿三、平岡武夫、日比野大夫、阿部正雄等晚餐。
五日　晴　上午至銀行，下午至嵐山苔寺（西芳寺）一遊。
六日　晴　至神戶乘船至別府，夜宿清水莊。
七日　晴　上午遊高崎山及地獄，下午乘車至福岡，宿福岡旅館。

八日　晴　上午訪岡田武彥及山室三良，參觀九州大學圖書館，藏宋明書籍甚多，中午九州大學同人十餘人共中飯，下午岡田武彥及山室伴同至太宰府遺址、觀音廟、天滿宮等處遊，晚山室約至一中國飯店吃飯，又同至公園，夜移居福千旅館。

九日　晴　上午至圖書館抄閱宋明儒書，下午乘車至廣島，住菊水旅館，夜至和平公園一遊，即二十二年前原子彈降落處也。

十日　晴　上午遊宮島，下午至廣島大學，王德茂君相伴再至和平公園參觀原子彈紀念館，旋乘車返京都，夜十時半回宿舍。

十一日　晴　與岡田武彥、山室三良各一緘，下午至書店購書。

十二日　晴　上午至醫院檢查，下午遊黃檗山及比叡山。

十三日　晴　上下午至書店，夜至三條吃茶。

十四日　晴　動身至大阪赴東京，鄭業盛來接，住第一旅館，旋往訪宇野精一及安岡正篤先生。

十五日　晴　上午至神保町書店，與胡蘭成同至山水樓晚飯。

十六日　晴　上午訪斯文學會，中午乘機返港，五時抵家。

十七日　雨　晨起念我二十年來所論以告世者，可以立三極（太極、人極、皇極），開三界（人格世界、人倫世界、人文世界），存三祭（祭天地、祭祖宗、祭聖賢）盡之。人格世界開於人各修已而內聖之道成，太極見於人極。人倫世界開於人之待人而內聖之道見於人，人極始形爲皇極。人文世界開於人之待天地萬物，而皇極大成，無非太極。祭天地而一人之心遙契於太極，所以直成一人之人格，祭祖宗而後世之情通，所以直樹人倫之本，祭聖賢而人格之至者得爲法於後世，而人文化成於天下。立三極依於智，開三界依於仁，存三祭依於敬。終日有友人及學生來。

十八日　晴　終日有客來。

十九日　晴　到學校並訪吳士選，歸來相續有友人來。

二十日　晴　上午數友生來，旋往訪數友，下午睡。

廿一日　陰雨　上午到校交涉數事，午後始返。

廿二日　陰　上午至校接洽下年開課事，下午復信六封。

廿三日　晴　上午開聘任會，通過以唐端正補蕭世言缺，下午教務會議。

廿四日　晴　在家未出門，夜哲社系學生來。

廿五日　晴　上午至沙田母靈獻祭，下午歸與 Kaplan 等函。

廿六日　晴　上午友人來，中午應吳士選約午飯，下午睡後至兆熊處參加人文學會。

廿七日　晴　上午有學生來，下午整理書籍。

廿八日　晴　清理書物。

廿九日　晴　上午到校辦公，下午閱雜書。
三十日　晴　上午有友人學生來。
卅一日　晴　上午學生來談，下午至陸、聶二眼醫處。

九月

一日　晴　上午到校與吳士選談校中事。
二日　上午學生來，下午至夜寫中國哲學原論原性篇序四千字。
三日　續昨文二千字完。
四日　晴　改寫原性序二千字，時有客人來。
五日　晴　上午到校辦公，下午學生來。
六日　雨　晨改原性篇序，並標點至夜乃完，共約八九千字。
七日　晴　再改文四時完，到校辦公，下午復信三封。
八日　晴　閱 Piovisana 之日本近代哲學史數十頁，上下午有學生來。
九日　晴　上午到校辦公，下午有學生來。
十日　晴　友人及學生來。

十一日　晴　上午到校指導學生選課，下午校對文四時。
十二日　晴　上午到校，下午校改文。
十三日　晴　上午到校校對文，下午看醫生。
十四日　晴　上午校對文二時，下午研究所會，夜訪張丕介、蔡德允。
十五日　晴　上午至沙田約錢先生午餐，夜校中歡宴雅禮協會代表。
十六日　晴　王書林來，並到校辦公。
十七日　晴　改文，閱日本近代哲學史。
十八日　晴　上午訪李相殷並約其在樂宮樓午飯，今日中秋。
十九日　晴　上午到校辦公，午睡後，寫信與殷海光候其癌疾，又復信三封。
二十日　晴　上午研究所請李相殷講演，中午約其午飯下午教務會議。
廿一日　陰　上午閱雜書，晚至機場送李相殷赴臺，夜校對原論原性序二時。
廿二日　陰　晨校對原性序二時，上午閱莊子注，晚閱易陶天譯 Berdyaev 俄國思想史。
廿三日　陰　上午至中大開會，下午訪數同事，閱俄國思想史大體完。
廿四日　陰　與平岡、日比野各一函，友人來談，下午睡。
廿五日　晴　上午開學，下午訪李卓敏談，清理十餘年來信，並將母親函檢出。

廿六日　晴　上午上課一時，下午清理信札。
廿七日　晴　上下午校對所改紙型上字。
廿八日　晴　上午校中舉行孔子紀念及校慶會，下午校文三時，晚送錢先生赴臺，並與吳士選、張丕介談校務。
廿九日　晴　晨校文三時，下午閱雜書。
三十日　晴　上午復信三封，上課二時，下午重閱哲學原論下半部。

十　月

一日　晴　晨閱原論下完，學生來談，下午出外散步。
二日　晴　上午上課二時，午睡後準備道家哲學課。
三日　晴　上午到校辦公，下午準備課，夜在張丕介處與同事商學校事。
四日　晴　上午復張曉峯一函，閱雜書，下午開教職員聯誼會、理事會，及文學院會。
五日　晴　復張鍾元、徐佛觀各一函，到校辦公，下午閱 Moore 所編 Chinese Mind。
六日　晴　上午閱莊子注，下午董事會開會，校對文一時許。
七日　晴　校對文，上課二時。

八日　晴　上午校對文，下午到沙田母靈處及曉雲法師處，夜校文三時。

九日　晴　上午校對文，上課二時，午睡後閱朱子語類。

十日　晴　上午閱朱子語類，下午友人來，晚出外看國旗。

十一日　晴　上午上課一時，閱朱子語類，下午研究所講演會。

十二日　晴　上午閱雜書，遊大清水灣，閱王船山老子衍。

十三日　晴　上課二時，下午閱雜書。

十四日　上課二時。

十五日　上午閱雜書，中午至沙田午飯，下午閱 Lewis: Symbolic Logic 中之一章。

十六日　晴　上午回訪數同事，下午閱 Lewis: Symbolic Logic 中之一章。

十七日　晴　閱 Lewis 書最後一章，下午中文大學典禮。

十八日　陰　上課一時半，下午閱 Lewis 書一章。

十九日　陰　上下午閱 Lewis 書數章。

二十日　晴　上課一時，閱 Lewis 書餘數章之大體，晚閱 Russell: Principia Mathematica 第二版導言。

廿一日　晴　上午到校辦公．下午閱 Russell 書導言完。

廿二日　晴　上午閱 One Two and Infinity 數章，下午至沙田母靈處，與二妹一信，復學生一函。

廿三日　晴　上午準備課，上課二時，下午寫道家哲學札記。

廿四日　晴　上午閱 Carnap: The Logical Syntax of Language 前二十頁及五部完。

廿五日　晴　上午上課一時，閱 Schilpp 編當代哲學家叢書中 Carnap 百餘頁。

廿六日　晴　晨閱 Carnap 集數十頁，晚看一電影。

廿七日　晴　上午上課一時，中大談話會，下午茶會。夜整理文件。

廿八日　晴　上午到校辦公，整理雜物，午睡後閱 Carnap: The Logical Syntax of Language 數十頁。

廿九日　晴　上下午閱 Carnap 書數十頁。

三十日　晴　上午上課二時，下午哲學 Panel 會，夜閱 Carnap 書。

卅一日　晴　上午閱 Carnap: Syntax 書，此書極難細看其符號公式，但求知其大體概念而已。

十一月

一日　晴　上課一時半，午睡後擬新亞研究所備忘錄二千字，復陳榮捷一信。

二日　晴　上午爲陳榮捷論文集作一序二千字，改研究所備忘錄，夜看一電影。
三日　晴　上課一時半，並辦公，下午辦雜事，夜閱陳白沙有關文。
四日　晴　上午擬研究所計畫並與同仁商研究所事，下午睡。
五日　晴　上午兆熊兄來談，下午新亞哲學系系會。
六日　晴　上午上課二時，下午大學教務會議。
七日　晴　上午到校辦公，下午陳克文來，夜作札記。
八日　晴　上課一時半，下午閱陳本禮太玄闡秘及朱子易學啟蒙。
九日　陰　晨閱朱子易學啟蒙完，到校辦公，下午閱老子翼。
十日　晴　上午上課一時半，寫札記。
十一日　晴　上午到校與哈佛燕京社代表 Pelyer 談研究所事。下午睡。
十二日　陰　上午到沙田母靈處，午睡後閱 Russell: Principia Mathematic 第二版序。
十三日　陰　閱 Principle of Mathematics 三章。
十四日　晴　上午閱昨書四章，下午閱二章。
十五日　晴　上午上課一時半，下午閱昨書四章，夜學生來。
十六日　晴　閱昨書百頁，晚出外看一電影。

十七日　晴　上午上課一時，至中文大學開會，午睡後開研究所會。

十八日　晴　上午擬研究所計畫，並到校與人談。

十九日　晴　上午學生來並至沙田，午睡後清理雜物，與二妹一信。

二十日　陰　上午上課二時，下午改研究所計畫。

廿一日　陰　到校辦公，復友人三函。

廿二日　晴　上午上課一時半，下午閱老子各種注。

廿三日　晴　上下午閱老子注，上午在校晤越南某佛教大學校長。

廿四日　晴　上午上課一時半，校對韓國學者之一論韓國理學史。晚閱陳清瀾學蔀通辨。

廿五日　晴　上午閱安岡論陽明學文，到校得安兒自美來電話，云今日為彼生日，特來電話拜生，下午閱陳清瀾書，晚祖印法師來晚飯。

廿六日　晴　閱學蔀通辨。

廿七日　晴　上午上課二時，下午休息。

廿八日　晴　上午復易陶天、陸達誠神甫各一函，改研究所紀錄，下午研究所月會。

廿九日　晴　上午上課二時，下午中文大學文學院會。

三十日　陰　上午校改所提出中文大學中國文化研究所之計畫。

十二月

一日　陰　上午上課一時，中大開會，夜至吳士選處談。
二日　晴　上午與吳士選談校中事，午睡後參加 Yale in China 茶會，夜看一電影。
三日　陰　上午至沙田，閱朱子語類，午睡後閱朱子語類。
四日　晴　上午上課二時，午睡後辦雜事，晚至丕介處聚餐。
五日　晴　上午到校辦公，下午閱朱子語類，友人及學生來。
六日　陰　上午上課一時許，歸來閱內學及朱子語類。
七日　陰　上午與研究所助理研究員談話，下午訪蔡貞人談新亞挽留吳士選問題。
八日　晴　上午上課並開會，下午中國文化協會開會，夜至聶醫生處檢查視力。
九日　晴　上午哲學 Panel 會，下午睡，夜閱朱子語類。
十日　晴　上午二友人來，新亞學生會編輯來訪，閱朱子語類。
十一日　晴　上午上課二時，下午財政會，夜閱朱子語類。
十二日　晴　到校辦公，閱朱子語類。
十三日　陰　上午上課一時半，中午吳士選約午飯，下午校務會。

十四日　晴　閱朱子語類，下午與二妹信談母親詩事。
十五日　晴　上午上課一時半，中午聚餐，下午董事會。
十六日　晴　上午閱李相殷文，下午閱朱子語類，夜出外看電影。
十七日　晴　閱韓國學者論文，今日廷光五十二歲生日。
十八日　晴　上課二時，閱朱子語類。
十九日　晴　終日閱朱子語類。
二十日　陰　上午上課一時半，與張丕介、吳士選談，下午閱朱子語類。
廿一日　晴　上午寫信二封與楊聯陞及余英時，爲研究所事也。
廿二日　晴　上午到校辦公，上課一時，改昨日之信。
廿三日　晴　閱朱子語類。
廿四日　晴　閱朱子語類，午後至鄉間一遊。
廿五日　晴　閱朱子語類。
廿六日　晴　閱朱子語類，李祖法、沈亦珍來晚飯，談學校校長事。
廿七日　晴　閱朱子語類。
廿八日　陰　閱朱子語類。

廿九日　晴　閱朱子語類，下午看一電影。

三十日　晴　閱朱子語類完。並閱雜書及朱子大全。

卅一日　晴　閱朱子大全。

民國五十七年（一九六八年）

一月

一日　晴　閱朱子大全並至沙田母靈處。
二日　晴　上午到校辦公，兼至宗三兄處談，下午大學教務會。
三日　晴　上午上課辦公，閱朱子大全。
四日　晴　上午辦公，下午閱朱子大全。
五日　晴　上午上課一時，下午弔劉百閔喪，歸閱陽明全書。
六日　晴　上午到校辦公，下午閱陽明全書，夜遴選委員會同仁來共商留吳士選續任校長事。
七日　晴　閱象山全集，下午參加劉百閔祭禮。

八日　晴　上午上課二時，下午閱顧憲成證性篇。

九日　晴　上午查朱子語類，下午研究所會。

十日　晴　上午上課，查朱子語類。

十一日　晴　上午校閱原論文，下午建築委員會會議，與二妹一函。

十二日　晴　上午上課一時，行政會，下午校長遴選委員會開會。

十三日　晴　上午辦公，檢查原論稿錯字，下午至沙田母靈處，夜看一電影。

十四日　晴　上午擬試題，下午至機場接 Nagley。

十五日　晴　上午上課一時，約 Nagley 於研究所茶會上講話，中午同午餐，下午大學考試會，夜赴樂宮樓。

十六日　晴　閱原論校稿。

十七日　晴　上午上課辦公，下午因股上生一瘡，赴醫處診視。

十八日　晴　上午抄試題，下午睡。

十九日　晴　上午上課一時，中大開會，下午文學院會議。

二十日　晴　上午回賀年片，下午至機場接 Kaplan。

廿一日　晴　上午思一論文內容。約 Kaplan 夫婦及若干同事於樂宮樓晚飯。

廿二日　晴　上午與 Kaplan 談下屆東西哲學會事，下午睡，並至醫處。

廿三日　晴　上午思一文內容，下午研究所茶會招待 Kaplan，吳士選約晚飯。

廿四日　晴　上午校對原論文，下午教務會，晚唐端正、李杜來。

廿五日　晴　上午安兒自美來電話拜生。閱哲學試題，下午研究所會，校改原論文，至醫生處，今日為我生日，夜祭父母祖先。

廿六日　陰　上午在家休息，準備下午哲學會，下午哲學會。

廿七日　晴　上午到校辦公。

廿八日　晴　重閱校原論文。

廿九日　晴　上午整理試題，下午至醫生處，今日農曆除夕，夜約研究所助理研究員及研究生晚飯。

三十日　晴　元旦日，同事及學生多來拜年，夜學校團年。

卅一日　晴　今日仍有學生來。

二　月

一日　陰　上午至數同事及友人處回拜年，下午歸。

二日　陰　整理哲學試題。

三日 陰 上午到校與吳士選談研究所事，歸擬研究所備忘錄，中午哲學系學生來拜年並午飯，晚校閱原論。

四日 陰 上午校閱原論完，下午有客來拜年，夜重閱 Russell 數學原理論。

五日 陰 謁何魯之先生，到校辦公，下午到慈航淨苑。

六日 陰 整理研究所備忘錄。

七日 陰 上午閱 Russell: Principle of Mathematics 一章，至大佛寺爲劉百閔佛事，並與吳士選同訪李卓敏，午睡後閱 Russell 書三章。

八日 陰 閱 Russell 書數章。

九日 陰 上午到校開學務會，下午到中大開中國文化會，閱 Russell 書數章。

十日 晴 到校辦公，閱 Russell 書數章。

十一日 晴 閱 Russell 書三章，明日爲母親逝世四周年忌日，至慈航淨苑焚帛。

十二日 晴 今日學校開學，茶會。

十三日 晴 草中國先哲言性之方式文八九千字。

十四日 晴 續昨文五千字，上課一時。

十五日 晴 續昨文七千字。

十六日　晴　上課一時，與吳士選談研究所事，下午續昨文五千字，夜看一電影。
十七日　陰　改昨文數節，續作文五千字。
十八日　陰　續昨文五千字，下午至新界，夜朱明倫約晚飯。
十九日　陰　晨續文一千字，上午上課二時，下午續文四千字。
二十日　陰　改昨文一千字，新作五千字。
廿一日　陰　上課一時，續文五千字，夜看一電影。
廿二日　陰　續昨文五千字完。
廿三日　陰　上午到校開會，午睡後寫陽明與朱陸異同重辨四千字。
廿四日　陰　續昨文五千字。
廿五日　陰　續昨文七千字完。晚出外看一電影。
廿六日　陰　上課二時。分老子章節。
廿七日　陰　寫老子言法道之四層面一文，由晨至夜完，共萬四千字。
廿八日　陰　上課一時，續昨文三千字完。
廿九日　晴　到校辦公，改作文四千字，新增二千字。

三　月

一日　晴　上課一時，改正並標點昨文。
二日　晴　上午標點昨文三時，復陳特、陳榮捷、黃耀炯各一函。
三日　晴　閱陽明與象山書。
四日　晴　上午上課二時，下午董事會，閱朱子書。
五日　晴　重改寫論陽明與朱陸文五千字。
六日　晴　改寫論陽明與朱陸文八千字，上課一時。
七日　晴　續改寫昨文七千字。
八日　晴　續昨文七千字，上課二時。
九日　晴　續昨文七千字。
十日　晴　續昨文五千字完，今日母親冥誕，至淨苑母靈處拜祭。
十一日　陰　上課二時半，改文千字。
十二日　晴　補作文五千字，下午開會。
十三日　晴　上課一時，下午標點文至夜。

十四日　晴　標點陽明與朱陸異同文完。與余英時一函。晚補作結論二千字。
十五日　晴　上午上課一時，中午月會由宗三兄講演。參加大學聚餐會，下午睡。
十六日　晴　上午改文千字，標點老子文，與二妹函，夜看電影。
十七日　晴　晨標點老子文，至鄉間一遊晚歸。
十八日　晴　上課二時，午睡後標點論陽明朱陸文。
十九日　晴　改老子文數百字，閱原論印本。
二十日　晴　上午上課一時，標點文二時，下午開會、標點文三時，夜看電影。
廿一日　晴　上午到校辦公，標點文三時，午睡後標點文三時。
廿二日　晴　上午辦公上課，午睡後標點老子文，夜看電影。
廿三日　陰　上午標點老子文及陽明與朱陸異同文共八小時。
廿四日　陰　王正義來，至沙田畫舫午飯，下午一學生來談，夜校改論老子文。
廿五日　晴　上午上課二時，午睡後校改文二時，夜至丕介兄處談校長人選問題。
廿六日　陰　上午校陽明學與朱陸異同文，午睡，研究所學生報告討論會。
廿七日　陰　上午上課辦公，下午教職員聯誼會，校對文三時。
廿八日　陰　到校與吳士選談，下午睡。

廿九日　陰　上午辦公上課，午後休息。
三十日　陰　上午寫老子文英文提要千字，下午至醫處檢查眼，夜校文二時。
卅一日　陰　修改論老子文二節至下午完，至沙田一遊。

四　月

一日　晴　上課一時，重閱校老子文。
二日　陰　上午重閱校老子文及陽明學與朱陸异同文，下午再校閱陽明文。
三日　陰　上午上課一時，下午標點改正陽明學與朱陸异同文至夜。
四日　陰　全日校陽明學與朱陸异同文。
五日　晴　上午校對文，下午睡夢見與母親同遷至山間道四號。校對文二時，夜看電影。
六日　晴　上午校對文二時，開中大年刋編輯會。
七日　陰　上午重閱陽明學與朱陸异同上篇，下午至新界，冷定菴夫婦來晚餐。
八日　晴　上午上課二時，下午校改陽明學與朱陸异同文下篇。
九日　陰　上午到校辦公，下午睡起校對朱陸文三時。
十日　陰　上午上課二時，下午校文二時許，晚改文三時。

十一日　陰　改論陽明文二千餘字，下午到校開會。

十二日　陰　寫信，整理雜物。

十三日　陰　改文千字，午後至沙田母靈處。

十四日　陰　寫哲學筆記三四千字，學生來同遊新界。

十五日　陰　寫哲學筆記三四千字，上課二時，下午至沙田。

十六日　陰　寫筆記數千字。

十七日　陰　寫筆記數千字，上課一時半。

十八日　陰　寫筆記萬字。

十九日　陰　上午上課一時半，中大開會聚餐，下午校中招待 Kitchen。

二十日　晴　上下午寫筆記七千字，晚唐星海請晚飯。

廿一日　陰　上午寫筆記六千字，晚約二學生來晚飯。

廿二日　晴　上午上課二時，寫哲學筆記數千字。

廿三日　晴　上午友人來，午後寫哲學筆記六千字。

廿四日　晴　上午上課一時半，寫哲學筆記七千字。

廿五日　晴　寫哲學筆記數千字，下午校長遴選會開會。

廿六日　晴　上午上課一時半，學生來，下午至何魯之先生治喪委員會，夜寫哲學筆記二時。
廿七日　晴　上午寫哲學筆記數千字，下午至新界一遊，晚又寫筆記三千字。
廿八日　晴　上午思哲學問題，下午參加何魯之先生追悼會。
廿九日　晴　上午寫哲學筆記二千字，上課二時，下午再續五千字。
三十日　晴　寫哲學筆記數千字，下午中大開會。

五　月

一日　晴　上午上課二時，下午寫哲學筆記數千字。譚汝謙來晚飯。
二日　晴　上午辦公，下午寫哲學筆記數千字。
三日　晴　上午上課二時，開會，下午研究所會。
四日　晴　上午辦公、下午寫哲學筆記四千字。
五日　晴　上午寫哲學筆記四千字，下午至郊外。
六日　晴　寫哲學筆記五六千字。
七日　晴　寫哲學筆記五六千字。
八日　晴　寫哲學筆記五千字，下午教務會。

九日　晴　上午研究所歡迎劉子健，下午校務會，夜在樂宮樓宴劉。
十日　晴　寫哲學筆記六七千字。
十一日　晴　上午寫哲學筆記四千字，下午至何魯之先生及劉百閔家。
十二日　晴　上午寫哲學筆記三千字，與李田意、王西艾各一信，至鄉間一遊。
十三日　晴　上下午寫哲學筆記五六千字。
十四日　晴　上午到校辦公，下午校對文。
十五日　晴　上午到校辦公，下午寫哲學筆記五千字。
十六日　晴　寫哲學筆記四五千字，決定暫停止。
十七日　晴　上午到校開會，下午補哲學筆記四五千字，夜余也魯約晚飯。
十八日　晴　晨補哲學筆記二千字。
十九日　陰　補哲學筆記六七千字，晚林太太（日本醫院病友）來，同出晚餐。
二十日　陰雨　上午校長遴選委員會，下午睡。
廿一日　晴　上午辦公，下午睡。
廿二日　晴　上午到校辦公，下午睡，夜出外晚飯。
廿三日　陰　閱試卷。

廿四日　陰　閱試卷，並開行政會。
廿五日　陰　閱試卷。
廿六日　晴　友人相繼來，午後與林太太等同遊新界。
廿七日　陰　續寫哲學筆記七千字。
廿八日　陰　上午教務會，改哲學筆記二千字。
廿九日　晴　上午哲學系務會，下午大學教務會。
三十日　陰　改哲學筆記四五千字。
卅一日　陰　重改昨寫哲學筆記七八千字。下午到鄉間。

六　月

一日　陰　上午寫哲學筆記四千字，前後已寫四十萬字，決暫停，下午到鄉間。
二日　陰　約兆熊、宗三兄及嚴作新、關展文同遊新界並請午飯及晚飯。
三日　陰　復黃耀炯、王家琦、王西艾各一函，下午出外看一電影。
四日　晴　上午辦公，下午睡。
五日　晴　上午到校辦公，謝汝逵來晚飯。

六日　晴　上午準備下午中大文學院會，下午會議三時半。
七日　晴　上午上課二時，下午新亞研究所會。
八日　晴　上午年刊編輯會。
九日　陰　上午辦雜事，夜中大校友會。
十日　陰　上午開藝術系 Panel 會，下午重改寫哲學筆記七千字。
十一日　陰　寫哲學筆記六千字。
十二日　雨　寫哲學筆記七千字。
十三日　陰　上午與李田意一函，學生來談，並到校辦公，下午校對老子文。
十四日　晴　出研究所試題，李棪來商中大院紀錄事。
十五日　晴　上午到校辦公，下午到鄉間。
十六日　晴　寫哲學筆記七千字。
十七日　陰　上午到校辦公，下午睡。
十八日　陰　寫哲學筆記六千字，夜赴樂宮樓學校宴。
十九日　陰　寫哲學筆記二千字，下午睡，夜又赴樂宮樓宴。
二十日　陰　寫哲學筆記六千字。

廿一日 陰 上午行政會及哲學系會，約沈先生夫婦來晚餐，彼等十九年前與六妹同住一樓。

廿二日 雨 寫哲學筆記五六千字，下午到沙田。

廿三日 陰 寫哲學筆記五千字，陳士文夫人翻船落水去世，以當日為藝術系旅行遭此不幸，下午往弔唁。

廿四日 雨 寫哲學筆記三千字，到校辦公，下午校文。

廿五日 晴 上午到校辦公，下午校對陽明學與朱陸異同重辨文。

廿六日 晴 上午校長遴選委員會，已通過李田意為吳士選繼任校長，下午教務會。得二妹信知熊先生已於上月廿三日逝世，年八十四歲，即電話通知宗三、兆熊兄，將來再謀紀念。

廿七日 陰 復王正義、黃伯飛各一函。

廿八日 晴 上午開會，下午董事會通過李田意為吳士選繼任校長。

廿九日 晴 上午到校開會辦公，下午學生來，晚看一電影。

三十日 晴 上午閱張君勱紀念文稿。

七月

一日 晴 上午閱張先生紀念文稿，下午人文學會。

二日　晴　上午到校辦公，下午教務會議。
三日　陰　到校辦公。
四日　陰　上午研究所會，下午校務會。
五日　陰　上午到校辦公，下午睡。
六日　陰　上午寫論文英文提要，一學生來，與張龍鐸及蕭世言各一函。
七日　晴　上午學生及友人來。
八日　晴　上午到校參加畢業典禮，下午中文大學研究所會。
九日　晴　口試哲學系新生，晚吳士選約晚飯。
十日　晴　口試新生，晚研究所學生謝師宴。
十一日　晴　口試新生。
十二日　晴　口試研究院哲學部畢業生，中午約施友忠、宗三、幼偉於樂宮樓午餐。
十三日　陰　改定悼熊先生輓聯：
斟銀漢，吸滄溟，前聖道玆存，居嘗想像夫子；
握天樞，爭剝復，後生仁不讓，會當永繼斯文。
又爲人文學會作一聯：

地裂綱維，知夫子屯艱，獨契天心望來學；
人弘道紀，願吾儕奮勵，共開文運慰先生。

十四日　陰　人文學會及哲學會假新亞禮堂開熊先生追悼會，由吳士選主祭，我報告熊先生生平，宗三兄講熊先生之爲學精神。

十五日　晴　續寫哲學筆記六千字。

十六日　晴　續哲學筆記五千字，寫信數封。

十七日　晴　到校辦公，下午睡，夜哲學系學生謝師宴。

十八日　晴　寫哲學筆記三千字，前後改數次。

十九日　晴　上午至中大開會並午飯，陸君約晚飯。

二十日　晴　上午清理雜物，下午至機場送宗三、幼偉赴臺。

廿一日　晴　寫哲學筆記七八千字。

廿二日　晴　上午至研究所，下午中大研究院會議。

廿三日　晴　上午至沙田母靈處，午睡後寫哲學筆記三千字。

廿四日　陰　上午教務會議，下午寫哲學筆記三千字。

廿五日　晴　寫哲學筆記六千字。

廿六日　陰　上午寫哲學筆記四千字，下午大學考試會。
廿七日　陰　寫哲學筆記七千字。
廿八日　晴　寫哲學筆記八千字，哲系學生來談。
廿九日　晴　上午新亞會議，寫哲學筆記二千字，下午大學教務會。
三十日　晴　寫哲學筆記萬字。
卅一日　晴　寫哲學筆記六千字。

八　月

一日　晴　上午開會，寫哲學筆記九千字，下午至沙田一遊。
二日　晴　寫哲學筆記六千字，下午中大研究所茶會。
三日　陰　寫哲學筆記八千字，可暫告一結束，前後共歷一百十日，約成五十萬字，我對哲學之重要問題所思之結論皆略備其中，但只隨筆而寫，不成體段，行文述義皆粗疏草率，以供以後再從容整理成書而已。
四日　晴　改昨日文六千字。
五日　陰　上午吳士選來談，復李田意、柯樹屏、劉述先、楊啟樵各一函。

六日　陰　補哲學筆記四千字完，午睡後看一電影。

七日　晴　校對朱陸异同重辨文；又寫一朱子陸王學之現代意義四千字以備交臺灣華學會議刋。

八日　晴　上午校對文三時，至香港陸先生處（眼病病友），有非律賓眼科醫生過港，特約爲諸病友檢查，彼謂我右眼有網膜細胞萎縮處，須作預防治療，乃擬去非律賓一行。

九日　晴　復宗三兄一函，淸理雜物，下午教務會議。

十日　晴　上午寫札記千字，午睡後看一電影。

十一日　晴　上午至機場送醫生，復學生及岡田武彥、De Bary 函，閱劉文譚現代美學。

十二日　晴　上午辦公，下午改提要文。

十三日　晴　上午閱研究所學生論文，下午出研究所試題，晚校對陽明學與朱陸异同重辨文下篇。

十四日　晴　上午到校辦公，下午校對母親之詩。

十五日　晴　上午校對李武功所抄陽明學與朱陸异同重辨完。

十六日　晴　上午整理雜物，下午校務會議。

十七日　晴　研究所招生考試。

十八日　晴　上午與麋文開一函，補哲學筆記數條。
十九日　晴　到校辦公，辦理雜事。
二十日　晴　閱研究所試卷，校對文。
廿一日　雨　閱 Fischer: Structure of Thought 七十頁。
廿二日　陰　至莊醫生處，下午至日本領事館辦簽證。
廿三日　陰　學務會報會。
廿四日　陰　上午辦雜事，閱 Fischer 書六十頁。
廿五日　陰　閱 Fischer 書，其中意見頗有與我數月來所寫哲學筆記中不謀而合者。學生及友人來。
廿六日　晴　閱 Fischer 書數十頁大體完。
廿七日　晴　學生選課註册，與楊啟樵、王正義各一函。
廿八日　晴　再與王正義一函，辦理去菲律賓雜事，李祖法來談。
廿九日　晴　休息。
三十日　晴　上午到校辦公。
卅一日　晴　張鍾元來同至鄉間午飯，下午睡。

九月

一日　晴　有友人來。

二日　陰　重閱 Kant: Critsque of Pure Reason 第二部百餘頁。

三日　晴　章力生來同出午餐，閱 Kant 書論 God 處百餘頁。

四日　晴　閱 Kant 書百餘頁，重閱 Dialecties 完。

五日　晴　閱 Kant 書二百頁完。

六日　晴　補閱 Muller 譯 Kant 之序文及附錄完。

七日　陰　閱楊振寧 Elementary Particles 一書，晚閱 Hegel: Logic 中評 Kant 之一部。

八日　晴　重閱 Hegel: Logic 百頁完導論之一部。

九日　晴　上午上課二時，下午至林鏡奎處檢查眼睛。

十日　晴　上午約中大研究院學生來談，至宗三兄處，晚學生及宗三兄來談。

十一日　晴　上午上課二時，下午研究所會。

十二日　晴　閱 Niebuhr: Nature of Man and His Desting 中譯本大體完。

十三日　晴　上午閱 Runes 哲學辭典。章力生約午飯，下午學生來。

十四日　晴　上午閱 Runes 辭典，下午二學生來。

十五日　晴　上午與李國鈞等到沙田午飯，下午睡，學生來談。

十六日　晴　上午上課二時，下午至張翹楠處檢查眼睛。

十七日　晴　上午寫信數封，到校辦公，下午休息。

十八日　晴　上午上課二時，閱 Runes: Dictionary of Philosophy。

十九日　晴　在家休息，下午閱 Runes: Dictionary of Philosophy。

二十日　晴　上午上課二時，中大午餐，學生來。

廿一日　晴　在家休息，並重閱 Russell: Principle of Methematics 導論中數節。

廿二日　晴　重閱 Lewis: Symbolic Logic 中二章。

廿三日　晴　上課二時並辦公。

廿四日　晴　在家休息，寫札記。

廿五日　晴　上課二時並辦公。

廿六日　晴　到校辦公。

廿七日　晴　上午上課二時，下午至張翹楠醫生處檢查眼睛。

廿八日　晴　上午學校孔子聖誕典禮，下午在家休息。

廿九日　晴　閱雜書。

三十日　晴　上午上課二時，下午大學考試會。

十　月

一日　念我以往所思之哲學問題：一爲不思而中之智慧如何可能，此爲香港出版之道德自我之建立第二編之二文中之一。二爲不勉而得之道德生活如何可能，此於朱陸問題探原及原性文中曾指出其爲宋明儒學之核心問題。三爲由言至默之知識論形上學如何可能，我此半年中所寫之哲學筆記，卽向由言至默方向而論知識論形上學。然我初不自覺我之思想之三問題如此。此略類康德之何者爲人所知人所行人所望之問題。而實皆高一層次之問題，而純爲契應東方哲學方有之問題與思想也。

二日　晴　上午上課二時，下午睡。

三日　晴　在家休息，閱雜書。

四日　晴　上午上課二時，下午開會。

五日　晴　至沙田母靈處。

六日　晴　重閱宗三兄之認識心批判一書以核證吾所寫之哲學筆記之思想方向之同異出入。

七日　晴　閱宗三書。

八日　晴　重閱宗三兄書完，此書確爲超過康德羅素之大著作，我前讀之已忘，今重閱一道，覺於其義皆無阻隔，亦皆可極成，其所據之地位極高，故皆由上而下以陳義，故解人雖不易，然更能自挺立。我之所思所論，則皆由下而上，故繞灣太多，如環山而行，須歷長途方至於頂，亦意在使學者之逶迤而上。然語難盡意，亦可使人作歧想，此其所短也。我所寫哲學筆記，自別有一更大之規模，乃意在展示各層次之哲學境界，但順筆寫來，不成片段，亦尚未見寫至半山、未至於頂，今以目疾之故，亦不知何時能加以整理，更續成全書矣。

九日　晴　上午上課二時半，下午中文大學研究院會。

十日　陰　今日國慶，復張鍾元、陳榮捷各一函，晚參加國慶酒會。

十一日　晴　上午寫二信，下午參加中文大學畢業典禮，並讀畢業生名單，以任文學院職故也，夜畢業宴會。

十二日　晴　上午到校辦公。

十三日　晴　上午擬研究明代思想計畫，下午到鄉間。

十四日　晴　上午上課二時，下午校長遴選委員會，夜與李田意、王正義各一函。

十五日　晴　上午到校辦公，下午新亞書院及東方人文學會歡迎六大宗教了解堂人士茶會。

十六日　晴　上午上課二時，下午大學教務會議。入法國醫院治白內障，以病白內障之眼全不能視物也。

十七日　晴　由張翹楠眼醫動左眼之白內障手術，情形尚好。由十七日至二十九日，日記暫停，經過見廷光日記。

廷光代筆（六）

十月十七日　廷光亦住在醫院。昨夜二人都服了鎮定劑始能入睡。午前吳士選先生夫人來院，午後四時手術，歷時一時十分，只須局部麻醉，順利取出白內障化之水晶體，其形如一黃白色的豌豆。此次手術雖不太辛苦，但晚飯亦只吃了一點流質的食品。夜李國鈞夫婦來。

十八日　午前醫生來診視換藥，認爲情形很好，但囑須在床上休息，如側睡只好睡右邊，食物仍以流質爲佳，毅兄自己亦感到腸胃不舒適。

十九日　吳先生及夫人又來院，醫生今日來換藥，言已可以下床坐坐，但活動不可用力，調息靜養最相宜。廷光返家携琴回醫院，無聊時，廷光練琴，毅兄聽琴。

二十日　今日醫生助手來換藥，人甚親切，講一些保養眼睛的常識。夜由廷光代赴參加甘來先生公子婚禮。

廿一日　今日醫生換藥時，試驗了視力，病眼能分辨手指，認識眼前人的面目，證明網膜仍有視物能力，此當歸功於日本淺山亮二醫生。但右眼近有飛蚊現象之感覺，據說亦爲視網膜剝離之預兆，此事嚴重，菲律賓之行，非去不可了。幸菲領事館及菲二醫生均有電話和電報至，一切去菲手續已無問題。

廿二日　醫生說明日可以出院回家休息。

廿三日　換藥後，收拾雜物，結賬返家，此次住院共七日，一切順利。志強弟每日送來湯菜，廷光亦不感什麼辛勞。

廿四日　與安兒一信，並去醫診所換藥。

廿五日　又去醫診所換藥。

廿六日　又去換藥。

廿七日　廷光代復王家琦一信，柳存仁夫婦由澳洲來，中午在家便飯。

廿八日　去醫診所換藥。

廿九日　與安兒一信。

三十日　晴　今日重陽節，換藥後去淨苑母靈處，並在沙田午飯。

（「廷光代筆之六」止）

二星期中時念將哲學筆記重組織爲一書，但以目疾之故，時憂念今生能成此書否。此憂念乃一魔，因我所信眞理在天壤不增不減之義，我不發現之，亦不增不減，吾人不應存此憂念。又如何除此憂念，乃我試作之一工夫，人恒覺「吾生有事」乃當有之念。但此念只所以使不作虛生之想。今有書待作，則使我之以後有生之年，如目力健常，亦不致爲虛生，此爲有書待作之唯一價值。此價值乃對己而非對眞理自身。眞理自身，因不以吾書之成與否有增減也。

閱羅素 Principle of Mathematics 一章。

卅一日　閱羅素書二章。

十一月

一日　晴　念人至老衰病患之境，以己力之弱，而對人之責望怨望恒多，希倖得與忌嫉之念，皆可無緣而自起，此中人之生命如水淺而沙石皆見。然能知此義，則老衰病患，正人當用工夫處。孔子言「不怨天不尤人，知我者其天乎?」此非易屆之境也。

二日　晴　補前著陽明學與朱陸異同下篇之最後一節六千字完。

三日　晴　改昨文一段，並至鄉間一遊。

四日　晴　在家休息。

五日　晴　復黃振華與王恢各一函。
六日　晴　改前補朱陸異同與陽明學文之一節中之二千字。
七日　晴　改昨文最後一節一千字，至張醫生處。
八日　晴　上課二時。
九日　晴　標點改正前日之文，晚新亞音樂會廷光表演七弦琴憶故人。
十日　晴　上午增補昨文二千字。
十一日　晴　上午上課二時。
十二日　晴　上午到校辦公，閱 Hudson Wittgenstein 一小書數十頁。
十三日　晴　上午上課二時，閱 Aristotle 的 Categories，午睡後復李植全一信。
十四日　晴　至醫處診病，標點前論朱陸陽明文三時。
十五日　晴　上午上課二時許，下午睡。
十六日　晴　上午看醫生，午睡後標點改文二時。
十七日　晴　閱 Aristotle: Categories 及 Interpretation 三時。
十八日　晴　上午上課二時，下午至醫處檢查。
十九日　晴　上午標點文三時，午睡起閱 Locke 書一章。

二十日　晴　上午上課二時，午後研究所會。
廿一日　晴　上午復陳特與孫國棟各一函，下午學務會報開會。
廿二日　晴　上午上課二時，重閱 Wittgenstein: Tractatus Logico Philosophica 書，下午睡。
廿三日　晴　上午到校辦公並訪李卓敏談校中事，下午訪吳士選。
廿四日　晴　上午寫孔子論仁二千字，與李武功一家同至沙田午飯，晚重閱 Wittgenstein 書完。
廿五日　晴　上午上課二時，下午校董會。
廿六日　晴　晨寫孔子論仁二千字，上午與黃福鑾訪黃居素先生，以彼爲熊先生之友也。下午睡。
廿七日　晴　上午寫孔子論仁二千字，上課二時，下午教務會。
廿八日　陰　上午寫孔子論仁四千字，下午至晚又寫四千字。
廿九日　晴　晨晚續昨文五千字，上午上課二時，下午校務會。
三十日　晴　晨續昨文二千字，訪宗三兄，學生來，下午訪兆熊兄於其處晚飯。

十二月

一日 晴 上午寫昨文二千字，與嚴耕望夫婦午飯，晚續寫文二千五百字。
二日 晴 上午上課二時，下午中大開會，夜續昨文四千字。
三日 陰 晨續昨文二千字完。並於全文加標題，復信兩封。
四日 陰 上午上課二時，下午研究所會議，夜約李傑、嚴作新、關展文晚飯。
五日 陰 上午改前文，並寫結論二千字。
六日 晴 上午上課二時半，下午睡，晚出外看一電影。
七日 晴 上午中大哲學 Panel 會，晚標點論孔子文。
八日 晴 晨標點孔子論求仁之道文，上午至沙田，下午續標點文，夜再標點改正論孔子文數時。
九日 晴 晨標點並改正孔子文二千字，上課二時，下午睡，夜改正論孔子文，並重閱論語。
十日 晴 終日標點孔子文完。
十一日 晴 上午上課二時，下午標點文。
十二日 晴 終日標點陽明學與朱陸異同重辨下篇完。
十三日 晴 上午上課二時，重標點陽明學文並改數處。
十四日 晴 上午重閱陽明學文一通，下午友人來。

十五日　晴　上午重閱陽明文，下午友人來，並出外看一電影，夜參加曾履川婚宴。

十六日　晴　上午上課二時，下午睡，吳士選來談校中事，夜校對文二時。

十七日　晴　上午標點昔作中國先哲言性之方式文，下午中大敎務會。

十八日　晴　上課二時，標點昨文。

十九日　晴　上午標點昨文，並往看張翹楠醫生，又至另一耳醫處取耳中垢。

二十日　晴　上午上課二時，下午中大研究所會及校務會，夜標點並改正中國哲學中之說性方式文完。

廿一日　晴　上午大學考試會，辦理赴菲檢查目疾雜事。晚閱吉藏三論玄義大體完，又閱其二諦義。

廿二日　晴　閱吉藏二諦義完，中午至沙田母靈處。

廿三日　晴　上午新亞研究所會，下午辦理雜事。

廿四日　晴　泛閱吉藏中觀論疏及百論十二門論疏。

廿五日　晴　上午閱演培書。

廿六日　晴　下午廷光陪同乘菲律賓航空公司機去馬尼拉檢查目疾，由菲二醫生 Tolentono 及 Tablante 來接至 St. Paul 醫院。

廿七日　晴　至醫生診所檢查。
廿八日　晴　作預防視網膜破裂治療。
廿九日　晴　作預防治療。
三十日　晴　作預防治療完。
卅一日　晴　王文選來同至 China Town 並訪高文顯於一佛寺，又同至華藏寺及華僑義山。

民國五十八年（一九六九年）

一月

一日　晴　至 China Town 一中國戲院看電影，由王文選陪同購買土產備返港送友人。

二日　晴　施鴻儀來約遊公園，並參觀一西班牙時代之教堂與其國父紀念館。

三日　晴　訪中正學院。

四日　晴　上午在醫院，下午施鴻儀約參觀非律賓女子大學舞蹈。

五日　晴　高文顯約至華藏寺午餐，並參觀 Santcaan Musium，晚飽事天約晚飯。今日延光五十三歲生日。

六日　晴　至二醫診所檢查。

七日　晴　上午至非律賓大學亞洲研究所及耶穌會士之大學參觀，下午非華歷史學會約座談會。

八日　晴　上午至中正學院講演，下午乘機返港。

九日　晴　上午到校，下午寫信七封致謝在非時相招待之諸友人。

十日　晴　閱學生論文報告。

十一日　晴　上午到校辦公，晤 Deven 下午訪數友。

十二日　晴　到沙田慈航淨苑母靈處，下午友人來。

十三日　晴　上午上課二時，下午李祖法來，夜看一電影。

十四日　陰　上午到校辦公，下午 Senate 會。

十五日　陰　上午上課二時，下午睡後閱會議紀錄。

十六日　陰　上午開建築委員會，下午學務會報會。

十七日　晴　上午準備後日講話，下午校董會，校長遴選會，夜宗三兄約晚飯。

十八日　陰　上午到校辦公，下午睡。

十九日　陰　與哲學系學生講哲學的命運二時。下午出外看電影。

二十日　晴　上午上課一時半，下午中大文學院會。

廿一日　晴　上午到校辦公。
廿二日　晴　上午上課二時，下午思中大考試制度之一新規定問題。
廿三日　晴　上午以英文寫下對考試制度新規定之 Comments。並出道家哲學及儒家哲學試題。
廿四日　晴　上午上課二時，下午睡，夜看一電影。
廿五日　晴　上午哲學 Board 會，下午至中國哲學史班上答哲學問題。
廿六日　陰　閱學生報告，下午友人來。
廿七日　晴　上午上課二時，晚李祖法及沈亦珍來談校中事並便飯。
廿八日　陰　上午到校辦公，李棪來。
廿九日　陰　上午上課二時，下午研究所會。
三十日　陰　上午洗塵法師來，到校辦公，下午至中大及新亞開會。
卅一日　陰　上午上課二時，下午回 Singh 及陳特信。

二　月

一日　陰　校對朱陸異同與陽明學文。
二日　陰　校對朱陸異同與陽明學文。

三日　陰　上午上課二時，下午校對李武功所抄論中國哲學言性方式文。
四日　晴　上午到校辦公，校昨文完。
五日　晴　上午上課二時，下午寫信與陳榮捷與張龍譯，整理哲學科試題。
六日　晴　上下午皆在校辦公開會。
七日　晴　上午上課二時，下午睡，夜訪二友，改麥仲貴論文。
八日　晴　上午改麥仲貴文，下午上課二時，晚參加一學生婚宴。
九日　晴　重閱 Taylor: Plato 書百頁，晚兆熊約晚飯。
十日　晴　上午上課二時，閱 Taylor: Plato 百數十頁。
十一日　晴　上午擬一英文信，並答歷史系學生之問題，下午大學教務會議。
十二日　晴　上午上課二時，下午研究所歡迎一日本教授 Totoky 茶會。
十三日　晴　上午到校辦公，下午與吳士選商量校中事。
十四日　晴　上課二時半。
十五日　晴　上午大學教授會議，晚約嚴作新、關展文等來晚飯。
十六日　陰　中午吳士選約，午飯後與李祖法談研究所事至四時。
十七日　陰　今日農曆元旦，學生來拜年者甚多，午後至宗三、兆熊處拜年。

十八日 陰 上午學生友人來拜年，夜新亞同人聚餐團拜。

十九日 晴 上午哲學系學生來午餐，午睡後閱 Heinemann: Existentialism and the Modern Predicament 二章。

二十日 晴 閱 Heinemann 書完。

廿一日 陰 重閱羅素 Mathematical Philosophy，下午教授會。

廿二日 陰 上午到校辦公，下午校對一文，夜閱羅素書最後數章。

廿三日 晴 上午至數處拜年，下午睡，晚約 Feurring 晚飯。

廿四日 晴 上午訪唐星海談新亞研究所事，中午校中宴 Feurring，晚赴其音樂演奏會。

廿五日 陰 上午聞張君勱先生逝世。三年前人文學會編張先生八十紀念論文集，以我目疾之故，去歲乃付印，而印局躭延時日，迄未出版，而張先生已逝矣。下午過海至美領事館辦手續，並訪趙冰太太，乘至恒生銀行樓上開大學會議。

廿六日 陰 上午上課二時，擬君勱先生追悼會啟事文。

廿七日 陰 上午為吳士選農圃講錄寫一序千五百字，下午中大教授會議。

廿八日 陰 上午上課二時，下午校務會議，夜出外散步並看電影。

三月

一日　晴　上午改學生訪問記二千字，唐星海約中飯，下午續寫二千字。
二日　陰　上午至數處回拜年，今日爲母親逝世五週年，下午至慈航淨苑母靈處致祭。
三日　晴　上午上課二時，下午董事會開會。
四日　陰　到校辦公。
五日　陰　上午上課二時，下午睡。
六日　晴　上午復方東美先生及謝扶雅各一函，下午學務會報會。
七日　晴　上午上課二時半，下午研究所約吳潤江作佛學座談並共進晚餐。
八日　陰　上午整理雜物，並與余英時一函談研究所事。
九日　雨　上午與吳士選訪安子介，下午君勱先生追悼籌備會，晚應君勱先生妹約晚餐。
十日　陰　上午上課二時。
十一日　陰　閱 Buchler 編 The Philosophy of Pierce; Selected Writing 百餘頁。
十二日　晴　上午上課二時，下午閱 Pierce 書。晚作一輓張君勱先生對聯：
道大莫能容，四海同悲天下士；

聲弘終有應，萬方齊響自由鐘。

以其數年出版自由鐘一刋也。

十三日　陰　閱 Pierce 書大體完。

十四日　晴　上午上課二時，下午過海訪唐星海並參加新亞中學籌備委員會。

十五日　晴　上午到校辦公，寫信六封。

十六日　晴　上午寫一論文提要，下午君勱先生追悼會，由我主席，略說君勱先生爲「士」之義。

十七日　晴　上午上課二時，下午大學撥款委員會約中大文學院同仁談話。

十八日　陰　上午大學撥款委員會約教授談話，我略說三學院不能卽行合併之意，以三學院有不同教育理想故。校對陽明學與朱陸異同文。

十九日　陰　上午開會，上課一時，午睡後校對陽明學文。

二十日　陰　上午到校辦公，下午行政會報會。

廿一日　陰　上午上課二時，下午睡。

廿二日　陰　上午辦公，午後復信三封。

廿三日　晴　至鄉間，下午睡。
廿四日　晴　上午上課二時，下午二十周年校慶會。
廿五日　晴　上午爲學生報寫釋校訓「誠明」二字約五千字。
廿六日　晴　上午上課二時。
廿七日　晴　傷風在家休息。
廿八日　陰　上午上課二時，李卓敏約午飯，下午教授會，晚看一電影。
廿九日　陰　傷風未癒，在家休息。
三十日　陰　下午至沙田，昨日爲母親八十二冥壽，近日竟疏忽未檢曆，致忘去。
卅一日　陰　晨寫哲學筆記，中午至慈航淨苑母靈處，下午睡。

四月

一日　陰　傷風未癒，寫信二封，思數哲學問題，寫筆記數條。
二日　陰　上午二研究所學生來談其論文作法，下午睡後校對文，寫月會講演大綱。
三日　陰　傷風仍未癒，在家休息。
四日　陰　思哲學問題，查閱羅素數學原理數段。

五日　陰　閱莊子，並寫札記數條。

六日　晴　上午訪嚴綺雲，下午抄莊子數段。

七日　晴　上午重閱王船山老子衍及莊子通。

八日　晴　閱墨子。

九日　晴　上午上課二時。

十日　晴　寫論墨子文四千字。

十一日　晴　上午上課一時，講演存在主義與現代文化教育問題，續寫墨子文六千字。

十二日　陰　上午到校辦公，工商報記者來訪，下午續昨文六千字。

十三日　陰　寫文萬二千字完，以後再改，又寫孟子文一千字。

十四日　陰　上午上課二時，寫孟子文五千字。

十五日　陰　續草昨文萬七千字完，以後再改。

十六日　陰　上午上課二時，下午董事會。

十七日　陰　上午寫論道家文四千字，與丕介兄談，下午行政會報會，續寫文四千字。

十八日　陰　上午上課一時，續昨文三千字，下午教務會議。

十九日　陰　上午到研究所，明報記者來訪，續昨文九千字。

二十日　陰　續昨文八千字。
廿一日　陰　草莊子文二萬二千字。
廿二日　晴　草莊子外雜篇大義八千字，下午寫荀子之道六千字。
廿三日　晴　上午上課二時，下午中大教務會，晚學生來談，寫文八千字。
廿四日　晴　上午寫文一萬三千字完，以後再修改。
廿五日　晴　上午到校辦公，下午開會。
廿六日　晴　上午到校辦公，下午改莊子文三千字，出外看一電影。
廿七日　陰　上午改莊子文七千字完，夜寫韓非子二千字。
廿八日　陰　寫論韓非子文六千字，下午開會，晚約研究所學生來晚飯。
廿九日　陰　續寫論韓非子六千字完。
三十日　晴　寫莊子天下篇論道術及大學中庸之道一萬六千字完。

五　月

一日　晴　補論中庸三千字，到校辦公，下午過海酒會，夜閱法家書。
二日　晴　論禮記禮運篇及他篇言禮之義萬一千字，應李祖法約過海午餐。

三日　晴　上午寫文六千字論樂記完。下午寫論易傳五千字。

四日　晴　續論易傳八千字完。

五日　晴　上午復柳存仁、李相殷各一函，清理雜物。

六日　上午標點墨子文，下午閱大戴禮，並看一電影。

七日　晴　上午標點墨子文，下午標點孟莊文。

八日　晴　終日將荀子以後之文粗率標點一通。

九日　晴　上午閱研究所學生論文，下午開教授會。

十日　晴　上午校中茶會招待 Fulton。

十一日　晴　上午整理雜物，中午中央大學同學聚餐，下午至新界一遊。

十二日　晴　上午閱研究生論文。

十三日　雨　上午到校辦公，下午中文大學校務會，晚中文大學宴會。

十四日　陰　上午抄莊子、荀子論精、神、明之文句，午睡後閱孟子，晚閱研究生論文。

十五日　晴　上午辦公並閱研究生論文，下午開會。

十六日　晴　上午到校辦公，至中大開會，下午又開一會。

十七日　晴　上下午校閱孟子文及論道家源流文。

十八日　陰　上午校閱莊子文，下午至妙法寺，下午校閱莊子文。

十九日　陰　上午校閱荀子文五時，下午董事會校長遴選委員會開會，決定請沈亦珍任校長一年，晚校閱論韓非子文。

二十日　晴　上午校閱論中庸禮運樂記文，中文大學開會，中午到飛機場接陳榮捷，晚參加明報酒會，並校閱易傳文，閱試卷。

廿一日　陰　上午校改易傳文四時，訪陳榮捷，中午校中宴會，下午閱易傳文完，晚看一電影。

廿二日　晴　上午去美國領事館辦去夏威夷手續，到校辦公，下午閱哲學試卷，辦理雜事。

廿三日　陰　上午到校辦公，午睡後清理書册。

廿四日　陰　上午研究所歡迎陳榮捷茶話並午飯。

廿五日　晴　與沈鴻來夫婦同遊新界，下午四時歸。

廿六日　晴　上午哲學考試委員會，下午宗教與社會變遷國際委員會在新亞開會，各地代表到會者約二十人，我與吳士選爲中國人之代表。

廿七日　晴　上午宗教與社會變遷開會，下午董事會，晚與吳士選共宴到港開會代表於樂宮樓。

廿八日　晴　上午開宗教與社會變遷會，下午教務會議。

廿九日　晴　上午宗教與社會變遷會，共決定成立宗教與社會變遷研究所於夏威夷。下午校務會議。在 Park Hotel 以酒會招待宗教與社會變遷會同仁。

三十日　晴　上午宗教與社會變遷會在美麗華開會，下午及晚學生來，清理雜物。

卅一日　陰　上午到校辦公，擬研究院哲學部題目，下午辦雜事回信兩封。

六　月

一日　晴　上午擬歡送吳士選在董事會中之講詞三四千字，午睡後看一電影。

二日　晴　上午到校辦公，下午閱學生文卷及商君書。

三日　晴　到校辦公並與胡蘭成一函。

四日　晴　上午到校辦公，下午哲學系會，晚約陳榮捷夫婦等晚飯。

五日　陰　上午改董事會致辭二千字，並辦公。

六日　陰　上午研究所開會，下午改前在新亞講演存在主義哲學與現代教育紀錄至夜完。

七日　陰　修改講演稿，研究所會議，校安岡譯稿，下午再修改講演稿，晚蔡德允約晚飯。

八日　陰　上午至沙田母靈處。將以前張君勱先生所編儒學在世界論文集稿焚化於一塔中，午睡後再改講演稿。

九日　晴　上午到校辦公，友人來，下午至張醫生處檢查眼尚無異狀云云，晚裘開明約晚飯。

十日　陰　上午到校辦公，下午睡，晚董事會歡送吳士選，歡迎沈亦珍任校長。

十一日　陰　晨一學生來，目不適，至張醫生處診視，謂以傷風細菌入目之故，在家休息，下午寫信二封。

十二日　陰　中午約沈亦珍來家午飯，下午約新亞研究所學生及中大哲學研究院學生來談並晚飯。

十三日　晴　改正存在主義與現代教育紀錄。

十四日　晴　上午到校辦公，下午六時與廷光乘 PAA 機離港至夏威夷參加東西哲學家會議，在夏威夷時間十四日上午十一時到達，Kaplan 來接至教員宿舍住，下午出外購物。

十五日　晴　上午彭子游、張鍾元來，下午參加 Kaplan 酒會，晚在子游家晚飯。

十六日　晴　上午準備課二時許，中午張鍾元約午飯，下午準備課二時。

十七日　晴　下午上課三時。

十八日　晴　休息，翻閱陳榮捷等所譯中國哲學書。

十九日　晴　上午準備課，下午上課三時，閱宗三心體與性體一書。

二十日　晴　上下午閱宗三心體與性體書。

廿一日　晴　上午閱宗三心體與性體書完，此書為一大創作，有極精新處，但其論宋明儒學與我意尙多有所出入耳。

廿二日　晴　下午 Orientation 會，夜 Ceremony 會及酒會。

廿三日　晴　準傳明日課二時。

廿四日　晴　下午上課二時半，哲學會開會。

廿五日　晴　上午與幼偉、宗三各一函。

廿六日　晴　上午 Seminar 二時半，哲學會二時，晚參加一講演會。

廿七日　晴　上午李杜、陳特等來，晚 Panel 會。

廿八日　晴　與安兒、廷光、李杜作環島旅行，晚同去 Waikiki。

廿九日　晴　上午成中央約 Picnic 晚 Inada 酒會。

三十日　晴　上午閱 Erich Fromm: Man for Himself 四十頁。

七　月

一日　晴　上午上 Seminar 課，並開會。

二日　晴　上午閱 Fromm 書數十頁，下午及夜開會。聞東海大學下年停聘徐復觀，乃與之一函。

三日　晴　下午上課三時，開會，夜開會。
四日　晴　上午閱 Fromm 書百頁完，劉述先來，夜羅錦堂約晚餐。
五日　晴　夜 Ton 約晚餐。
六日　晴　中午王書林太太約午餐，祖印約晚餐，夜至山頂遊。
七日　晴　復兆熊、吳森各一函、杜蘅之來，下午睡，晚參加一講演會。
八日　晴　上 Seminar 課二時半。開會。
九日　晴　閱哲學會中同仁所提論文四篇，下午及晚開會。
十日　晴　上午整理 Seminar 所講之大要，下午上課 Seminar 課，開會，閱完各組會紀錄。
十一日　陰　上午與沈亦珍、陳榮捷各一函，下午哲學會一次。
十二日　晴　閱 William Barrett: Irrational Man 百數十頁。晚杜君約晚飯。
十三日　晴　閱 Barrett 書數十頁，中午約彭子游一家及張鍾元午飯。下午參加 Nagley 酒會，夜杜維明來談。
十四日　晴　上午閱會中報告，下午睡，晚參加 Panel 會。
十五日　晴　上午準備 Panel 講話，下午上課二時半，夜參加講演會。
十六日　上午與謝幼偉一函，中午杜維明約午餐，下午睡。

十七日　晴　上午準備課，下午 Seminar 課二時半，參加哲學會二次。

十八日　晴　上午改寫哲學會講話稿二三千字，中午 Deutch 約午飯，下午提前上 Seminar 課二時於宿舍中，夜參加哲學會。

十九日　晴　上午校對文，下午閱 Charles Frankel: The Case for Modern Man 七十頁。

二十日　晴　上午閱昨書百餘頁完。

廿一日　晴　上午校對文，中午與方先生、成中英等談。午後杜維明等來。晚參加講演會。

廿二日　晴　上午整理雜物，下午上 Seminar 課，開哲學會三次。安兒男友王清瑞自美大陸來，其人尚純潔。

廿三日　晴　上午閱學生報告，下午開會，夜開會。

廿四日　晴　中午李相殷約中飯，下午開會，晚上開會。

廿五日　晴　上午到學校及書店，下午整理雜物。

廿六日　晴　與廷光安兒及王清瑞同遊海濱。

廿七日　晴　中午日人西谷武內中村元等約午飯。下午遷居旅館，夜送安兒與王清瑞回美大陸。

廿八日　晴　上午到夏大辦雜事，中午離檀香山赴日本。

廿九日　晴　下午三時半抵東京。

三十日　晴　上午至日赤中央病院檢查目疾，據云尚好，下午至書店購書，李獻璋及胡蘭成來。

卅一日　晴　與李獻璋同赴靜嘉堂。

八　月

一日　晴　上午胡蘭成來，中午去京都住岡崎旅館。

二日　晴　譚汝謙陪同至京都醫院就坂上檢查目疾。日本學生造反，醫院中壁上皆貼滿標話，日本人之禮竟蕩然無存，可爲嘆惜。

三日　晴　去龍安寺及大德寺，中午平岡約午飯，晚至祇園看日本表演。

四日　晴　去大阪至北信遞醫院就淺山亮二醫生檢查目疾，據云右目尚正常。

五日　晴　訪日比野並至書店購書，下午看日本古戲「能」。

六日　晴　中午乘機飛臺北，訪柯樹屏。

七日　晴　訪復觀、周開慶，晚劉季洪來談。

八日　晴　上午訪黃振華。吳康約午飯，下午訪顧翊羣、趙文藝約晚飯。

九日　晴　至士林訪錢賓四，至陽明山訪張曉峯。及曉雲同午餐，下午至博物館。

十日　陰雨　上午回拜四友人，中午復觀約午飯，晤若干年輕學哲學者，晚沙學俊、高明、劉季洪、華仲麐同約晚飯。

十一日　晴　上午至曹愼之及胡秋原所辦之學校中講演，約研究所學生來旅舍午飯，晚開慶約晚飯，晤見劉泗英先生及李幼椿先生及二妹同學童俊屏等。

十二日　晴　上午數友來送行共至機場，十二時半離臺北，三時抵港，清理雜物並閱信件。

十三日　晴　到校中辦公，並勸宗三兄任新亞哲系主任。

十四日　晴　到校中辦公，訪數友，夜訪嚴耕望勸其任研究所教務長，彼不允。

十五日　晴　訪李卓敏談請黃振華及徐復觀事，又開中大教授談話會及聚餐，晚約鄭力爲晚飯。

十六日　晴　上午與宗三兄等談力爲事，又開聘任會通過請黃振華及徐復觀任訪問教授事。

十七日　晴　上午數友來，約韓國學生金君午飯，下午國鈞約遊新界並晚飯。

十八日　晴　上午到中文大學范克廉樓參加亞洲高等教育會議，晚與牟潤孫合宴柳存仁。

十九日　晴　上午參加高等教育會議，下午至嚴耕望處。

二十日　晴　上午參加高等教育會議，下午與胡應湖談。

廿一日　晴　上午到校辦公，與黃聲孚談，與李植全、吳士選各一函。

廿二日　晴　上午開董事會，中午約蕭師毅午飯，下午有學生來，夜至環海大厦訪友。

廿三日　晴　上午到校辦公，下午看一電影。

廿四日　晴　上午閱胡蘭成建國新書，下午至沙田母靈處。

廿五日　晴　上午復胡蘭成一信，與譚汝謙、羅錦堂、李獻璋各一函，午後約研究部學生來談。

廿六日　晴　上午到校辦公並排研究院課表，下午睡，王書林及其女、女婿與彭子游來晚飯。

廿七日　晴　上午至中文大學開會，下午看一電影，與黃振華復觀兄各一函。

廿八日　晴　上午至中文大學開亞洲高等教育會，中午李祖法約與劉融君共午餐，下午睡並看電影。

廿九日　晴　至中大開會。

三十日　晴　至中大開會，下午人文學會。

卅一日　晴　至鄉間一遊。

九　月

一日　陰　閱哲學百科全書中論倫理學一部及 Matin Buber: I and Thou。

二日　晴　上午閱 Buber 書完。

三日　晴　上午到校開會，下午閱 Four Existential Theologians 中 Tillich 及 Buber 文。

四日　晴　上午開會，下午閱 Warnock: Ethics Since 1900 數十頁。

五日 晴 上午到校辦公，下午閱 Warnock 書大體完。
六日 晴 閱哲學百科全書中論數學理論之部。
七日 晴 閱哲學百科全書中論數學理論之部，下午至鄉間。
八日 晴 上午到校辦公，今日學校開課，下午寫信數封。
九日 晴 準備明日課，閱 Macreal: Analyzing Philosophical Auguments 數十頁。
十日 晴 上午到中大開會，上課一時，下午研究所會，閱 Macreal 書數十頁。
十一日 晴 閱 Copi 編 Contemporarary Readings in Logical Theory。
十二日 晴 上午上課二時，閱 Copi 所編書。
十三日 晴 閱 Copi 所編書。
十四日 晴 閱 Copi 所編書大體完。
十五日 晴 上午到校辦公，閱 Black: Philosophy and Language。
十六日 晴 閱 Philosophy and Language，下午過海購書。
十七日 晴 上午上課二時，下午學務會報會，夜閱所購書。
十八日 晴 上午準備課，上課一時。
十九日 晴 閱 Black: Language and Philosophy 書。預備校慶講辭四千字。

二十日　晴　閱 Black: Language and Philosophy 百餘頁完，沈亦珍來同至王德昭處談其任研究所教務長事，下午至鄉間。

廿一日　晴　訪沈亦珍不遇，下午閱鄒衍遺統考，晚看臺灣來此之中華藝術團表演。

廿二日　晴　上午改前日所預備之校慶講辭；閱雜書，到校辦公，下午睡，閱 Philip Mcgreal Analyzing Philosophical Auguments。

廿三日　晴　上午閱經學抉原完閱中國經學史，並到校辦公，下午閱中國經學史大體完，夜校中請客。

廿四日　陰　上午上課二時，下午辦雜事。

廿五日　晴　上午辦公，上課一時，下午至機場接錢先生，晚與數同仁共設宴招待。

廿六日　晴　上午到校辦公，下午中大哲學會。

廿七日　晴　上午到校參觀校中書籍展覽，晚參加復禮興仁會祭孔典禮。

廿八日　陰　上午校中二十周年校慶，我代表教職員致詞，下午曉雲法師來，晚新亞校慶聚餐會。

廿九日　陰　上午到校辦公，閱胡秋原中西歷史的理解，夜看一電影。

三十日　陰　上午閱雜書，下午開大學考試會及校務會。

十　月

一日　晴　上午上課二時，下午校中茶會。

二日　晴　上午上課一時，曉雲法師來，下午錢先生來校講演。研究所茶會，夜研究所同仁約錢先生晚餐。

三日　晴　上午整理書籍，中午一友來，下午睡，晚研究所及哲學系同仁歡送謝幼偉。

四日　晴　上午上課二時，下午訪吳士選太太，並到鄉間。

五日　陰　上午復劉述先、黃耀炯、霍韜晦、李植全各一函，下午至香港看新亞藝術系展覽，並遊淺水灣及山頂。

六日　晴　上午至錢先生處與之談新亞校中事，午睡後看一電影，晚應梅應運約晚餐。

七日　晴　上午復觀、黃振華來港，陪同至學校各處，下午至大會堂參加中文大學畢業典禮，晚參加畢業宴會。

八日　晴　上午上課二時，中午約復觀、振華於樂宮樓午飯，下午看一紀大陸共黨九全會之電影，略知共黨情形。

九日　晴　上午上課一時，下午至崇基參加茶會，晚宗三兄約晚飯。

十日　晴　上午參加雙十節紀念典禮，下午參加雙十節紀念酒會。

十一日　晴　上午上課二時，中午唐星海約午餐，下午送謝幼偉返臺，與李國鈞夫婦至沙田午餐，晚黃文山講演。

十二日　晴　佛教書院約午餐，下午送錢先生返臺，看一電影。

十三日　晴　上午到校辦公，下午訪一友，復林昌恆、吳森各一函。

十四日　晴　上午到校辦公，閱黃文山文化學體系，下午中大茶會，又閱黃著大體完。

十五日　晴　上午上課二時，下午閱 Fehl 論 Li 一書。

十六日　晴　上午上課一時，閱 Fehl 書，下午開會，重寫明日講稿，晚約同事十二人晚飯。

十七日　陰　上午在月會中講演，下午睡，閱 Fehl 書，晚王德昭約晚飯。

十八日　陰　上午上課三時，參加復觀講演會，晚看平劇。

十九日　陰　上午閱 Fehl 書，一友來，下午哲學系聚餐會。

二十日　陰　閱 Fehl 書完。

廿一日　陰　上午到校辦公，下午寫一信與 Fehl 評其書之不妥處。

廿二日　陰　上午上課二時，下午睡，閱陳澹然原人一書大體完，閱 Morris: Signification and Significance 數十頁。

廿三日　晴　閱 Morris 書大體完，上午上課一時，下午翻閱 I. Mackaye: the Logic of Language 一書大體完。

廿四日　晴　閱 Quine: Word and Object 一書數十頁。

廿五日　晴　上課三時，下午參加羅香林講演會，晚參加張丕介歡送會。

廿六日　陰　上午二友來，下午左舜生追悼會籌備會，閱 Quine 書。

廿七日　陰　晨閱 Quine 書，下午校務會。

廿八日　晴　上午閱 Quine 書完，閱宗三兄心體與性體第三册。

廿九日　晴　上午上課二時，閱宗三兄書。

三十日　晴　閱宗三兄書第三册完，此册問題頗多，不如第一二册，上午上課一時，下午董事會開會。

卅一日　晴　上午到校辦公，寫二信，整理雜物。

十一月

一日　晴　上午上課四時，下午李幼椿先生講演，晚參加詩書琴棋雅集。

二日　晴　上午至沙田母靈處，閱藍吉富編當代中國十位哲學家及其文章，其中選有我三文及歐陽先生、熊先生、梁先生與宗三兄文，下午人文學會開會。

三日　晴　上午閱佛觀兄一文。

四日　晴　上午到校辦公與同事談研究所事，下午閱雜書。

五日　晴　上午上課二時，下午唐端正來談，晚王正義來。

六日　晴　上午上課一時，復謝幼偉一函，與研究所學生談，下午沈亦珍來談研究所事，晚看一電影。

七日　晴　晨復勞思光一函，上午與同事談校中事，中午佛觀約飲茶。

八日　晴　上午上課三時，下午講演會，夜兆熊兄約晚飯。

九日　晴　上午研究所會，歡迎王德昭任教務及佛觀任導師，下午閱雜書。

十日　晴　上午閱哲學百科全書 Semantics 章，並到校辦公，下午睡。

十一日　晴　閱哲學百科全書論 Semantics 章及 Meaning 及 Sign Model 諸章。

十二日　晴　上午上課二時，下午睡，重閱 Quine 書一章。

十三日　晴　上午上課一時，下午閱哲學百科全書 Recurrent Function 章，晚校中宴會。

十四日　晴　上午出席校長遴選委員會，閱雜書，晚崇基學生來談。

十五日　晴　上午上課二時，中午李春霖來中飯，李爲我中學時同學，下午簡又文講演，夜看一電影。

十六日　晴　上午哲學系會，下午左舜生追悼會，晚王道約晚飯。

十七日　晴　上午到校辦公，閱百科全書 Carnap 一節，下午大學出版會，閱汪紱讀困知記大體完。

十八日　晴　上午到校辦公，下午閱陸桴聲思辨錄，晚約李獻璋、黃文山、冷定菴便飯。

十九日　晴　上午上課二時。

二十日　晴　上午 Rusher 君來談，上課一時，下午睡，辦雜事，晚看一電影。

廿一日　晴　上午吳士選來，至中大開會並午餐，晚沈亦珍約晚飯。

廿二日　晴　上午上課三時，唐星海約午飯商留沈校長事，三時研究所會，夜校中音樂會。

廿三日　晴　上午閱哲學百科全書論 Causation 節，訪吳士選同至郊外午飯，下午歸；二學生來。

廿四日　晴　上午到校辦公，Saori 來談，下午閱哲學百科全書論 Paradox 節。

廿五日　晴　閱哲學百科全書 Logic 諸節。

廿六日　晴　上午上課二時，下午與李卓敏一函談研究院不當重英輕中事。

廿七日　晴　上午上課一時，下午休息。

廿八日　晴　上午開校長遴選會，決定請梅貽寶，下午至中大研究院開工作小組會。
廿九日　晴　上午上課二時，下午講演會，晚德人 Barnical 來訪並共晚餐。
三十日　晴　參加哲學系學生郊遊會，與佛觀、振華共遊新界。

十二月

一日　晴　上午到校辦公，下午研究所會。
二日　晴　今日安兒二十六歲生日，與梅貽寶、吳森各一函，擬研究所募捐啟事稿。
三日　晴　上午上課二時，下午睡，夜看一電影。
四日　晴　上午擬民國初年之學術文化思想及其演變之方向，上課一時，下午休息。
五日　晴　上午辦公，下午睡，夜出外一遊。
六日　晴　上午上課三時，下午講演會。
七日　晴　上午與曹慎之一信，中午與佛觀、宗三同至朱惠卿家午飯閒談，晚參加余允文結婚宴。
八日　晴　草學術之研究與其成果一文五千字。
九日　晴　續昨文八千字，以後再改。

十日　晴　上午上課二時，下午改文並加標點。
十一日　晴　上午上課一時，改文完。
十二日　晴　上午夏彰德來談，下午休息，晚日本總領事岡田晃約中央大學同學晚餐。
十三日　晴　上午上課三時，下午講演會，閱哲學百科全書。
十四日　晴　閱胡蘭成建國新書，唐端正之母逝世往弔，下午閱雜書。
十五日　晴　上午復胡蘭成一函，到校辦公，午睡後校對學術研究與其成果文。
十六日　晴　上午修改昨日文，晚看亂世佳人一片。
十七日　晴　上午上課二時，下午修改前在月會所作講演稿參加東西哲學家會之感想。
十八日　晴　上午到校辦公，上課一時半，下午研究所月會。
十九日　晴　上午到校辦公，下午開中大研究院及校務會。
二十日　晴　閱哲學百科全書中 System 一節，下午黃振華講演。
廿一日　陰　重閱哲學百科全書中論 Gadel 及 Logic 諸節。
廿二日　晴　上午到校辦公，下午再改月會中講詞，參加東西哲學家會之感想。
廿三日　晴　上午到校辦公，下午再改月會講詞。
廿四日　晴　閱哲學百科全書。

廿五日　晴　上午閱哲學百科全書，中午到新界，晚李國鈞等約晚飯，今日廷光生日。
廿六日　晴　上午閱賈誼新書完，下午預備一講稿，名為中國文學與中國哲學之關係。
廿七日　晴　上午到校辦公並復信，下午學生來，晚看一電影。
廿八日　晴　與蔡德允夫婦等同遊新界。
廿九日　晴　寫生命存在與心靈境界書之序七千字。
三十日　晴　上午寫文一千字，到校辦公。
卅一日　晴　續昨文九千字。

民國五十九年（一九七〇年）

一月

一日　晴　中午教授聚餐會，下午中山圖書館開幕禮。

二日　晴　續寫文萬四千字。

三日　晴　續昨文二千字。

四日　晴　李天命來談，續文八千字。

五日　晴　休息，閱雜書，到校辦公。

六日　晴　寫文八千字。

七日　晴　續昨文八千字，到校辦公。

八日　陰　續昨文八千字。
九日　陰　上午寫文二千字，下午哲學系會。
十日　晴　上午與唐星海等談研究所事。
十一日　晴　續前日之文八千字。
十二日　晴　續昨文九千字。
十三日　晴　續昨文五千字。
十四日　晴　上午上課二時，下午續文四千字。
十五日　晴　上午上課一時，寫文七千字，下午參加蘇浙公學典禮。
十六日　晴　中午中大聚餐，寫文五千字。
十七日　晴　上午上課二時，中午約 Feingold 在樂宮樓午餐，下午續文五千字。
十八日　陰　續文七千字。
十九日　晴　到校辦公，寫文八千字。
二十日　晴　寫文一萬字。
廿一日　晴　上午上課二時。
廿二日　晴　上午上課一時，下午至崇基講演。

廿三日　晴　寫文一萬字。
廿四日　晴　上午上課四時。
廿五日　晴　寫文六千字。
廿六日　晴　寫文一萬字。
廿七日　晴　改文四千字，晚朱文升約晚飯。
廿八日　晴　上午上課二時，寫文七千字。
廿九日　陰　上課一時，寫文七千字。
三十日　晴　寫文八千字。
卅一日　晴　上課二時，寫文六千字。

二　月

一日　晴　寫文八千字。
二日　晴　寫文八千字，下午過海開會，今日爲我六十一歲生日。
三日　晴　寫文八千字。
四日　晴　上午上課二時，寫文五千字，晚約王德昭、趙潛等晚飯。

五日　晴　上午寫文八千字，晚約復觀、宗三等晚飯，今日爲農曆除夕。
六日　晴　終日有人來拜年，中午校中團拜。
七日　晴　寫文七千字。
八日　晴　寫文八千字。
九日　陰　寫文三千字，出外拜年。
十日　晴　寫文七千字。
十一日　陰　寫文六千字。
十二日　陰　寫文九千字，上課一時。
十三日　晴　寫文一萬三千字。生命存在與心靈境界一書之草稿，除一章外皆已重寫，可以代前年所寫者，前年所寫者多誤亦多未完備，此重寫者較爲完備，俟以後再改正。
十四日　晴　上課三時，下午睡。
十五日　晴　補寫生命存在與心靈境界結論萬三千字，午後至沙田慈航淨苑拜父母之靈。
十六日　晴　上午到校辦公，下午睡，夜蔡德允約晚飯。
十七日　晴　上午辦雜事，下午中文大學研究院會。
十八日　晴　上午上課二時，下午研究所會，夜看電影。

十九日　晴　上課一時，補作功能遍運境一萬字，今日爲母親忌日，母親逝世已六年矣。

二十日　晴　寫文五千餘字，下午教務會議。

廿一日　晴　上課四時，下午續文二千字。

廿二日　晴　續文七千字。

廿三日　晴　續文萬二千字，補作功能遍運境完。

廿四日　晴　上午至明愛醫院視張丕介疾，下午睡，夜改文。

廿五日　晴　上午上課二時，下午睡，冷定菴約晚飯。

廿六日　晴　上午上課一時，改文二千字，下午睡。

廿七日　晴　上午到校並看醫生，下午校務會。

廿八日　陰　補作結論第二章一萬字。

三　月

一日　晴　補作結論第二章九千字完。

二日　晴　上午寫文三千字，下午校務會議。

三日　上午到校辦公，下午研究所會議。

四日　陰　上午上課二時，下午董事會，晚寫文三千字。
五日　陰　上午寫結論四千字，上課一時，下午文學院會；寫文三千字，晚約復觀、宗三、兆熊夫婦晚飯。
六日　陰　寫文六千字，下午研究所月會，宗三兄約晚飯。
七日　陰　上午上課三時，下午睡，王淑陶約晚飯。
八日　陰　寫文五千字，下午至鄉間一遊。
九日　陰　上午寫文五千字，結論部完。
十日　晴　上午到校辦公，下午睡，晚準備課。
十一日　陰　上午上課二時，開學務會報會。
十二日　陰　上午上課一時，寫一餘論章四千字。
十三日　晴　寫文五千字，下午行政會。
十四日　陰　上午上課二時，下午與阿部正雄、復觀兄嫂及李杜、唐端正遊新界。
十五日　陰　寫文五千字，沈亦珍來。
十六日　陰　寫文一萬三千字。
十七日　陰　上午到校辦公，下午睡。

十八日 陰 上午上課二時。

十九日 陰 上午上課一時，下午睡，今日母親八十三歲冥誕。

二十日 陰 上午中大開會，下午歸。

廿一日 晴 上課四時。

廿二日 晴 改生命存在與心靈境界一書四五時。

廿三日 陰 上午行政會，下午中大教務會，改文千餘字。

廿四日 陰 改文一萬字。

廿五日 陰 改文一萬字。

廿六日 雨 上午上課一時，改文三時，下午睡並看一電影。

廿七日 陰 上午改文二千字，吳士選、李祖法來談校中事。

廿八日 晴 上午改寫文二千字，復觀約中飯，下午改寫文千字，並看電影。

廿九日 晴 改文三千字，下午視張丕介疾，並到鄉間一遊。

三十日 晴 標點文七八小時，並改正數處。

卅一日 晴 標點文三時。

四月

一日　晴　上課二時。

二日　陰　上午辦公，補作文四千字，又重作三千字。

三日　晴　重作昨文三四千字。

四日　晴　上午上課三時，下午休息。

五日　晴　上午沈亦珍來談，並標點改文。

六日　晴　標點改文八時。

七日　晴　標點改文五時，下午中文大學會議，我發言評及政府不應縮減大學發展經費。

八日　晴　上午上課二時，下午睡。

九日　晴　上午標點文三時，上課一時。

十日　晴　上下午標點文。

十一日　陰　上午上課二時，行政會議；下午標點改文。

十二日　陰　標點文五時，改文二千字，下午至鄉間一遊。

十三日　晴　上午標點文，下午開會。

十四日　晴　上午標點文，下午睡，夜標點文。

十五日　晴　上午上課二時，下午李卓敏到新亞談話，彼欲利用政府縮減經費，擬變大學之聯合制爲單一制。

十六日　晴　上課一時，下午標點文，晚看電影。

十七日　晴　上午標點文並至中大開會，下午新亞教務會，我提議保持新亞及他二校聯合制度，夜標點文三時，初次標點完。

十八日　晴　上午上課二時半，下午睡。

十九日　陰　上午爲中學生研討會寫一短文二千字，中午孫國棟、吳士選、沈亦珍來談校中事，下午至鄉間，夜看電影。

二十日　晴　上午上課二時，下午睡。

廿一日　晴　約人文學會會友郊遊，晚孫國棟等來商校中事。

廿二日　晴　上午上課二時，下午董事會茶會。

廿三日　晴　上午學生爲抗議大學經費縮減罷課，寫信二封。

廿四日　晴　下午到校辦公，午睡後看電影。

廿五日　晴　上午上課三時，下午改文三時。

廿六日　晴　上午至王德昭處，並往視丕介疾，下午睡，改文二時許，四川同鄉會開會。
廿七日　晴　上午到校辦公，下午睡，校文二時，哲學會開會，約哲學會同仁於家中晚飯。
廿八日　晴　上午上課二時，下午校改文五時許。
廿九日　晴　上午到校辦公，下午校改文五時。
三十日　晴　上午到校辦公，夜改文四時。

五月

一日　陰　上午到校並看醫生，彼謂我需多休息。出研究院試題。
二日　陰　上午辦公，下午校文二時，與吳森一信。
三日　晴　上午李天命來，下午參加北大同學會五四討論會並聚餐。
四日　晴　上午到校辦公，與沈亦珍談校中事，下午睡。
五日　晴　上午到校辦公，下午閱羅素論數學書。
六日　晴　上課二時，下午校對文三時，華僑日報請晚飯。
七日　晴　上午校對文三時許，下午校對文一時，晚出外看電影。
八日　晴　上午行政會報，校文二時，下午校文三時。

九日　晴　爲人文雙週刊寫一文三千字。

十日　陰　上午至趙潛處，下午歸。

十一日　雨　上午到校辦公，下午睡。

十二日　雨　上午到校辦公，寫信二封，下午睡，整理雜物。

十三日　雨　上午研究所茶會，中午研究所宴余秉權、嚴耕望，下午董事會開會。

十四日　陰　上午至研究所辦公。

十五日　陰　上午至研究所辦公，下午校對文五時。

十六日　晴　校文四時，下午校文三時，看一電影。

十七日　晴　校改文八時。

十八日　陰　校改文六時。

十九日　陰　上午改作文四千字，下午校文三時。

二十日　陰　至中文大學看哲學試卷。

廿一日　陰　上午校文三時，下午校文二時，夜韋達來晚飯。

廿二日　陰　上午改文二千字，下午校對文四時，爲蕭立聲畫展寫文千字。

廿三日　陰　終日校文八九時。

廿四日　晴　終日校文八九時。
廿五日　陰　上午校文三時，下午睡後校文四時。
廿六日　陰　校文八九時。
廿七日　晴　上午辦公，下午研究所月會。
廿八日　陰　上午到中文大學並訪李田意。張丕介兄逝世，下午至其家致唁。
廿九日　陰　校對文九時。
三十日　晴　上午校文二時，已抄者校完。中午約李田意於研究所講演，共午餐，午後與李國鈞等至沙田。
卅一日　晴　為丕介兄撰一輓聯：

廿年風雨同桴，興學海隅，人事滄桑違夙願；
此日幽明異路，遺書世上，天涯桃李待成蔭。

午後至殯儀館弔祭丕介兄。

六　月

一日　晴　上午到校閱研究生報告，下午看一電影。

二日　晴　上下午續前著書之後序六千字。

三日　陰　續昨文三千字，閱學生論文。

四日　陰　續文二千字，閱學生論文。

五日　陰　續文五千字，中午約和崎博夫與復觀兄等午飯。

六日　陰　上午寫文六千字。

七日　晴　閱 I Zuesu: The Fundamental Structure of Sabzawaris Metaphysics 一書完，下午至香港一遊。

八日　晴　補後序六千字。

九日　晴　再補後序四千字完。

十日　陰　閱研究院學生論文。

十一日　陰　閱研究院學生論文。

十二日　陰　再補一章論存在眞理之隱顯，成一萬餘字。

十三日　陰　續補三千字完，到校辦公，高文顯來家午飯，晚中山圖書館約晚飯。

十四日　晴　上午訪數同事，下午哲學系同學會，晚看一電影。

十五日　晴　上午研究院哲學部考試，下午歡送雅禮會代表，今日傷風。

十六日　晴　傷風未癒在家休息。
十七日　晴　上午到校辦公，下午閱 Kant 書。
十八日　晴　上午到校辦公。
十九日　晴　上午寫信，下午教務會議，又標點前補作之文二時。
二十日　晴　上午標點前著後序四時完。
廿一日　晴　至香港訪高文顯，下午歸。
廿二日　晴　上午到校與學生談，又至移民局，下午中大文學院會議。
廿三日　晴　上午校對文三時，下午教員遴選會。
廿四日　陰　校文五時，下午學生來談。
廿五日　陰　上午到校辦公，下午校文五時。
廿六日　陰　校對文四時。
廿七日　陰　校對文六時。
廿八日　陰　上午兩友來，下午遊淺水灣。
廿九日　晴　上午校對文三時，下午大學教務會議。
三十日　晴　上午到校辦公，校對文二時，下午休息，晚約研究所同仁學生晚飯。

七　月

一日　晴　復觀約中飯談至下午，並同往看電影。

二日　晴　上午到校評定哲學研究部試卷，宋哲美約晚飯。

三日　晴　上午到校辦公，下午辦雜事，晚沈亦珍約晚飯。

四日　晴　上午記雜記，復觀約中飯。

五日　晴　與廷光遊太平山，並與蔡德允夫婦同午餐。

六日　晴　上午到校辦公，中午約許其田等午飯。

七日　晴　上午到校辦公，口試哲學研究部學生，吳士選約中飯，下午研究所會議。

八日　晴　上午復牟潤孫一函，校對文一時，下午校中茶會，勞思光來談並晚飯。

九日　晴　上午新亞畢業典禮，下午睡並看一電影。

十日　晴　上午到校辦公，下午作哲學研究部論文之評語，晚哲學系同仁宴徐復觀、黃振華。

十一日　晴　校對以前所作中國哲學之論性方式文。

十二日　晴　校改中國哲學之論性方式文，並過海。

十三日　晴　校改前所著論孔子思想文。

十四日　晴　上午到校辦公，校改前論道家文，晚請華僑日報人吃飯。
十五日　晴　上午到校辦公，並送復觀赴臺，下午睡。
十六日　修改標點論孔子思想文及論道家起原文。
十七日　晴　上午中大開會，下午董事會。
十八日　陰　上午到校辦公，下午校改論道家起原文。
十九日　晴　上午學生來，過海補牙，下午又一學生來，晚看電影。
二十日　晴　上午與研究所學生談，李卓敏約午飯，下午研究院獎學金會，晚有學生來。
廿一日　晴　至中大開會並午餐，下午標點文四時。
廿二日　晴　上午整理雜物。
廿三日　晴　至意大利及美領事館辦手續，下午至醫院看趙潛。
廿四日　晴　上午到校辦公，下午至夜校文。
廿五日　晴　到校辦公，校文四時。
廿六日　晴　上午草劉蕺山對王陽明之評論英文稿二千字，下午看一電影。
廿七日　晴　上午辦公，下午續草昨文四千字。
廿八日　晴　上午到校開會，下午中大開會，寫文二千字。

廿九日　晴　晨寫文二千字，上午到校辦公。
三十日　晴　晨寫文二千字，草稿完，校對文二時，下午到校辦公，晚看電影。
卅一日　晴　校文三時許，下午睡，沈亦珍約晚飯。

八　月

一日　晴　上午至日本領事館，並到校辦公，午睡後看一紀錄片爲美希辟所舉行之音樂會。
二日　陰雨　上午至沙田母靈處，改文二時，下午改文三時，夜參加勞思光婚禮。
三日　陰　改文六時。
四日　晴　上午校文三時，下午至日本領事館辦簽證，並往視趙潛疾。
五日　晴　上午到校辦公，寫信三封，下午研究所考試會議。
六日　晴　上午到校辦公，校文二時，晚林昌恆來，約數同事共晚餐。
七日　陰　上午到校辦公，訪林昌恆同午餐，下午至唐星海處開中學會議，晚與吳士選共宴Religion and Social Change Institute 來之所長 Philip。
八日　陰　與廷光乘機赴大阪。
九日　晴　參觀大阪博覽會。

十日　晴　至大阪淺山亮二眼醫處檢查目疾。

十一日　晴　至南禪寺一遊，下午乘機至夏威夷。

十二日　晴　彭子游來接，夜訪張鍾元。

十三日　晴　乘機至芝加哥轉印第安那，安兒、王清瑞、唐冬明來接。

十四日　晴　休息並寫數信。

十五日　晴　改赴意大利會議宣讀之論文。

十六日　晴　安兒與王清瑞在印第安那大學貝克堂舉行婚禮，到客八九十人。

十七日　晴　整理文稿。

十八日　晴　整理文稿。

十九日　晴　校對文稿。

二十日　晴　校對文稿。

廿一日　晴　訪柳無忌。

廿二日　晴　與安兒、王清瑞、唐冬明出遊，由冬明駕車過 Springfield 古梅處，夜宿 Ann Arbor 一 Hotel。

廿三日　晴　駕車至加拿大，以王清瑞入境證事返芝加哥。

廿四日　晴　由芝加哥至 Toledo。

廿五日　晴　由 Toledo 至加拿大瀑布旁，夜宿瀑布旁一旅舍。

廿六日　晴　至 Toronto，宿湖濱旅館。

廿七日　晴　晤孫鼎宸、左光煊及詹勵吾等。

廿八日　晴　安兒、清瑞、多明返校，我與廷光乘機至 Boston，王家琦來接，住彼學校招待外賓室。

廿九日　晴　余英時約中飯，晤見王浩。

三十日　晴　余英時約晚飯，晤見楊聯陞及 Boxter、梅祖麟。

卅一日　晴　家琦駕車至紐約，唐德剛約晚飯，杜維明來。

九　月

一日　晴　何粹廉先生至旅館共早餐，並至其家談新亞事，下午與唐德剛訪沈家楨，晚乘機至倫敦。

二日　雨　下榻倫敦一小旅館，乘 Tour 至市中一遊。

三日　晴　乘機至巴黎，下榻塞納河畔一旅舍。

四日　晴　上下午乘 Tour 遊巴黎名勝。
五日　晴　乘機至瑞士日內瓦，住國際酒店。
六日　晴　乘機至意大利 Como 過 Alps 山，有 Melis 及另一人來接至開會處，住 Florence 旅館，夜首次十七世紀思想會議，只談議程事。
七日　晴　正式開會。
八日　晴　我宣讀論劉蕺山對王陽明之批評一文。
九日　晴　上下午皆開會。
十日　晴　今日會議我發言較多。
十一日　晴　上下午皆開會，夜會中請廷光演奏古琴。
十二日　晴　上午總結會畢，下午與杜維明夫婦乘火車至 Florence。
十三日　晴　由 Florence 乘機至羅馬。
十四日　晴　上下午乘 Tour 至羅馬市內遊。
十五日　晴　乘機經雅典、印度至泰國曼谷。
十六日　晴　在飛行途中。到曼谷已是九月十七日矣。
十七日　晴　參觀數廟宇，高先生來訪，夜乘機至新加坡。

十八日　晴　曹士邦來同訪竺摩法師及南洋大學，晤屈萬里及蕭先生、蘇新鋈。
十九日　晴　陳綠漪來同至新加坡大學與其哲學系數教師及系主任 Roland Puccetti 晤談，下午訪龍華寺廣洽法師，夜李廷輝來談。
二十日　晴　至機場，劉天中在機場相候得一談，十二時半乘機返港，八時抵港。
廿一日　晴　到校與同事談，夜李國鈞、孫國棟來。
廿二日　晴　訪吳士選、牟宗三、羅夢册，晚吳士選約晚飯，補記日記數日。
廿三日　晴　上午上課一時並辦公，下午訪數同事。
廿四日　晴　上午到校辦公，並訪蔡德允、饒宗頤，下午睡後準備明日課，夜閱書二時。
廿五日　晴　上午上課二時，午睡，應李祖法約至香港晚飯。
廿六日　晴　上午上課一時半，中午約吳士選、梅貽寶、王德昭夫婦及復觀兄至沙田畫舫午飯，午後參加雅禮會酒會。
廿七日　晴　上午訪高文顯，下午看一電影。
廿八日　陰雨　上午新亞校慶，下午中大圖書館奠基典禮。
廿九日　晴　上午到校辦公，下午新亞中學會議。
三十日　晴　上午上課一時，下午閱雜書。

十月

一日　晴　閱 Gilson: Being and Some Philosophers 百五十頁。

二日　陰　上午上課二時，下午閱 Gilson 書七十頁完。

三日　晴　上午上課二時，閱 Lazeromitz: Structure of Metaphysics。

四日　晴　至沙田慈航淨苑母靈處，閱雜書，寫信。

五日　晴　上午到校辦公，閱 Lazeromitz 二百餘頁。

六日　雨　上午閱 Copleston 哲學史數十頁，中午約 Henrich 講演並同午飯，下午至民政司，晚人文學會開會。

七日　雨　上午上課一時並辦公，下午睡後寫信八封。

八日　晴　上午閱 Copleston 哲學史，下午 Henrich Seminar 晚樂宮樓晚飯。

九日　晴　上午上課二時，下午教務會議，夜閱 Kant 書。

十日　晴　上午閱 Hartshore: Philosophers Speak of God 導言，下午閱 Berdyaev: The Beginning and The End 數章，參加國慶酒會。

十一日　晴　上午寫海外中華子孫之安身之道五千餘字。下午至書店並遊淺水灣，夜看電影。

十二日　晴　上午辦公並與研究所學生談，下午及夜閱 Berdyaev: The Beginning and The End 百數十頁完。

十三日　晴　閱 Alson: Existentialism 書百餘頁，下午大學教務會，夜看電影。

十四日　晴　上午上課一時，並開會，下午研究所會，閱 Alson 書三十頁。

十五日　晴　上午開會，中午約車柱環及數同事午餐，下午中大校務會。

十六日　晴　上午上課二時，下午中文大學畢業典禮及宴會。

十七日　晴　上午上課二時，復觀約中飯。

十八日　陰　傷風在家休息，王淑陶華僑書院約晚飯。

十九日　陰　上午復王家琦、謝幼偉及中大研究院 Plott 信，下午睡後閱雜書。

二十日　晴　上午到校辦公，下午閱 Alson 書數十頁，夜看電影。

廿一日　晴　上午上課一時，復李獻璋、林昌恆函，下午睡，夜三學生來晚飯，閱 Alson 書完。

廿二日　晴　上午到校辦公，下午中大研究院諮詢委員會，新亞校務會。

廿三日　晴　上午上課二時，下午中大研究院茶會，新亞中學會。

廿四日　晴　上午上課二時，下午睡。

廿五日　晴　上午閱雜書，張公權先生來與談研究所事，下午至慈航淨苑弔智林師，夜看一電影。

廿六日　晴　上午到校辦公，閱哲學書二時，下午至崇基開哲學系會議。

廿七日　晴　上午寫信二封，清理熊先生昔年來函。

廿八日　晴　上午上課一時，寫信兩封，下午中大文學院會及新亞董事會。

廿九日　晴　上午學務會報，午睡後閱哲學百科全書三四時。

三十日　晴　上午上課二時，下午睡後閱哲學百科全書。

卅一日　晴　上午上課三時，午睡後閱哲學百科全書。

十一月

一日　晴　至郊外一遊。

二日　晴　上午到校辦公，下午閱 Philosophers Speak of God。

三日　晴　上午閱 Philosophers Speak of God 三時，下午至中文大學開會。

四日　晴　上課一時，閱昨書五時。

五日　晴　閱 Kaufmamn: Faith of Heretic 百數十頁。

六日　晴　上午上課二時半，閱書二時，下午休息。

七日　晴　上午上課二時，柳存仁講演，下午閱哲學百科全書。

八日　晴　上午至九龍水塘一遊。

九日　晴　上午到校寫信二封，下午睡起寫略論朱子與陽明學五千字，乃撮昔所爲長文之要，以應日本人編陽明全書之約者也。

十日　晴　續昨文三千字完，下午看一電影。

十一日　晴　上午上課一時半，下午過海開新亞文化事業公司會。

十二日　晴　上午到校開會，下午閱哲學百科全書二時。

十三日　晴　上午上課二時，下午閱 Philosophers Speak of God 二時，晚看歌舞團表演。

十四日　晴　上午寫文二千字，上課三時，下午休息。

十五日　晴　上午寫中國文化中之報恩精神三千五百字，費子彬約午飯，下午續千五百字完。

十六日　晴　上午到校辦公，午睡起改昨文三時完。

十七日　晴　上午校對所抄文三時，並到校辦公，下午校文六時。

十八日　晴　上午校對文二時，上課一時，下午校文一時。

十九日　晴　上下午寫由日本醫院看日本文化生活及東方人之傳統文化生活對世界之意義九千字，應日本亞細亞雜誌之約。

二十日 晴 上午上課一時半，看書一時，至中大開會並午餐，下午校對文。

廿一日 晴 上午上課二時，開會二時，下午閱雜書，看一電影，今日安兒生日，來電話拜生。

廿二日 晴 應張曼濤之約，上午寫文成四千字。下午至鄉間一遊。

廿三日 晴 上午與何粹廉先生一函，下午改文四時。

廿四日 晴 上午與張公權先生一函。

廿五日 晴 上午上課一時半，下午至唐星海先生處談學校事。

廿六日 晴 上午學務會報會，下午校對文二時，看一電影。

廿七日 晴 上午上課二時，下午睡。

廿八日 晴 上午上課二時。

廿九日 晴 以英文寫宋明儒學之精神二千餘字，至鄉間一遊。

三十日 晴 上午續寫文千字，到校辦公，下午開會。

十二月

一日 晴 寫文四千字。

二日 雨 上午上課一時，寫文五千字完。

三日　雨　校文七時。

四日　陰　上午上課二時，下午參加音樂會，夜校文四時。

五日　陰　上午校文三時，中午歡迎 Deutche 及 Copi 茶會並午飯，夜閱存在主義。

六日　晴　上午閱存在主義二時，至鄉間。

七日　晴　上午閱 Copleston 書論存在主義者，並到校辦公，下午校對文，夜閱 Philosophy East and West 三時。

八日　晴　上午校對文二時，下午大學教務會議。

九日　晴　上午上課一時，校文一時，下午中國文化協會開會。

十日　晴　上午開學務會，下午改前用英文寫之文三時，夜岑維休家晚飯。

十一日　晴　上午上課二時，下午教務會議。

十二日　陰　上午上課二時，下午校文四時。

十三日　晴　上午改所寫英文四時，下午至鄉間一遊，並看電影，晚改文四時。

十四日　晴　上午改文並到校辦公，下午至夜改文六時。

十五日　晴　改文三時完，吳士選約中飯，午睡後重閱 Sartre: Being and Nothing 書。今日廷光五十五歲生日。

十六日　晴　上午上課一時，閱 Sartre 書。
十七日　晴　上午閱 Sartre 書，下午校對文三時，並開董事會。
十八日　晴　上午閱 Sartre 書，下午校對文。
十九日　晴　終日閱 Sartre 書，晚看一電影。
二十日　晴　上午閱 Sartre 書二時，蕭立聲約中飯，夜參加閔建蜀婚宴。
廿一日　晴　上午校文二時，下午大學考試會。
廿二日　晴　上午校前寫英文之論宋明儒學文。
廿三日　晴　上午到校辦公，杜維明來，下午睡後校文二時，復觀約晚飯。
廿四日　陰　上午校文，下午看一電影，宗三兄約晚飯。
廿五日　陰　上午校對文一時許，約杜維明、宗三、復觀等十餘人至鄉間一遊。
廿六日　晴　上午閱 Sartre 書三時，下午睡，梅貽寶約晚飯。
廿七日　晴　上午至鄉間，中午聚餐，下午閱 Sartre 書。
廿八日　晴　上午往配眼鏡，下午閱 Sartre 書。
廿九日　晴　上午到校辦公，下午大學校務會，夜看電影。
三十日　晴　上午行政會，中午 Boxter 來，同午餐後與梅貽寶、王德昭同至龍珠島談研究所事。

卅一日　晴　上下午校改英文文八九小時，夜看電影。

民國六十年（一九七一年）

一月

一日　晴　上午至海運參加元旦酒會，中午至鄉間，夜看電影。
二日　晴　校對英文寫宋明儒學之精神文終日完。
三日　晴　至鄉間。
四日　晴　重校英文文。
五日　晴　檢查目疾，閱 Sartre 書數十頁。
六日　晴　與校中同仁遊新界。
七日　晴　目不舒服，校對英文文二時，交郵寄歐洲。

八日　晴　上午準備星五講演，題目爲中國教育史上之官學與私學，下午及夜閱Sartre 書完。

九日　晴　上午閱試卷。

十日　晴　至鄉間一遊，晚看電影。

十一日　晴　上午到校辦公，偶念二十餘年來除用思與讀書、教書未嘗間斷外，尚有三事，亦大體相續不斷，亦非偶然。一爲在抗戰期間與李源澄同辦重光月刋，後卽與周輔成等同辦理想與文化，到香港後卽爲民評人生等刋物長期撰稿，亦爲新亞學報、年刋寫文，近二年又發起中國學人半年刋及人文雙周刋。二爲自在任江南大學教務長時發起講演會後，到香港卽主持新亞文化講座四五年每周一次，文化講座停，卽發起人學講會一月一次，以一九五七年赴美而停，歸來卽發起哲學會數年二周一次，以母喪而停，近二三年則只主持研究所之會，但次數則更少矣。三爲自二十三年前任江南大學教務長事後，到新亞亦任此職，後又任新亞文學院及哲學系事，近三年餘則任研究所事。二十餘年來，對教育行政皆多少負一些責任。自顧年事日長，精力日有限，我以前對身體之鍛鍊全不注意，今後當多注意爲是。

十二日　晴　校對前李武功所抄中國哲學原論原道篇論墨子孟子二篇共六萬字。

十三日　晴　上午上課一時，校對原道篇莊子一篇五萬字。

十四日　晴　校對原道文六七萬字。

十五日　晴　上午上課一時，並講演中國教育史上之官學與私學，下午校文四時。

十六日　晴　上午上課二時半，下午校對文六時完。

十七日　晴　上午至鄉間，中午至樂宮樓歡迎臺灣出席東方學術會議代表，下午弔陳佐舜之父喪，並與梅貽寶、吳士選、孫國棟同至沙田酒店談，夜看一電影。

十八日　晴　上午到校辦公，復友人信，下午整理雜物，閱兆熊論中國山水書，兆熊論花卉草木田園之文可親，胡蘭成論中國民間生活之文可喜，宗三論義理之文能斬截，復觀論世風之文能疏通，皆非我所及也。然我之爲文無定體，唯依義以爲體，亦能知不同文體之各有其用。唯才力不足盡各體之文之用耳。

十九日　晴　整理信札及雜物，到校辦公，並出試題。

二十日　晴　上午上課一時，改試題，午睡後閱鄒衍遺說考。

廿一日　晴　上午到校辦公，下午重閱 Repper: World Hypotheses 百餘頁。

廿二日　晴　上午上課二時，閱昨書。

廿三日　晴　上午上課二時，閱陸賈新語。

廿四日　雨　上午閱雜書，約研究所同學及助理研究員等晚飯。

廿五日　晴　到校辦公。

廿六日 晴 閱 Fichte 與 Schelling 二文，今日除夕。

廿七日 陰 農曆元旦，學生等來拜年，下午三時後出門至數同事家拜年。

廿八日 晴 時有學生來拜年。

廿九日 陰 哲學系學生來共午餐。

三十日 陰 閱 Hegel 哲學史中論 Kant、Fichte、Schelling 之一部及 Copleston 哲學史論 Fichte 之一部。

卅一日 陰 上午閱 Copleston 書，下午至香港訪蔡德允夫婦及趙太太，夜看一電影。

二 月

一日 晴 上午到校辦公並至一處看屋，下午校改文。

二日 陰 校改文。

三日 陰 上午上課一時，閱 Hegel: Science of Logic 數十頁。

四日 晴 上午學務會，下午至夜閱 Hegel: Science of Logic 百頁。

五日 晴 上午上課二時，與陳荊和談，下午閱 Hegel 書四十頁。

六日 晴 上午上課二時，閱 Hegel 書第一册完。

七日　晴　上午至鄉間，下午 Light 約座談會，晚看一電影。
八日　晴　上午閱 Hegel: Science of Logic 第二册數十頁。
九日　晴　與曉雲法師趙潛等同至東涌看曉雲所領之地。
十日　晴　上午上課一時，下午閱 Hegel 書數十頁。
十一日　晴　閱 Hegel 書百數十頁，夜約曉雲及其學生晚飯。
十二日　晴　上午上課二時，中午雅禮會七十周年聚餐，下午研究所會議。
十三日　晴　上午上課二時，下午至夜閱 Hegel 書百餘頁。
十四日　晴　閱 Hegel: Science of Logic 百餘頁完。
十五日　晴　上午開會，並與全漢升談請其任研究所教務長事。下午閱 Copleston 哲學史百頁，夜看一電影。
十六日　晴　上午到校辦公，下午至中文大學開會。
十七日　晴　上午辦公並上課一時，下午改麥仲貴所記中國教育史上之私學與官學一文。
十八日　晴　上午學務會報，中午簽房屋租約，下午整理雜物。
十九日　晴　上午上課二時，下午思哲學問題，夜看一電影。
二十日　晴　上課三時。

廿一日　晴　至鄉間一遊。
廿二日　晴　上午到校辦公，下午睡起看 Theosophy 書。
廿三日　晴　上午到校辦公，下午閱學生文。
廿四日　晴　上午上課一時，下午中文大學開會，新亞開會。
廿五日　晴　上午到校辦公，中午梅貽寶約吃茶，下午閱 Copleston 哲學史。
廿六日　晴　上午上課二時，下午學生舉辦大陸廿一年學術研討會。
廿七日　陰　上午上課三時，中午約全漢升、王德昭、梅貽寶夫婦至沙田酒店午餐，飯後至慈航淨苑談，夜看一電影。
廿八日　陰　上午到校辦公，下午校中開會及中國文化協會開會。

三　月

一日　陰　上午到校辦公，下午擬研究所之 Memorandum。
二日　晴　上午辦公，下午閱 Copleston 哲學史數十頁。
三日　晴　上午上課一時，下午閱 Copleston 書百頁，至醫院看王道病。
四日　晴　上午學務會報，下午寫信。

五日　晴　上午上課二時，晚至聶醫生處檢查目疾。
六日　晴　王貫之兄逝世，至其家弔唁，晚岑家驷婚禮。
七日　晴　上午王貫之治喪委員會，下午睡，看美國一學生運動之影片。
八日　晴　上午 UGC 大學撥款委員會來，中午唐星海約共餐，餐後開新亞中學會，甚倦。
擬輓王貫之兄一聯：
四海求師友，天下文章共肝膽；
一朝棄塵世，平生風義在人間。
九日　晴　上午辦公，下午至中文大學聽 UGC 之二 Menbers 講演。
十日　晴　上午上課一時，下午王貫之追悼會，夜校中宴 Kaufmann。
十一日　晴　上午看劉述先論 Tillich 文完，下午聽 Kaufmann 講演。
十二日　晴　上午上課二時，中午樂宮樓午飯，午後至崇基參加哲學討論會。
十三日　晴　上午上課三時，下午休息，夜看電影。
十四日　晴　中午至樂宮樓飲茶，下午至慈航淨苑，將七年前母親逝世時友人及學生所送輓聯在香爐中焚化，今日為農曆二月十七日，母親逝世已七年一月又三日矣。
十五日　晴　上午到校辦公，下午至於仁大厦開新亞教育文化會。

十六日　晴　移居亞皆老街翠華二期十二樓B座，夜梅貽寶約晚飯。
十七日　晴　上課一時，整理雜物。
十八日　晴　上午學務會報會，下午中文大學哲學 Board 會。
十九日　晴　上午上課二時，下午整理書籍。
二十日　晴　上午上課三時，中午金耀基約吃茶。
廿一日　晴　上午清理書物，下午約復觀夫婦遊香港，並晚飯。
廿二日　晴　上午與余英時、全漢升及一學生各一械。
廿三日　晴　上午到校辦公，重閱 Board 書數十頁。
廿四日　晴　上午上課一時，下午中文大學院會，中國文化協會會，夜中國文化會聚餐。
廿五日　晴　上午到校辦公，下午睡。
廿六日　晴　上午上課二時，下午思 Fichte 之哲學中之一問題，晚雅禮七十年酒會。
廿七日　晴　上午上課三時，下午腰痛至李子飛處診視。
廿八日　晴　閱 Heidegger 論 Kant 與形上學書數十頁。
廿九日　晴　腰痛較好，閱 Heidegger 書數十頁。
三十日　晴　閱 Heidegger 書百數十頁完。

卅一日　晴　上午上課一時，下午思 Heidegger 書所引起之哲學問題。

四　月

一日　晴　上午寫悼王貫之兄一文二千五百字，改寫生命存在與心靈境界第二部一二五至一二七頁爲一二五至一三五頁。

二日　晴　上午上課二時。

三日　晴　上午上課二時，下午增補前日文至夜成五千字。

四日　晴　續昨文四千字，朱惠卿約中飯，下午參加崇基座談會。

五日　晴　上午續文六千字。

六日　晴　到校辦公，下午寫信數封，看一電影。

七日　晴　上午上課一時許，梁燕城來，彼爲一高中學生，有志於哲學。復信二封，改寫生命存在與心靈境界一書六千字。

八日　晴　續昨文四千字，下午看一電影。

九日　晴　與人文學會同仁遊烏溪沙，下午歸至大富貴與李廷輝談，曾履川約晚飯。

十日　晴　上午寫文二千字，沈宣仁約中飯晤 Kingsley I Gofih 及 Carm。下午至夜續文三○

千字。

十一日　晴　上午寫文五千字，下午廷光約琴會友人聚會並請諸人于大富貴餐館晚飯。

十二日　晴　上午四川同鄉張君來談共吃中飯，午睡後補文千字。

十三日　晴　上午到校辦公，寫信四封，下午改文，夜看一電影。

十四日　晴　上午上課一時，與學生談，下午思哲學問題，並改文數處。

十五日　晴　上午學務會報會，下午閱 Schelling 文。

十六日　晴　上午上課二時，下午教務會，晚參加一學生婚宴。

十七日　晴　上午上課二時，下午睡。

十八日　晴　上午到鄉間，下午睡，張仁康約晚飯。

十九日　晴　上午寫生命存在與心靈境界序千餘字，到校辦公，午後看一電影。

二十日　晴　上午改廖鉅林論文，到校辦公，下午大學教務會議，再改廖鉅林文。

廿一日　陰　上午改文二千字，與蔡德允夫婦遊新界。

廿二日　陰　上午到校辦公改文二時，下午研究所月會。

廿三日　晴　上午上課二時，下午改廖鉅林文三時，出外看電影，夜再改廖文二時。

廿四日　晴　上午上課三時，吳士選約中飯，下午哲學 Panel 中期考試會。

廿五日　晴　至鄉間。
廿六日　晴　上午校文二時，到校辦公，下午人生社社務委員會開會，晚校文四時。
廿七日　晴　上午校文四時，下午校文五時完。
廿八日　晴　上午辦公，下午寫信。
廿九日　晴　上午學務會報會，下午改文三時，研究所茶會。
三十日　晴　上午上課二時，下午校務會議提全漢升爲研究所教務長，未到職時由孫國棟代。

五月

一日　晴　上午到校辦公，下午校對文。
二日　晴　道風山宗教研究會擬請我講演，上午以英文寫一講稿，名爲 The Religions Faith of Confucianism and Its Attitude to Other Religions 三千字。
三日　晴　上午到校辦公，下午預備明日五四紀念會講話之內容。
四日　晴　上午閱學生試卷，與全漢升一函，下午至中國文化協會參加五四紀念會並講話，會後晚飯，九時返家。
五日　晴　上午到校辦公寫信數封，午睡，看一電影。

六日　晴　寫陰陽家及漢代學術之順天應時之道文九千字，乃續原道篇之文也。
七日　晴　上午上課二時半，下午休息，又改廖鉅林文四時。
八日　晴　晨改廖文三時完，下午至夜續前日文五千餘字。
九日　晴　上午至鄉間一遊，晚寫札記二時。
十日　陰　上午李天命來，中午約數同學於慶相逢吃茶，下午藝術系會。
十一日　陰　上下午續寫文八千餘字。
十二日　陰　上午學務會報會，下午兆熊來談。
十三日　晴　到校辦公寫信，下午改文後看電影。
十四日　晴　續寫前文七千字。
十五日　晴　續寫前文七千字，下午二學生來，王淑陶約晚飯。
十六日　陰　上午至鄉間，下午續文四千字。
十七日　晴　上午到校辦公，下午新亞中學董事會開會，新亞董事會開會。
十八日　晴　改文三時，下午閱雜書並看電影。
十九日　陰　上午至中文大學閱哲學試卷。
二十日　晴　上午準備下午講演，下午至道風山爲宗教研究社講演，李國鈞約晚飯。

廿一日　晴　上午至中文大學開會並午飯，晚改文二時。
廿二日　晴　上午研究所會，下午中文大學座談會。
廿三日　晴　上午改文四時，下午至鄉間。
廿四日　晴　上午到校辦公，下午閱宗三兄智的直覺與中國哲學一書。
廿五日　晴　哲學考試會，晚改前論荀子文四時。
廿六日　晴　上午學務會報會，下午整理校改論中國哲學言說方式文。
廿七日　晴　上午整理前論墨學文，至中大閱卷，下午整理墨學文完。
廿八日　晴　上午看錢先生，下午看一電影，夜改論荀子文四時。
廿九日　晴　上午改論荀子文三時，李幼椿先生約中飯，下午丕介兄逝世周年，由我講演，題爲關於經濟學與歷史哲學之幾個問題，夜校改墨子文三時。
三十日　晴　上下午改墨子文完。
卅一日　晴　上午研究所會議，下午琴會在家中舉行。

六　月

一日　晴　上午到校辦公，閱研究所學生卷，下午看一電影。

二日　晴　上午學務行政會報，下午校文三時，梅貽寶約晚飯，歸校文三時完。
三日　晴　上下午校文六時，約研究所學生陳慶浩晚飯。
四日　晴　上午閱學生論文，下午睡起校文三時，晚至香港聚餐歡送雅禮代表。
五日　晴　上午到校辦公，下午研究所茶會歡迎錢先生並講演，晚校中同仁歡宴錢先生。
六日　晴　上午閱學生論文，下午閱王弼注易經。
七日　陰　寫王弼之易學及老學一萬二千字。
八日　晴　閱學生論文，下午送錢先生回臺。
九日　晴　上午開會二時，改作前日文三千五百字，另增三千餘字，晚中央大學同學會聚餐。
十日　晴　晨送梅貽寶去美，續王弼文三千字完，下午改文千字。
十一日　晴　終日閱研究部學生論文，夜看一電影。
十二日　晴　上午梁燕城至研究所來談，寫研究部學生論文審查報告。
十三日　晴　上午至鄉間，下午歸看一電影，寫論郭象之言自然獨化及言……之道文三千字。
十四日　晴　續昨文四千餘字，並到校辦公，與同仁等於樂宮樓宴屈萬里。
十五日　晴　重閱莊子郭象注，續昨文三千字完。下午寫魏晉之玄學與文學藝術之道二千字。
十六日　晴　上午學務會報，中午約學生至慶相逢飲茶，下午研究所會。

十七日　風雨　上午哲學研究部學生考試，下午續前日文五千餘字。
十八日　風雨　上午寫文六千餘字，新亞董事長唐星海逝世，彼甚熱心，爲之慨然。
十九日　晴　上午爲研究所事與李卓敏一函。開會。
二十日　晴　上午寫文千字，至鄉間下午歸，寫文至夜成四千字。
廿一日　晴　上午改昨文一千字，參加唐星海喪禮，續昨文三千五百字。
廿二日　晴　續昨文論僧肇者四千字完，下午大學教務會議，夜看一電影。
廿三日　雨　上午學務會報，下午教務會議。
廿四日　晴　上午寫文三千字，中午約吳士選夫婦及其子伯益午飯，過海看國慶，歸續文三千字。
廿五日　晴　上午復信六封，中午約梁恩佐與物理系數同事於樂宮樓午餐。
廿六日　晴　上午閱成實論，下午改文二千字新增一千字。
廿七日　晴　上午與人文學會諸同仁郊遊，下午歸，復觀約晚飯。
廿八日　晴　上下午寫文八千餘字，晚看一電影。
廿九日　晴　上午研究所開會，下午沈宣仁及 newman 來，夜閱佛書。
三十日　陰雨　上午中國文化會開會，下午至夜寫文五千字。

七　月

一日　晴　上午校中畢業典禮，中午與吳、梅、沈三位校長及李祖法商新亞董事長及校長事，晚閱佛書。

二日　晴　上午至中文大學，學務會報會，下午閱大乘論，續文一千五百字。

三日　晴　閱二諦義、大乘玄論，改文千五百字，另補二千五百字。

四日　晴　上午閱佛書，與學生等至鄉間，夜寫文二千字。

五日　晴　晨寫文一千字。

六日　晴　上午到校辦公，下午閱密嚴經。

七日　晴　中大研究生口試，中午約劉述先等飲茶，下午睡，夜標點文二時。

八日　晴　上午到校開會，下午至夜標點文。

九日　晴　看潘太太，標點文四時，下午標點文三時，續文三千五百字，夜看一電影。

十日　晴　上午寫文三千字，下午續一千字，閱吉藏一書。

十一日　晴　上午李天命來，下午霍韜晦來談。

十二日　晴　上午中大研究院會，下午新亞董事會。

十三日　晴　上下午寫文六千字。
十四日　晴　閱法華經。
十五日　晴　上午寫文數百字，開學務會報會，弔潘璞先生喪，至張翹楠處查目疾。
十六日　陰　寫文三千字。
十七日　晴　上午閱天臺宗書，下午新亞教育文化會會議。
十八日　晴　上午寫文三千字，下午至鄉間，王德昭約晚飯。
十九日　晴　上下午寫文三千餘字。
二十日　上午寫文三千字，成中英來同出午飯，重閱摩訶止觀。
廿一日　陰　作文五千字。
廿二日　晴　重閱摩訶止觀。
廿三日　晴　閱智者四念處及四教義。
廿四日　晴　上午到校辦公，梅貽寶約飲茶並至其家談校中事，晚寫二信，閱吉藏淨名玄義。
廿五日　晴　至美孚新村。
廿六日　晴　至中文大學開取錄新生會。
廿七日　晴　改文六千字。

廿八日　晴　上午學務會報會，下午續文四千字。
廿九日　晴　上午中大研究院會，下午寫文五千字。
三十日　晴　上午看出版展覽，下午校長遴選會，晚教職員歡宴退休同事。
卅一日　晴　上午孫國棟來，下午改文四千字，晚與唐端正約哲學系同事晚餐。

八月

一日　晴　改文四千字。
二日　晴　寫文八千字。
三日　晴　上午至中文大學口試新生，下午寫文五千字。
四日　晴　上午開會，下午校對墨子文。
五日　晴　上午寫信三封，下午校墨子文。
六日　晴　上午與梅貽寶談研究所事，下午教務會議。
七日　晴　上午復逯耀東、易陶天、李植全等各一函。中午約鄔昆如、項退結、梅文健與哲系同事數人於樂宮樓午餐，下午睡。
八日　晴　上午包一民來談，下午至鄉間一遊。

九日　晴　上午曉雲法師來，下午至夜寫文論大乘起信論一萬字。
十日　晴　寫文三千五百字，一哈佛學生來談。
十一日　晴　上午到校辦公，下午寫文五千字，晚赴程平婚宴。
十二日　晴　寫文六千字，與宗三兄、李天命在樂宮樓晚飯。
十三日　晴　上午辦公，下午校務會，寫文四千字。
十四日　晴　上午寫文三千字，吳士選約午飯，下午至夜寫文三千字。
十五日　晴　上午寫文四千字，下午至鄉間，夜閱華嚴疏抄。
十六日　陰雨　閱華嚴經。
十七日　陰　寫論禪宗文六千字。
十八日　晴　上午開會，下午寫文三千字，參加哲學翻譯會，梅貽寶約晚飯，飯後與余英時、孫國棟談校中事。
十九日　晴　上午研究所開會，下午續文三千餘字，約余英時、孫國棟晚飯。
二十日　晴　閱湛然止觀義例及止觀輪行傳弘決。
廿一日　晴　上午口試研究所新生，下午閱灌頂觀心論疏。
廿二日　晴　上午寫一英文提要，閱雜書，下午至鄉間。

廿三日　晴　上午辦公，下午余英時講演，黃夢花約晚飯。

廿四日　晴　上午閱日人安藤俊雄著天臺宗思想史，約同學至流浮山晚飯。

廿五日　晴　上午開會，下午研究所約余英時茶會，夜看京戲。

廿六日　晴　補寫去年在意大利開會時之英文論文，論劉蕺山之學之最後一節千餘字。

廿七日　晴　補論劉蕺山文注釋，校對荀子言心與道關係文。

廿八日　晴　上午哲學系會，下午補劉文注釋，晚看一電影。

廿九日　晴　重閱整理劉蕺山文至下午三時完。

三十日　晴　上午閱揀魔辨異錄，中午約王貫之夫人，梁宜生等於慶相逢飲茶，並在家商談人生雜誌社事。閱揀魔辨異錄完，此書不知是雍正所著否，文筆甚健，而其書狂妄正是魔說，其所斥之弘思三峯藏之說，未爲無理也。

卅一日　晴　上午寫信四封，下午閱明代思想史。

九　月

一日　晴　上午學務會報，閱雜書，午後至沙田母靈處，寫一千八百年來之中國學生運動。

二日　晴　閱明儒學案，明代思想史等書，下午改前在中國文化會之講稿。

三日　晴　上午到校辦公，中午教職員聚餐談話會，晚余允文夫婦來晚飯。

四日　晴　上午辦公，下午睡，夜清理四川文獻。

五日　晴　與復觀、包一民、宗三等在樂宮樓午餐，下午睡，與周開慶兄一函，請查父親遺稿事。

六日　晴　今日開課，到校辦公，下午準備課。

七日　晴　上午上倫理學課二時，校對文，送王貫之太太去臺，晚看一電影。

八日　晴　上午上明代思想課二時半，下午學務會報。

九日　晴　上午辦公，下午閱侯著中國思想通史卷四。

十日　晴　上午月會，下午 Peake 來談。

十一日　晴　上午與學生談，下午睡，晚約全漢升、王德昭、孫國棟、梅貽寶、霍韜晦夫婦及楊鐘基、陳慶浩於飯館吃飯。

十二日　晴　上午至鄉間，下午睡。

十三日　晴　準備明日倫理學課，下午與李武功談。

十四日　晴　上午上課二時半，下午閱梁任公三百年學術史。

十五日　晴　上午上課二時半，下午學務會報，晚看一電影。

十六日　晴　上午閱孫璋性理眞詮，下午閱續藏中天臺宗目錄並核對日人所作之天臺思想史一書，與二妹一函，夜閱北峯教義。

十七日　晴　上午辦公，中文大學聚餐，晚閱志磐佛祖統記。

十八日　晴　閱幽溪性善惡論注。

十九日　晴　閱幽溪天臺傳佛心印記，下午閱善目家緒餘集，並至鄉間。

二十日　晴　上午辦公，下午閱天臺宗書。

廿一日　晴　上午上課二時半，下午閱有關明清代思想書。

廿二日　晴　上午上課二時半，下午閱天臺宗書，夜看電影。

廿三日　晴　上午學務會報，下午閱大乘四論玄義。

廿四日　晴　上午辦公，下午查明清學者生年三時。

廿五日　晴　晨閱雜書，到校辦公，準備與雅禮協會報告事項，下午準備明清思想課。

廿六日　晴　上午有客來談，下午至鄉間，晚閱書二時。

廿七日　晴　上午雅禮協會代表 Rudin 等來校中茶會，並午餐，下午看中國文化藝術展覽。

廿八日　晴　上午校慶典禮，下午睡後閱學術年刊，夜樂宮樓宴雅禮來客。

廿九日　晴　上午閱雜書四時，下午睡起整理雜物。

三十日　陰　上午上課一時，下午至沙田參加醫療中心典禮。

十　月

一日　晴　上午到校辦公，下午閱雜書四時，應雅禮會約晚餐。

二日　晴　上午到校與 Rudin 談，下午閱錢先生三百年學術史。

三日　晴　閱梁任公三百年學術史，及某著揚州學案，至鄉間。

四日　晴　上午復柳存仁、和崎博夫及王家琦各一函，冷定菴來談，晚費子彬約晚飯。

五日　晴　上午上課二時，下午中文大學畢業典禮並宴會。

六日　晴　上午上課二時，下午哲學 Board 會，晚約 Rudin 夫婦及若干同事於樂宮樓晚餐。

七日　晴　上午上課一時，午睡後校改文，夜看電影。

八日　晴　上午月會，我講沈燕謀先生生平十餘分鐘，復余英時一函談請其任校長事。

九日　晴　上午上課二時，中午梅貽寶約與吳士選、沈亦珍共談余英時任校長事，晚標點文。

十日　晴　上下午標點文，下午參加國慶酒會。

十一日　晴　上午標點文一萬字，下午至中大與學生談，歸標點文六千字。

十二日　晴　上午上課二時，下午至夜標點文一萬餘字。

十三日　晴　上午上課二時，下午標點文一萬餘字。

十四日　晴　整理已發表之文，並將若干篇加以複印，上課一時。

十五日　晴　仍整理舊文。

十六日　晴　複印整理舊文，並加以分類爲孔學之學、中國哲學、一般哲學、中國歷史文化精神、世界人文與宗教、教育、一般文化政治社會評論七類，各存二份，至夜乃畢。此皆已發表而未重印成書之文，不必有重印之價值，但對我個人則有極大之歷史意義，故加以整理。但手邊所有者未必全。又友人及他人評介討論吾所寫書文，日、韓、英之譯我所著之文，就所見者，我與廷光前復收輯亦有若干，分爲二袋，可供來日觀覽。

十七日　晴　上午復信四封，下午整理複印舊稿。

十八日　晴　上午清理雜誌，下午新亞教育文化公司會，晚整理倫理學筆記。

十九日　晴　上午上課二時，下午整理明清哲學一課筆記。

二十日　晴　上午上課二時，整理明清哲學筆記。

廿一日　晴　上午上課一時，學務會報，下午校務會，晚看一電影。

廿二日　陰　傷風未到校，在家休息，閱雜書。

廿三日　晴　上午到校辦公，下午睡。

廿四日　晴　上午復李天命一函，並校對前赴明代學術會議論劉蕺山文之英文論文，下午在梅貽寶家參加教育座談會。

廿五日　晴　到校辦公。

廿六日　晴　上午上課二時，下午開會。中共入聯合國。

廿七日　晴　上午閱報紙及雜書，下午看一電影。

廿八日　陰　上午上課一時半，下午新亞董事會，梅貽寶約晚飯與中文系同事聚會。

廿九日　陰雨　抄續藏經重要書籍目錄六七時完。

三十日　上午與研究所學生談二時，下午約哲學系一年級生談三時。

卅一日　晴　整理雜物，下午睡。

十一月

一日　晴　寫一文論王陽明之良知學之現代意義七千字。

二日　晴　上午上課二時，下午至夜校對李武功所抄文六萬字。

三日　晴　上午上課二時，下午至夜校所抄文三萬字，夜看一電影。

四日　晴　校對文三萬字。

五日　晴　校對文二萬字，上午參加月會，晚參加王淑陶女婚宴。

六日　晴　上午校對文數千字，看郭醫生，下午約哲系學生茶會。

七日　晴　上午校對文，中午至鄉間，下午校對文。

八日　晴　上午校中座談會，下午約研究生來談，校對文一萬字。

九日　晴　上午上課二時，中午 Carm 約談，午後校對文一萬字，李武功所抄文已校完。

十日　晴　上午上課二時，下午二學生來談。

十一日　晴　上午上課一時，下午至中大開會。

十二日　晴　上午改寫文千五百字，午睡後一學生來談。

十三日　晴　上午到校辦公，下午中國文化座談會。

十四日　晴　至鄉間。

十五日　晴　上午改寫文一千字，下午校中開會，晚抄札記三時。

十六日　晴　上午上課二時，下午至夜抄札記五時。

十七日　晴　上午上課二時，抄札記二時，下午睡，夜整理札記二時。

十八日　晴　上午上課一時，學生座談會，下午整理雜稿四時。

十九日　晴　上下午改補文七八時，晚梅貽寶、陶振譽來談校中事。

二十日　晴　上午補論管子文二千字，梅貽寶約午飯，下午雅禮會茶會，約復觀、陶振譽晚飯。
廿一日　晴　補管子文一千字，至鄉間，下午人文學會開會並晚餐。
廿二日　晴　補論韓非子解老及管子心術內業文五千字完。
廿三日　晴　上午上課二時，改文二時，下午至夜改文五時，看一電影。
廿四日　晴　上午上課二時，下午補寫文五時。
廿五日　晴　上午上課一時，開會，下午校改文四時。
廿六日　晴　上午開會校對文，下午至夜校文七時。
廿七日　晴　上午辦公，下午改文三時。
廿八日　晴　閱皮錫瑞經學通論等書。
廿九日　晴　補寫文二千字，與梅貽寶談，下午開會，晚續文二千五百字。
三十日　晴　上午上課二時，下午寫文六千字。

十二月

一日　晴　上午上課二時，寫文四千字。
二日　晴　上午上課一時，閱四庫提要，下午新亞教育文化會。

三日　晴　上午閱皮錫瑞經學通論，中午與胡鴻烈等午飯，下午閱經學通論，翻閱日知錄。

四日　晴　補寫論道教文五千字。

五日　晴　改作昨文三千字另加二千字，下午教育座談會。

六日　晴　晨改文二時，上午與校中同仁遊新界，下午歸，夜訪一友。

七日　晴　上午改文二時，上課二時，午睡起復信。

八日　晴　上課二時，午睡起寫文三千字。

九日　晴　上午上課一時開會，下午至夜寫文七千字。

十日　晴　續昨文六千字，下午教務會議。

十一日　晴　上午寫文二千字完。下午與學生談。

十二日　晴　改寫昨文。

十三日　晴　上午辦公，下午至夜校所抄文八時。

十四日　晴　上午上課二時，標點所作文。

十五日　晴　上課二時，標點文。

十六日　晴　上午開會，下午至夜查左傳、書經等書，增補文二千餘字。

十七日　晴　上午改文三千字，下午至中大開會，夜寫文三千字。

十八日　陰雨　改文二千字。
十九日　陰　上午改文，下午參加浸信會書院典禮，晚參加一學生婚宴。
二十日　晴　上午看醫生，下午校改文，晚閱章士釗柳文旨要。
廿一日　陰　上午補文千字，下午閱柳文旨要，晚復觀兄來談。
廿二日　陰　上午辦公，下午睡，寫論孝經者文二千五百字，原道篇完。
廿三日　　　上午辦公，下午研究所會，晚參加一人婚宴。
廿四日　陰　上午閱學生卷，下午閱柳文旨要，夜看電影。
廿五日　晴　上午閱柳文旨要，下午睡起補寫孟子文一千餘字。
廿六日　晴　與曾履川、蔡德允、鄒慧玲等夫婦遊新界，晚校補文三時。
廿七日　晴　上下午校補文八時，晚補作三千字。
廿八日　晴　上午到校看學生試卷，下午至夜補作文四千字。
廿九日　晴　李祖法約午飯，下午睡，夜改文千字。
三十日　晴　上午開會，下午睡，夜改文千字。
卅一日　晴　上午復信，整理文二時，徐志強父逝世，至殯儀館弔喪，午睡不成眠，晚參加學生婚宴。

民國六十一年（一九七二年）

一 月

一日 晴 上午學生來談，中午大專校教授聚餐。下午睡，復余英時一函。

二日 晴 上午辦雜事，下午睡。

三日 晴 今日廷光五十六歲生日，上午到校開會，下午睡，李國鈞約晚飯。

四日 陰 清理文學書籍寄安兒，下午睡。

五日 晴 上午研究所茶會歡迎 Pelzer，中午同在豐澤園午飯，下午 Boston 大學學生主任 William Overhalt 來訪，晚看一電影。

六日 晴 上午行政會報，復易陶天信，下午休息，晚閱列子。

七日　晴　上午學生來談，下午黎毓熙來談。

八日　晴　上午辦公，下午校對文三時，學生八人來談，鄒慧玲約晚飯。

九日　晴　上午看一舊電影，下午至鄉間。

十日　晴　上午學生談話會。下午復李杜、陳寧萍、梁燕城各一函。

十一日　晴　上午與陳特共寫哲學系報告，中午約彼及孫國棟、趙潛、唐端正、李武功午餐，下午辦雜事。

十二日　晴　上午行政會報，下午改文四時，夜閱黃氏日抄。

十三日　晴　上午到校辦公，下午中大研究院會議，晚閱黃氏日抄四時。

十四日　晴　上午到校辦公並復二信，下午教職員聯誼會開會，晚閱黃氏日抄。

十五日　晴　上午辦公，下午睡。

十六日　晴　與林昌恆夫婦遊新界。

十七日　晴　寫原道篇序五千字。

十八日　晴　上午到校辦公，下午大學教務會，晚看一電影。

十九日　晴　上午補改前日文三千字，下午校對文四時。

二十日　晴　上午補原道篇序一千字，下午校對文。

廿一日 晴 上午辦公校文，下午大學學務會，晚校文三時。
廿二日 晴 上午校文二時，中午陳特約於慶相逢飲茶談崇基哲學系事，下午校文三時。
廿三日 晴 上午與 Fisher Barnical 一函，至崇基參加教學座談會。
廿四日 晴 上午出倫理學試題，到校辦公。
廿五日 晴 上午上課二時，下午標點文四時。
廿六日 晴 上午上課二時，下午校對文四時。
廿七日 晴 上午上課一時，午睡後標點文四時。
廿八日 晴 終日標點文，下午到校開一會。
廿九日 晴 上午改論莊子文千字，下午哲學會。
三十日 晴 上午改文，中午與洗景炬、謝仲明同出午飯。
卅一日 晴 唐兆明自廣州游水來港，談及六妹家事。

二 月

一日 晴 上午上課二時，寫信二封，下午標點文三時。
二日 晴 上午上課二時，下午弔陳士文母喪。

三日　晴　上午上課一時半，下午爲崇基哲學系事寫一函與李卓敏，開董事會。
四日　陰　上午辦公，標點文二時，下午至夜標點文七八時。
五日　陰　上下午標點文五時。
六日　陰　上午改寫文二千字，中午與李國鈞、張仁康夫婦同至新界午餐，歸來睡起改文二時。
七日　陰　上午校對文二時，中午與蔣彝、張碧寒、丁衍鏞等共宴。
八日　陰　上午上課二時，下午校對文數時。
九日　陰　上午上課二時，下午睡。
十日　晴　上午上課一時，學務會報，中午研究所同仁聚餐，餐後開會，又過海開董事會、校長遴選會，決定請余英時擔任校長，晚校對文四時，今日爲我六十三歲生日，略備果蔬祭祖。
十一日　晴　上午辦公，中午 Worthy 約午飯，下午睡。
十二日　晴　上午到校辦公，中午與李祖法、梅貽寶等談研究所事，下午校對李武功所抄文二時。
十三日　晴　上午校對所抄文四時。
十四日　晴　今日除夕。

十五日　晴　元旦，學生同事來拜年，下午至兆熊、宗三等處拜年。
十六日　晴　學生友人來拜年。
十七日　晴　上午哲學系學生來拜年並午飯，晚校中聚餐。
十八日　晴　與梅貽寶同至中大與李卓敏、容啟東、鄭棟材三校長交涉研究所事。
十九日　晴　上午到校辦公，下午學生六七人來談，曾履川約晚飯。
二十日　晴　上午校改文，下午至鄉間。
廿一日　晴　上午辦公，改文二時，下午改文三時。
廿二日　晴　上午上課二時，下午校文四時。
廿三日　晴　上午上課二時，午睡後校文五時。
廿四日　晴　上午上課一時，校文二時，下午校務會，夜校文四時。
廿五日　晴　上午辦公，校文二時，下午至中大開會。
廿六日　晴　上午到校辦公，下午梅貽寶來談研究所事，校文四時。
廿七日　陰　上午校文，下午至沙田母靈處，夜校文三時。
廿八日　陰　終日標點文。
廿九日　晴　上午上課二時，下午標點文三時。

三月

一日　晴　上午上課二時，下午標點文六時，晚看一電影。

二日　晴　上午上課一時，開行政會，下午睡二時，與陳永明一函。

三日　晴　上午與宗三商哲學系聘任教員事，下午睡，晚師生諮議委員會會議。

四日　晴　上午辦公，中午約鄒慧玲、張端友夫婦至郊外遊。

五日　晴　上午柳存仁來，下午教育座談會。

六日　晴　上午辦公，下午校文至深夜二時。

七日　晴　上午上課二時，校文至深夜二時。

八日　晴　上午上課二時，下午與蔡德允等至新界凌雲寺琴會並吃齋飯。

九日　晴　上午到校辦公，下午中文大學開會。

十日　晴　上午與歷史系近代史研究組談話，下午重閱原道篇文至深夜。

十一日　陰　上午哲學會，下午至夜重閱原道篇文。

十二日　晴　終日重閱原道篇第一編。

十三日　晴　上午校文，下午文學院會。

十四日　晴　上午上課二時，改文二時，下午大學教務會，改校文二時。
十五日　晴　上午上課二時，下午閱雜書，晚數學生來同出晚飯。
十六日　晴　上午上課一時，行政會報，李卓敏約中飯，下午歸改校文數時。
十七日　晴　上午到校辦公，下午至夜以英文寫明代學者對王陽明之批評二千字。
十八日　晴　上下午續昨文四千字。
十九日　晴　上下午續昨文五千字初稿完，夜閱湛甘泉文集。
二十日　晴　晨閱湛甘泉文集，到校辦公，下午閱甘泉文集，改文一千字。
廿一日　晴　上午上課二時，改文二千字。
廿二日　晴　上午上課二時，下午至明愛中心對天主教修女講演人生問題二時。
廿三日　晴　上午上課一時，改學生所記前所講近百年思想史一文。
廿四日　陰　上午研究所歡迎道安茶會。下午改英文稿一千字。
廿五日　陰　上下午改並標點前作英文稿完。二學生來談。
廿六日　晴　上午抄湛甘泉文集數處，下午改文數處。
廿七日　晴　到校辦公，改文二時，下午睡，唐端正來談。
廿八日　晴　上午上課二時，下午校文四時。

廿九日　晴　上午至孟氏圖書館講演清季之孟子思想與孫中山思想，下午到校辦公，改文三千字，晚參加學生婚宴。

三十日　晴　上午上課一時並開會，午睡，看學生論文三時，校改文三時。

卅一日　晴　上午加前寫英文文之註解，並改學生所記講稿，下午看一電影，補加註解完。

四　月

一日　陰　上午復 Deutsch 一函，下午清理雜物，晚重閱韓非子四時。

二日　陰　上午重閱韓非子完，並改我之有關韓非子者數處，下午睡，晚整理舊札記四時。

三日　晴　上午整理舊札記三時，與校董會人視察沙田新校舍。

四日　晴　上午上課二時，下午大學 APC 會，與孫國棟改研究所向董事會所提報告，夜閱劉蕺山年譜。

五日　晴　上午改學生所記講稿，下午整理舊筆記。

六日　陰　上午改文二時。

七日　晴　到校辦公，校對文，下午睡，岑維休約晚飯。

八日　晴　上午辦公，下午補周秦諸子對名之道一章一萬字。

九日　晴　續昨文一萬字完。

十日　晴　上午到校辦公，下午改昨日文三時。

十一日　晴　上午上課二時，下午校對文，並到中大開會，晚看一電影。

十二日　陰　上午上課二時，下午哲學遴選會決定聘王煜，校改講演稿。

十三日　晴　上課一時，並開會，下午校改英文稿。

十四日　晴　上午校改英文論文稿，下午教務會議，晚至沙田參加古琴演奏會。

十五日　晴　上午校對英文論文稿，下午標點前作周秦諸子對名之道一章至夜。

十六日　晴　校改周秦諸子對名之道。

十七日　晴　上午辦公，與梅貽寶談，下午校對英文稿。

十八日　晴　上午上課二時，下午校近代之中國思想文。

十九日　晴　上午上課二時，下午睡。

二十日　晴　上午上課一時半，與 Deutsch 一函，並將所作文寄去。

廿一日　晴　復 Balum 一函，與 Deutsch 一函，下午至鄉間。

廿二日　晴　上午辦公，復陳健夫一函，下午睡起復王家琦、陳寧萍各一函，與和崎博夫一函。

廿三日　晴　閱胡應麟少室山房筆叢，下午至鄉間。

廿四日　晴　上午到校辦公，與柯樹屏一信，下午校文五時。
廿五日　晴　上午上課二時，下午中文大學師生諮議委員會，看一電影。
廿六日　晴　上午上課二時，中午衞文頤約午飯談雅禮語言中心事，下午到校辦公。
廿七日　晴　上午上課一時，開會二時，下午校李武功所抄文三時，校務會議。
廿八日　晴　上午到校辦公，下午出考試題。
廿九日　陰　上午改李武功所抄文，下午校文四時，約哲學系學生來談。
三十日　晴　重閱原道篇文，李國鈞約至鄉間午飯。

五　月

一日　晴　重閱原道篇文，到校辦公。
二日　晴　重閱原道篇文並改數處，下午哲學系師生教學研討會及哲學系會，夜閱嚴可均書。
三日　晴　上午開會，下午標點文，夜閱公孫龍子集解等書。
四日　陰　上午辦公，與張鍾元一信。
五日　陰　上午標點文，下午開董事會。
六日　晴　上午重閱前文，並到校辦公，復信，下午擬中大哲學系四年計畫二千字，晚寫潘璞先生逝世周年祭一文七百字。

七日　陰　上午改文數處，下午至夜翻閱 Aurobindo: Devine Life 一書數十頁。

八日　陰　上午到校閱學生試卷，下午改文數節，晚至聶醫生處檢查眼。

九日　陰　上午到校辦公，下午中大 APC 開會，晚中國文化會約晚飯談時事。

十日　陰雨　上午到校辦公，下午睡。

十一日　陰　上午到校評閱試卷。

十二日　陰　上午研究所會，討論研究所一九七四後四年計畫，下午開教務會議、校務會議，接受並討論余英時任校長事。

十三日　晴　上午到校辦公，下午睡，晚看一電影。

十四日　晴　上午復王書林、張鍾元、柯樹屏、鄭月波各一函，蕭立聲來，下午整理雜物。

十五日　晴　上午到校辦公，寄文稿與柯樹屏，下午文學院會議。

十六日　陰　至美領事館辦簽證，下午新儒學會某君來。

十七日　陰　上午行政會報，下午閱雜書。

十八日　陰　上午到校辦公，中午宗三約吃茶，下午睡。

十九日　陰　上午到校辦公，下午至中大開會，劉述先約晚飯。

二十日　陰　上午與密西根大學某君一函，介霍韜晦往任教。
廿一日　陰　約復觀、宗三、兆熊及劉述先與其家人午飯，下午過海約謝汝逵太太便飯。
廿二日　陰　上午到校辦公，下午睡。
廿三日　陰　上午至中大閱試卷，下午學務會報。
廿四日　陰　上午過海至牙醫處，並赴日本領事館，約陶振譽晚飯。
廿五日　晴　上午行政會報，下午休息。
廿六日　晴　上午到校看學生文卷，下午學校茶會，晚看一電影。
廿七日　晴　上午到校辦公，下午閱 Deutsch: Humanity and Devinity 一書大體完。
廿八日　陰　上午至鄉間，並訪吳士選談，下午郭少棠來。
廿九日　晴　上午到校辦公，下午至夜閱研究部學生論文。
三十日　晴　上下午閱哲學部學生論文。
卅一日　晴　上午到校辦公，復觀約晚飯。

六月

一日　晴　上午看蔣彝畫展，下午師生諮議會及研究所月會，晚約日人和崎博夫、柳內茲及日本學生等晚飯。

二日　晴　上午至日本領事館，下午哲學系會，晚訪程兆熊，關展文來。

三日　晴　整理雜物。

四日　晴　上午與岡田武彥、張鍾元各一函，中午與蔡德允夫婦等午餐，下午閱雜書。

五日　晴　上午研究院學生哲學論文口試，下午睡。

六日　晴　新亞學生來訪問，談新亞教育方針，下午睡，並看電影。

七日　晴　上午到校開會，下午閱 Suzuki, Fromm 及 De Mortino 合寫之 Zen Buddhism and Psycho Analysis 中之一章。

八日　晴　上午復余英時、張曉峯各一函，中午約巴黎大學魏延年及史君及研究所同仁午飯，談與巴黎大學交換學生事，下午辦雜事，晚宗三來，張仁康來。

九日　晴　上午到校辦公，下午辦雜事，晚看一電影。

十日　晴　仍由廷光陪我乘機赴美夏威夷參加王陽明五百周年學術討論會，開會一週即至東京住國際文化會館六日，至京都住國際學生之家七日，去臺北住華泰飯店三日，青年會七日，在臺北曾至弘恩醫院檢查身體。在夏威夷、東京、京都及臺北皆與友人談中國未來之政治文化問題。在東京與吳訥孫同住一處。亞細亞問題研究所曾舉行一會歡迎，見安岡正篤、中山優及大野正三，又晤見胡蘭成、池田篤紀等。在京都曾與平岡武夫、西谷啟治、阿部正雄談，並有研究所同學霍韜晦、麥仲貴常相伴。在臺北曾與錢賓四、張曉峯、胡秋原、程文熙、周開慶、劉泗英先生、曉雲及民主潮社人士聚談，並與曹敏所辦之研究所中人聚談，有黃振華、鄔昆如、劉孚坤等，諸事賴逯耀東同學照拂。七月十日夜由臺北返香港，一月日記皆缺，諸事見廷光日記中。

廷光代筆（七）

六月十日，午前七時陪毅兄乘機赴夏威夷開王陽明五百周年學術討論會，經臺北在機場遇方東美先生，亦是去夏威夷開會的，到了夏威夷時，當地時間為六月十日晨二時半，會中有人來機場接至旅館，一日疲勞，大睡至午後二時。王純之子王友源來，晚張鍾元先生請吃飯，九時歸。彭子游來，睡前與安兒、清瑞、冬明通一電話，聲音清晰，如在目前。

十一日　午前張鍾元先生及 Deutsch 來。王友源駕車郊遊，成中英約晚飯。

十二日　毅兄午前九時赴會，午後王友源攜琴來彈，夜赴 Deutsch 宴客。

十三日　今日毅兄宣讀論文，一般反應甚佳，晚王友源又來彈琴，一宴會毅兄自己去參加，我未去。

十四日　彭子游來幫忙辦一些雜事，中午王書林先生請飲茶，談及他婚姻變化甚爲委屈，我們除了安慰他而外，只有嗟嘆。夜杜維明約吃日本料理，餐後共參觀吳納孫放映之中國明清畫之幻燈片。

十五日　寫信數封，夜應日本友人約。

十六日　中午赴領事館宴，夜方東美先生世兄請吃飯，廷光以需幫王友源練琴未參加，王君雖然天資不算很高，但爲一純樸可愛之青年。

十七日，午前整理雜物，赴彭子游家中飯，午後六時乘機赴東京，到達時當地時間已爲十八日午後八時半。

十八日　吳納孫先生在機場等我們八小時，如此熱心待人，眞使人感動，大家同住國際文化會館。

十九日，鄭業盛、和崎博夫來，午後胡蘭成同一梅田女士來訪，女士善彈箏，亦喜古琴，廷光勉強彈奏數操，以報來訪之雅意，晚和崎博夫約晚飯。

二十日　友人陪同參觀數圖書館，毅兄欲覓其父親文稿，但無所得。晚張季飛約晚飯，有新聞界朋友及景嘉、吳納孫等，談至十一時。

廿一日　亞細亞問題研究所舉行一歡迎會，參加會者有安岡正篤、中山優、左藤、吳納孫、和崎、胡蘭成夫婦、伊藤女士、張季飛、池田篤紀、景嘉、大野信三及一些年輕人，大家談話範圍甚廣。國與國之間，應有了解與同情，除了政治不同，其他文化經濟等等是可以交流的，海外同胞應當負起文化交流的責任。胡蘭成夫婦約晚飯。

廿二日　池田篤紀先生陪同去鎌昌，綉球花盛開，歸來參觀數書店，購了不少中國書，回到會館已很晚，吳納孫帶其外國學生來訪，欲聽古琴，誠意難卻，廷光就彈了。

廿三日　胡蘭成、和崎博夫、鄭業盛陪同遊明治神宮，有菖蒲花，種類繁多，前所未見，午後乘機飛京都，有霍韜晦、麥仲貴、楊啟樵接機，下榻國際學生之家，臧廣恩先生約晚飯，談一些因果報應之鐵證，或可轉移人心之壞的一面。

廿四日　由楊啟樵、霍韜晦、麥仲貴陪同赴大阪訪淺山亮二醫生檢查目疾，情況尚好，平岡武夫先生請吃晚飯。

廿五日　寫信並約楊、霍、麥三君遊南禪寺，在寺中午飯，那裏豆腐最爲可口，飯間毅兄勉勵諸君要有拔乎流俗之精神。楊啟樵約晚飯於樂友會館。

廿六日　午前毅兄看牙醫，並訪人文科學研究所，見盧瑋鑾，她把豐子愷之古詩今畫發揮其意，甚有意思。

廿七日　去大谷大學訪霍君導師，參觀博物館，又至鳩居堂購買文具，晚參加數同學歡送霍、麥二君餐會。

廿八日　遊平安神宮，並吃鰻食，午後清理，再看牙醫。

廿九日　遊清水寺等名勝。

三十日　晨去大阪乘機赴臺，感疲倦在旅館休息，逯耀東夫婦約晚飯。看謝幼偉先生。

七　月

一日　何啓民來，訪數友，周開慶先生約中飯，晚趙文藝約。

二日　曹敏、謝幼偉來，同訪錢賓四先生。中午謝幼偉先生約於紅寶石餐會，有文化大學、輔仁大學學生二十餘人參加。與黃振華、劉孚坤等共晚飯，略談臺大哲學系近況。

三日　去陽明山訪友並參觀文化大學，由學校招待午飯，晚參加四川同鄉會聚會，梅心如先生介紹宏恩醫院檢查身體。

四日　午前午後均作身體檢查。

五日　仍作檢查，並至書店購書。

六日　午前檢查完畢，午後赴故宮參觀，再至書店購書，夜湯承業、劉孚坤等來約飲茶，晤梁漱溟先生一學生周紹賢先生。

七日　午前張曼濤、韋政通來談。訪柯樹屏，再至書店購書，天甚熱，毅兄爲了買書，滿臉汗水亦不在乎，晚上青年黨請客，宋濂波夫婦來接，他們希望轉載毅兄一文。

八日　午前參加一座談會，有曹敏、胡秋原及心廬學校學生數十人，談論時局及文化問題，希望造成一文化長城，回流反哺。中午國民黨陳裕清先生請吃中飯，有廿餘人參加，午後與吳康、謝幼偉同赴陽明山參加中華學術院舉辦之哲學討論會，討論倫理、教育、翻譯等問題，晤見張曉峯先生及蔡仁厚等。

九日　上午王聿均來訪。訪沙學浚先生，午後與逯耀東夫婦同赴石門水庫遊湖，算是遊山玩水，清靜了半日。晚劉泗英先生約晚飯，晤見民社黨人。

十日　上午數友來訪，到書店買書，並至醫院取檢查報告書，情況尚好。中午曹敏約中飯，午後唐亦男、王淮、陳癸淼、陳修武等來談，五時乘機返港。

（「廷光代筆之七」止）

十一日　晴　上午整理雜物，下午孫國棟、唐端正等來。

十二日　晴　到校中開學務會報會。

十三日　晴　上午到校辦公，巴黎大學陳君來，下午睡，與逯耀東一函。

十四日　晴　上午到校辦公，下午睡，吳士選來，晚至復觀、宗三處談。

十五日　晴　上午擬哲學系一九七一至一九七二年報告，復郭少棠一函、方遠堯一函。

十六日　晴　過海訪友同午餐，下午睡，晚閱雜書三時。

十七日　晴　上午到校辦公，下午至中大開會，夜閱雜書三時許。

十八日　晴　上午與劉泗英、周開慶、柯樹屏、曹敏、和崎博夫、謝幼偉、陳翰珍、鄭業盛、阿部正雄、張季飛及二妹各一函，下午閱 Suzuki, Fromm, Demactino 三人合著之 Zen Buddhism and Psychoanalysis 中 Suzuki 與 Fromm 之二文完。

十九日　晴　上午學務會報，下午閱西谷啟治 Nihilism and Sunyata 一文，晚梅貽寶約晚飯。

二十日　晴　上午至中大口試學生，下午歸，宗三約晚飯。

廿一日　晴　中午約研究所學生治哲學者茶會，午後晤哈佛燕京社來港之代表，夜閱雜書三時。

廿二日　晴　上午哈佛秘書來研究所，下午睡，晚黃篤修約晚飯。

廿三日　晴　上午謝顯華君來談，哲系一舊同學約遊半春園下午歸。

廿四日　陰雨　上午到校辦公，中午至中大午餐，下午開會，歸來看一電影，記美總統尼克遜訪大陸情形。晚 Worthy 來談。

廿五日　晴　上午到校辦公，下午中大研究院會議。

廿六日　晴　閱 R. Jolivet: Men and Mataphysics 數十頁，下午閱王煜翻譯我之一文。

廿七日　晴　上午到校辦公，下午睡，晚人文學會聚餐，歡送程兆熊、劉述先。

廿八日　陰　上午閱 Jolivet 書數十頁完，下午師生諮議會。

廿九日　陰　上午至集古齋購書，下午數哲系學生來談。

三十日　晴　上午寫一文補前在明報月刊發表文之不足者，至下午成四千餘字，晚參加五華同鄉會宴。

卅一日　陰　到校辦公，續昨文四千字，學生來訪問。

八　月

一日　晴　上下午改文，晚與 Worthy 同宴黃秀璣。

二日　晴　上午閱雜書，孫國棟來談，下午睡，夜看一電影。

三日　晴　晨續前文二千字，約 Longen、林聰標於樂宮樓午飯，下午續文一千字完。

四日　晴　改昨日文成二千字，下午至夜校改臺灣所排原道篇文。

五日　晴　上午到校晤某君，校對文終日。

六日　晴　上午校對文四時，與冷定菴同過海，下午校文三時完。

七日　晴　上午到校辦公，呂穆迪來，下午思哲學問題。

八日　陰　上午到校辦公，閱研究所考試卷，羅磐堅來談。
九日　陰　改寫前文八千字。
十日　晴　上午到校辦公，下午至夜標點並修改昨文完。
十一日　陰　上午改作文四千字，午睡後再改文數處。
十二日　晴　上午到校辦公，下午爲研究所學生講演研究中國學術之態度。
十三日　晴　上午改文數處，下午與兆熊夫婦出遊。
十四日　晴　上午到校閱試卷，下午休息。
十五日　晴　改前所作之文，夜看一電影。
十六日　晴　上午到校辦公，下午校對臺所排文至夜二時。
十七日　晴　上午開會，校文至深夜一時。
十八日　晴　終日校文。
十九日　晴　上午校中召集新生談話，午睡，閱報刊。
二十日　陰　上午改論時事文數處，閱麥仲貴文，下午李杜來談，張仁康約晚飯。
廿一日　陰　上午到校辦公，下午閱麥仲貴論王學文並加以改正。
廿二日　晴　上午到校辦公，下午標點原道篇，陳特約晚飯。

廿三日　晴　標點原道篇。
廿四日　晴　到校辦公，標點原道篇。
廿五日　晴　改原道篇中論禪宗章至下午。
廿六日　晴　上午補論禪宗章千餘字完，下午參加曾培之講畫與佛學講演會。
廿七日　晴　終日改原道篇文，並查佛書。
廿八日　晴　上午改文，下午睡，夜閱佛書。
廿九日　晴　上午到校辦公，下午閱佛經，並改寫論禪宗文千餘字，余英時、孫國棟來談。
三十日　晴　上午研究所會，下午閱天臺宗書。
卅一日　晴　上午辦公，下午至夜閱天臺宗書。

九　月

一日　晴　補作論天臺宗湛然以後之學者一節五千字，晚約諸同事於豐澤園晚飯。
二日　晴　上午開會，下午閱佛經。
三日　晴　改前日文五千字，下午與唐多明等至鄉間。
四日　晴　補昨文四千字至下午四時完。

五日　晴　上午辦公，下午校改文。
六日　晴　上午辦公，下午閱佛書，梅貽寶約晚飯。
七日　晴　上下午校改文，李國鈞約唐冬明等晚餐。
八日　晴　上午到校辦公，中午導師會，下午校對文六時。
九日　晴　上午到校辦公，下午余英時在研究所所會講話。
十日　晴　上午吳森講演，下午約冬明等遊新界。
十一日　晴　上午辦公，下午準備明日形上學課。
十二日　晴　上午上課二時，午睡後準備魏晉至隋唐中國哲學選讀材料。
十三日　晴　上午上課二時，下午閱 Bergman 書，晚約商學院理學院同事十餘人在家便飯與余英時晤談。
十四日　晴　上午寫一信與吳納孫、李祖法約午飯，下午睡，復觀約晚飯。
十五日　晴　上午上課一時，Worthy 約午飯談語言中心事，午睡後校文，梅貽寶約晚飯。
十六日　晴　今日休息。
十七日　晴　上午至鄉間，下午歸，看一電影。
十八日　晴　上午到校辦公，寫二信，下午寫中國文學思想中美之觀念之原始一題之要點，以備至聯合書院講演之用。

十九日　　上午上課二時，下午睡，準備明日課。

二十日　晴　上午上課二時，下午學務會報會。

廿一日　晴　上午日比野大夫及中村先生來研究所，約彼等及研究所同仁及學生於樂宮樓午餐，

下午 Heiderber 大學 Weischer 講 Suffism 與中國陰陽思想。

廿二日　陰　上午上課一時，下午睡，約復觀晚飯，飯後至太平山頂賞月，今日爲中秋。

廿三日　晴　上午閱孟子，中午約 Weischer 與哲學系同事午餐，下午睡，晚趙効宣婚宴。

廿四日　陰　上午送多明去臺，哲學系學生會，午睡後閱佛經五六時。

廿五日　晴　上午到校辦公，下午校對文。

廿六日　晴　上午上課二時，下午校對文。

廿七日　晴　上午上課二時，下午校對文。

廿八日　陰　今日校慶，上午典禮，中午聚餐，下午與新同學至桂林街、太子道、嘉林邊道舊校

址一看，晚校對文。

廿九日　晴　上午上課一時，校文二時，下午師生諮議會。

三十日　晴　上午復孫守立、郭少棠及馬建廷各一函，下午睡後閱雜書。

十　月

一日　晴　上午岑嘉駟來，中午約程兆熊家人於慶相逢飲茶。午睡後閱雜書。

二日　晴　上午閱麥仲貴文，下午閱雜書。

三日　晴　上午上課二時，下午閱雜書。

四日　晴　上午上課二時，下午開行政會，曉雲法師來，夜校文六時至凌晨二時。

五日　晴　上午校對文五時，午睡後校文。

六日　晴　上午上課一時，校對文至夜，約張浚華、盧瑋鑾、陸慶珍、李國鈞晚飯，歸校文三時。

七日　晴　上午準備下午講演，下午至聯合書院講演中國哲學中美之觀念之原始及其對中國文學之影響，歸來研究所學生會。

八日　晴　終日校對文。

九日　晴　終日校文。

十日　晴　校對文，下午中文大學開會，參加雙十節典禮。

十一日　晴　上午上課二時，下午標點文至夜。

十二日　陰　上午標點文，中午黃振華來同出吃飯。
十三日　陰　上午上課，下午校務會，標點文完。
十四日　晴　上午至電腦中心晤張公權等並同午餐下午睡。
十五日　晴　校改舊文，下午看一電影。
十六日　晴　上午寫文二千五百字，下午標點文。
十七日　晴　上午上課二時，中午宴張公權。
十八日　晴　上午上課二時，下午閱雜書。
十九日　晴　寫文五千字，下午寫信三封，晚寫文論濂溪約三千字。
二十日　上午中大典禮，閱宗三心體性體書，其書乃一家言，與宋明儒者之本旨或不相應。
廿一日　晴　寫文五千字。
廿二日　晴　上午寫文二千字，下午睡，與張仁康共請張季飛吃飯。
廿三日　晴　上下午寫文九千字，乃重論張橫渠之學。
廿四日　晴　上午上課二時，晚改寫文三千字。
廿五日　晴　上午上課二時，下午睡，張公權先生約晚飯。
廿六日　晴　上午改寫文四千字，下午董事會開會。

廿七日　晴　上午上課一時，午睡起續文二千字。

廿八日　晴　上下午寫文七千字論明道。

廿九日　晴　續昨文六千字。

三十日　晴　寫文六千字。

卅一日　晴　上午上課二時，下午至夜寫文七千字論伊川學。

十一月

一日　上午上課二時，寫文論伊川學三千字完，下午開新亞教育文化會。

二日　晴　校對文。

三日　上午上課一時，改寫文千五百字，下午睡。

四日　晴　復 Banical 一函，校對文五時。

五日　晴　標點舊作論宋明儒學之二文至夜，梅貽寶約晚飯。

六日　晴　標點論宋明儒學之二文完。

七日　上午上課二時，標點昔年所發表王船山文。

八日　上午上課二時，標點王船山文。

九日　晴　標點王船山文並核對所引之原書。
十日　晴　上午上課一時，下午標點核對王船山文。
十一日　晴　上午校文，下午學生來談，擬一講稿。
十二日　晴　閱麥仲貴及王煜之論文完，夜看電影。
十三日　標點所著論明道伊川之學之文完。
十四日　晴　上午上課二時，午睡起寫信三封。
十五日　晴　上午上課二時，中午約數研究生飲茶，下午睡，夜閱雜書。
十六日　晴　上午閱邵康節皇極經世，午睡後寫宋代儒學之發展二千字。
十七日　晴　上午上課一時，中午開會並午餐，下午閱邵康節皇極經世一書，衞文熙約晚飯。
十八日　陰　上午閱皇極經世，下午爲學生會學術部講演語言文化與新亞精神。
十九日　陰　上午寫宋代儒學之發展四千字。
二十日　晴　續昨文九千字。
廿一日　晴　上午上課二時，下午中大 APC 會。
廿二日　陰　上午上課二時，中午與哈佛燕京社 Silin 及研究所學生同午餐，下午辦公。
廿三日　陰　上午改學生對我之講演紀錄稿，中午約沈相蓀太太及其女於慶相逢午飯，並詢六妹家中事，下午至商務購書，晚標點文三時。

廿四日　晴　上午到校辦公，午睡後校對文，晚師生諮議會。

廿五日　晴　上午寫信二封，中大開會，中午約法國教授魏延年等午飯，並談與研究所交換學生事，晚閱二程遺書五時。

廿六日　晴　上午標點文三時，閱朱子語類二時，下午至鄉間。

廿七日　晴　上午改文千五百字，寫信一封，下午睡。

廿八日　晴　上午上課二時，下午睡起標點文二時，兆熊來談，夜標點文二時許。

廿九日　晴　上課二時，下午標點文至夜。

三十日　上午改文千餘字，標點文二時。

十二月

一日　晴　上午上課一時，下午教務會。

二日　晴　寫論陽明學派文六千字。

三日　晴　續昨文三千字，下午至香港訪顧青瑤。與蔡德允夫婦遊淺水灣。

四日　晴　續昨文五千字。

五日　晴　上午上課二時，午睡起寫文四千字論東林學派。
六日　晴　上午上課二時，寫論劉蕺山文二千字。
七日　晴　上午星島日報人來訪問，下午校務會。
八日　晴　上午上課一時，下午至夜校對文。
九日　晴　續文四千字。
十日　晴　續文三千字，下午至鄉間。
十一日　晴　上下午校對文，夜看一電影。
十二日　晴　上午上課二時，下午改補文二千餘字。
十三日　晴　上午上課二時，下午寫論羅念菴文五千字。
十四日　晴　續寫昨文五千字完。
十五日　晴　標點文，許孝炎約晚飯。
十六日　晴　上午補寫論東林學派文五千字。
十七日　晴　上午馬定波來，下午與關展文夫婦至鄉間晚歸。
十八日　晴　上午辦公，下午校對文。
十九日　晴　上午校文三時，至機場接安兒由美回港，下午同出遊並晚飯。

二十日　晴　上午校對文，下午 Senate 開會，與安兒、李國鈞等遊新界在流浮山晚飯。

廿一日　晴　上午開會談研究所與巴黎大學交換學生事，下午為獎學金委員會事至東亞銀行茶會，晚宗三兄夫婦來。

廿二日　陰　上午校對文四時，下午與廷光、安兒至沙田慈航淨苑母靈前上香。今日為廷光五十七歲生日，晚於豐澤園宴數友人。

廿三日　陰　上午校對文，李祖法約午飯，晚宴郎家恆夫婦、魏文熙夫婦及梅貽寶夫婦於豐澤園。

廿四日　晴　校對文，與安兒談學問，晚李國鈞夫婦同出外消夜。

廿五日　陰　終日校文。

廿六日　晴　上午校對文五時完，下午至沙田，晚約數友同晚餐。

廿七日　晴　上午到校辦公，並與一學生談，下午至沙田慈航淨苑。

廿八日　陰　校對文，晚孫國棟女婚宴。

廿九日　陰　終日校對文。

三十日　陰　校對文。

卅一日　陰　與安兒、廷光、國鈞夫婦遊香港及新界晚歸。

民國六十二年（一九七三年）

一月

一日　陰　校對文，寫信五封。
二日　晴　上午與安兒、廷光至新界半春園，下午睡。宗三兄約晚飯。
三日　晴　至半春園午餐，鄒慧玲約晚飯。
四日　晴　上午閱雜書，下午看一電影，並至集成圖書公司購書。
五日　晴　上午去新界，宋哲美約晚飯。
六日　陰　上午歡迎蕭約茶會，下午哲學研究所數學生來談，友聯社約晚飯。
七日　陰　上午學生來，蔡德允夫婦約遊船，晚校中同仁招待蕭約。

八日　陰　上午到校辦公，下午睡，閱說郛。
九日　陰　上午上課二時，下午教育文化會開會。張仁康約晚飯。
十日　晴　上午上課二時，下午大學 APC 會。
十一日　晴　在家與安兒談，下午至慈航淨苑，晚與國鈞同出晚飯。
十二日　晴　上午上課一時，下午研究所會議。
十三日　陰　上午送安兒返美，草研究所備忘錄，午後至聶醫生處檢查眼睛。
十四日　陰　上午陳特、何秀煌來同出外飲茶，下午看馬戲。
十五日　晴　上午到校辦公，下午校對文。
十六日　晴　上午上課二時，下午教育文化會。
十七日　晴　上午上課二時，校對文，下午為研究所事開會。
十八日　晴　上午校對文，下午中大開會。
十九日　晴　晨安兒所養之狗花花去世，老工人金媽甚悲痛，上午上課一時，下午校對文。
二十日　晴　晨校對文，上午開會商研究所事，午睡後校對文至夜。
廿一日　陰　終日校對文。
廿二日　陰　上午校對文，下午至中大開獎學金委員會。

廿三日　陰　上午上課二時，與吳森及杜祖貽各一函，下午至夜校對文。
廿四日　陰　上課二時。
廿五日　陰　補寫論明末清初之學五千字。
廿六日　陰　上課二時，續昨文四千字。
廿七日　陰　上午續昨文二千字，下午校對文。
廿八日　陰　上午研究所所會，下午校文至夜。
廿九日　晴　校文至下午二時完，今日我生日拜祭父母。
三十日　晴　上課二時，哲學系考試會，晚宴哲系同仁。
卅一日　陰　上課二時，下午中大開會，夜校文二時。

二月

一日　晴　上午到校辦公，下午睡，今日除夕，約研究所學生晚飯。
二日　陰　上下午補寫文六千字完。
三日　晴　今日農曆元旦，學生友人來拜年。
四日　晴　學生友人來拜年，補著原道篇後序千餘字，下午至諸同事處拜年。

五日　晴　閱麥仲貴王門良知學之發展文，晚新亞同仁聚餐。
六日　晴　閱麥仲貴文完。
七日　晴　上午寫麥書之序二千五百字，下午新亞開會。
八日　晴　上下午校對文，晚陳再思來談。
九日　陰　上午至中大開會，下午新亞教務會，校對文。
十日　陰　上午校對文，晚林昌恆約晚飯。
十一日　晴　上午復麥仲貴、盧瑋鑾各一函，下午至沙田慈航淨苑，並訂期爲花花狗兒唸經。
十二日　晴　上午閱學生論文並辦公，晚曉雲法師來。
十三日　晴　上午大學撥款委員會開會。
十四日　晴　上午大學撥款委員會再開會，下午歸，看一電影。
十五日　晴　上午行政會報會，下午睡。
十六日　晴　上午上課一時，校對文，下午教務會。
十七日　晴　校對文，爲丁衍鏞畫册寫一序五百字。
十八日　晴　寫信數封。
十九日　晴　到校辦公。

二十日　晴　上午上課二時，下午校對文至夜。
廿一日　晴　上午上課。
廿二日　晴　終日校對文。
廿三日　陰　上午上課。
廿四日　晴　上午辦公，下午校對文。
廿五日　晴　上午研究所開會，下午至鄉間。
廿六日　晴　上午辦公，下午睡。
廿七日　晴　上午上課二時。
廿八日　晴　上午上課一時，與哈佛燕京社代表 Silin 談並同午餐，下午看一電影。

三　月

一日　晴　上午行政會，招待 Western Ohio College 之 Fred Gillette Sturn 茶會。
二日　晴　上午上課一時，下午校務會議，並與李祖法、梅貽寶談研究所事。
三日　陰　上午辦公，下午睡，晚閱 Coplestion 西洋哲學史。
四日　晴　晨爲研究所出題，上午主持研究所日文教師柳內滋先生追悼會。下午至鄉間，夜閱

Emerich Coreth 之 Metaphysics 七八十頁。

五日　陰　閱昨書百餘頁完，研究所開會，下午閱 Heideggar: What is Philosophy 完。

六日　陰　上午上課二時，閱 Emmet: The Nature of Metaphysical Thinking 數十頁，午睡後看丁衍鏞畫展。

七日　晴　上午上課二時，閱 Emmet 書完；下午大學 APC 會。

八日　晴　上午辦公，下午閱 Steen Berghen 書，大體完。

九日　晴　上午上課一時，閱 Sellar: Science and Metaphysics 數十頁及閱雜書。

十日　晴　閱 Seller 書百數十頁，大體完，下午哲學系系務會。

十一日　晴　上午整理雜物，下午與研究所師生及音樂圖畫教師遊半春園並晚飯。

十二日　晴　上午辦公，下午研究院會，閱 Copleston 哲學史。

十三日　晴　上午上課二時，午睡起閱 Copleston 哲學史。

十四日　晴　上課二時。

十五日　晴　上午學務行政會報，下午董事會。

十六日　晴　上課一時，學術年刊會，中午法人魏延平約研究所同仁午飯，下午校對文至夜。

十七日　晴　上午辦公，下午學生來談。

十八日　晴　上午校文，下午睡，晚學生周淑賢約晚飯。
十九日　晴　上午到校辦公，下午校對文。
二十日　晴　上午上課二時，下午新亞教育文化會議。校對文。
廿一日　晴　上午上課二時，下午大學教務會議，校對文四時。
廿二日　晴　上午與學生談，下午至夜校文七時。
廿三日　晴　上午上課一時，下午大學系主任會議。
廿四日　晴　上午到校辦公，下午校對文。
廿五日　陰　上午校對文，下午赴張丕介太太喪禮，與李國鈞等至鄉間。
廿六日　晴　終日校對文。
廿七日　晴　上午上課二時，下午至夜校對文。
廿八日　晴　上午上課二時，下午至夜校對文。
廿九日　晴　上午行政會報，下午準備星期日講演。
三十日　晴　上午上課一時許，下午 APC 會，晚師生諮議會。
卅一日　晴　上午到校辦公。

四月

一日　晴　上午寫答學生所問文化問題五千餘字，下午爲學生會講中國文化之原始精神及其發展二時，晚看一電影。

二日　晴　上午補昨文二千字，到校辦公。

三日　晴　上午上課二時，改昨文，晚校中宴雅禮會長。

四日　晴　上午上課二時，下午睡，晚改文千字。

五日　晴　上午與劉述先一函，今日清明。

六日　陰　上午上課二時。

七日　陰　上午辦公，下午至沙田新校舍參加奠基典禮，下午哲學系中期考試試題會議，晚看電影。

八日　陰　與李國鈞去沙田陳再思處，下午歸，改前日文二百字，閱雜書。

九日　陰　上午改寫學生所記前日講稿三千字，下午開會。

十日　陰　上午上課二時，下午新亞教育文化會。

十一日　陰　晨改寫前講稿二千字完，上午上課二時，下午 Senate 會，晚看電影。

十二日　陰　上午學務會報，下午睡，改學生所記文。

十三日　陰　上午學校聘任會，上課一時，中午至香港大會堂與新亞中學董事會人飲茶，下午校務會議及教師升級會議。

十四日　陰　上午到校辦公，下午休息。

十五日　陰　補中國文化精神及其發展講稿二千字。

十六日　陰　補文千餘字完，校對李武功所抄原道篇末章及後序七八時完，晚看一電影。

十七日　晴　上午上課二時，下午閱臺灣孫守立君輯我之文擬印爲一書，今加補數篇並定秩序，擬名爲中華人文與當今世界。

十八日　晴　上午上課二時，下午研究所圖書館委員會，整理文稿二時。

十九日　陰　終日標點中華人文與當今世界之文。

二十日　陰　標點文終日完，並編目錄。

廿一日　晴　上午補課二時許，看一電影。

廿二日　陰　上午校文二時，下午與四妹一信。

廿三日　陰　上午校明報月刊將刊登之一文二時，下午休息。

廿四日　晴　上午上課二時，下午睡並校改所抄之文。

廿五日　陰　上午上課一時許，下午至沙田開會，傷風看醫生。
廿六日　陰　傷風加重在家休息。
廿七日　陰　上午上課一時，下午休息。
廿八日　陰　休息。
廿九日　陰　休息。
三十日　晴　傷風少癒，未作事。

五　月

一日　陰　校對文二時。
二日　陰　復洗景炬一函。
三日　晴　上午開會，下午至夜校文四時。
四日　陰　上午校文五時，下午於百樂酒店參加五四紀念會。
五日　陰　上午到校辦公，下午校閱原道篇卷一完。
六日　晴　上午校原道篇卷二完，下午送兆熊去臺。
七日　陰　上午開會，下午睡，晚看電影。

八日　晴　上午校對文三時，閱顏習齋學譜，下午閱列寧書國家與革命，及恩格思玄想社會主義至科學社會主義二書完。

九日　晴　上午行政會報，下午教務會議。

十日　陰　上午行政會報，約吳士選夫婦午餐，下午考試並辦雜事。

十一日　陰　上午標點文三時，與孫守立一函。

十二日　晴　上午辦公，下午標點文四時。

十三日　陰　上下午標點文。

十四日　陰　傷風休息。

十五日　晴　上午休息，下午文學院會。

十六日　晴　至中大閱哲學試卷終日。

十七日　晴　上午標點文並辦公，下午校對文。

十八日　晴　終日校對文。

十九日　晴　上午辦公，下午標點文。

二十日　晴　標點文，將論宋明儒學之文定名原敎篇，實即原道篇之續篇也，下午寫一序文四千字。

廿一日　晴　重閱原教篇文九章。

廿二日　晴　重閱原教篇文，下午至荃灣移民局辦出入境延期事，編原教篇諸章次序至夜。

廿三日　晴　上午辦公並開行政會，下午校改原教篇序至夜完。

廿四日　陰　上午到校辦公寫二信，午睡後再改原教篇序文數處。

廿五日　晴　上午寫告畢業同學書二千字。

廿六日　晴　上午寫信二封，下午約學生來談。

廿七日　陰　上午辦雜事，下午至鄉間。

廿八日　陰　上午訪吳士選，下午閱學生論文。

廿九日　晴　上午辦公，午睡後閱雜書。

三十日　晴　上午到校辦公，下午閱史大林之論反對派中關於中國問題之三文。閱學生試卷，晚看一電影。

卅一日　晴　上午辦公，下午睡起整理二妹所抄母親詩至深夜。

六　月

一日　晴　上午整理母親遺詩，下午教務會議。

二日　晴　上午辦公，下午赴宗教文化會年會，並閱雜書。

三日　晴　上午哲學系會，下午寫母親詩後誌二千餘字，此後誌數年來皆不知如何寫，今寫成自覺甚平實，亦了一心事。

四日　晴　上午辦公，下午整理母親詩稿，與二妹信，晚整理母親詩稿至深夜四時半始睡。

五日　陰　今日爲端午節。

六日　陰　上午行政會報，下午大學 APC 會，閱改汪立穎論文。

七日　陰　上午新亞與大學關係會，下午閱學生論文。

八日　晴　李祖法約中飯談新亞中學及研究所事，下午校務會議。

九日　晴　上午到校辦公，並閱星加坡大學 Chan Heng Weng 碩士論文。下午桂中舒約於文華酒樓飲茶，晚中央大學校慶紀念晚會。

十日　晴　上午辦雜事，午後看一電影。

十一日　晴　上午岑嘉駟來談，到校辦公，下午閱伍廉百之文並復一函。

十二日　陰　改正汪立穎之論文完，下午校讀李獻璋所寄之一文完。

十三日　晴　上午到校辦公，校閱原道篇，晚至機場接張鍾元。

十四日　晴　上午復信二封，重閱原道篇卷二完，晚宴張鍾元及哲系同事。

十五日　陰　上午到校開會，校原道篇，梅貽寶約晚飯。

十六日　晴　上午與孫守立一信，與楊源信，校原道篇下午睡。

十七日　晴　上午新亞道別會，我講演新亞之過去現在與未來三時，下午參加校中茶會，又參加晚會。

十八日　晴　上午閱岑嘉駟論王船山之碩士論文。

十九日　晴　上午校文，下午二妹來信關母親詩者，整理母親詩稿至深夜。

二十日　晴　上午研究部學生口試，下午校原論，及 APC 會。

廿一日　晴　上午校原論，下午教務會議，晚編母親詩目錄完。

廿二日　晴　上午到校辦公，重讀母親詩稿檢定錯字。下午閱宗三年刊文，復高君湘函。

廿三日　晴　上午研究所約張鍾元講演海德格與東方哲學。

廿四日　晴　上午李天民來，晚與張鍾元同至沙田晚餐並飲茶。

廿五日　晴　上午到校辦公，下午董事會。

廿六日　晴　上午改文千字，中午約張鍾元、徐復觀等同午飯，下午睡。

廿七日　晴　上午到校辦公，下午大學教務會議，晚整理母親詩完。

廿八日　晴　將母親詩集交李國鈞印刷所印，上午辦雜事，下午睡起校對青年與學問。

廿九日　晴　上午校對重印之青年與學問，下午師生諮議會，張鍾元約晚飯。
三十日　晴　上午校文一時，送張鍾元至機場，午睡後過海購書。

七　月

一日　晴　上午何金蘭等來同至鄉間，下午歸，晚校文二時。
二日　晴　上午畢業典禮，下午辦雜事。
三日　陰　校原道篇。
四日　晴　上午教務會議，辦公，午睡，校對母親詩稿。
五日　晴　上午復 Banical 一函，辦雜事。
六日　晴　上午辦公，下午新亞教育文化會。
七日　陰　爲新亞中學接見應徵教師。
八日　陰雨　閱 Kneale: History of Logic，復觀約午飯晤孫智燊。
九日　陰　閱 Kattsoff: Logic and the Nature of Reality 百餘頁。
十日　晴　上午閱 Kattsoff 書百餘頁完。下午看牙醫。
十一日　晴　上午到校辦公，下午復李天民一函，晚閱 Logic 書。

十二日　晴　上午復吳森、伍廉百、劉述先各一函，下午爲新亞中學接見教師。
十三日　陰　上午到校辦公，約趙潛及研究所同學午茶，下午辦雜事。
十四日　晴　上午到校辦公，下午研究所會議。
十五日　晴　上午與孫守立一函。
十六日　晴　上午擬參加中日學會論文稿大綱。下午至中大開會，晚約余英時、孫國棟晚飯。
十七日　風雨　在家閱雜書。
十八日　陰　上午到校辦公，下午至研究院開會，晚約復觀夫婦與其女及婿於沙田畫舫晚飯。
十九日　陰　上午行政會報，復張鍾元一函，中午與梅貽寶、余英時同午餐談校中事，下午許濤來談教育文化基金事。
二十日　晴　上午寫東西文化之相互感應關係二千字以備出席中日文化會之用。廖伯源來，與王道太太一函，下午續文字四千。
廿一日　晴　將昨文寫提要二千字，下午睡，晚校中宴余英時。
廿二日　晴　上午重改提要爲千六百字，與李天民、湯承業各一函。
廿三日　晴　上午到校辦公，下午改學生所記我在新亞道別會之講辭。
廿四日　晴　上午到校辦公，下午校改學生所記講辭。

廿五日　晴　上午到校辦公，下午校文，與王道太太一函，晚校中宴梅、余二校長。
廿六日　晴　上午到校辦公並校對文，下午與二妹一函。
廿七日　晴　上午至中大口試學生至下午五時歸，晚余英時來談。
廿八日　晴　復 Banical 一函，下午送梅貽寶去臺，與余英時、吳士選、李祖法共商校中事並同晚餐。
廿九日　晴　上午整理雜物，今日甚感疲倦，出外看一電影。
三十日　晴　上午到校辦公並與學生談論文事，下午校文，晚改正勘誤表三時，與楊源一函。
卅一日　晴　上午中大文學院招生會議，下午新亞中學委員會議。

八　月

一日　晴　上午與楊源一函，下午爲新亞中學擬一校歌。
二日　晴　上午到校辦公，下午睡，晚孫國棟、余英時來談。
三日　晴　上午到校辦公，晚虞、羅二先生約晚飯談捐獎學金事。
四日　晴　閱 Strawson: Introduction to Logical Theory 百餘頁。
五日　陰　閱 Strawson 書百數十頁完。

六日　陰　閱 Caten 編 Philosophy and Ordinary Language 百頁。
七日　晴　上午到校辦公，下午閱昨書百頁。
八日　閱昨書。
九日　晴　仍閱 Caten 所編書，下午新亞教育文化會。
十日　晴　研究所所會，歡迎全漢升、王德昭、陳荆和等，下午睡，晚赴蘇浙中學周年會。
十一日　晴　與黃秀璣同至樂宮樓飲茶，下午出研究所試題。
十二日　陰　與虞兆興等同至半春園午飯，下午歸，看一電影。
十三日　陰　上午在家休息，下午整理筆記。
十四日　晴　上午到校辦公，研究所考試，下午睡，黃秀璣約晚飯。
十五日　晴　上午到校辦公，下午至夜閱歷史書，復梅貽寶一函。
十六日　晴　上午到校辦公，與 Banical 一函，下午復方遠堯一函。
十七日　陰　上午至沙田新校舍開會，中午宴永裕基金會同仁，並談捐助研究所獎學金事。
十八日　晴　上午到校辦公，復孫守立一函，下午哲學系學生來談。
十九日　晴　上午校文二時，與梅應運同午飯，下午睡，與鄒慧玲等同晚飯。
二十日　晴　上午到校辦公，下午與李天民一函。

廿一日 陰雨 上午到校辦公，下午至日本領事館辦簽證。

廿二日 陰 上午至日本與瑞士二領事館，與趙潛同午飯，下午睡。

廿三日 陰 上午與 Banical 之秘書一函，下午新亞中學會議，閱研究所試卷。

廿四日 晴 上午寫信二封，與吳士選 Philip 同午餐。

廿五日 陰 上午到校辦公，下午余英時夫婦來。國鈞約晚飯。

廿六日 晴 研究所會，清理雜物，準備後日至日本開會。

廿七日 過海看牙，並至太平山一遊。

廿八日 仍由廷光陪我起程赴日本開會，先至京都檢查目疾。……

由八月廿八日至九月廿一日返港，此行一切經過，略記一大概，詳情見廷光日記。於八月卅一日至東京參加中日民族文化會議共三日，宣讀西方文化對東方文化之挑戰及東方之回應一文。九月三日夜起程赴瑞士 Zurich 參加德人 Barnical 發起之 Inter. Cultural Institute 會議。Colloquim, G. Marcel, Nishitani 等亦參加，會中人數約三十人，會期七日。九日至美，先至紐約住易陶天家，次日訪 De Bary 及紐約佛寺。十一日訪宗教研究所。夜乘機至印第安那安兒處，住七日，十九日經三藩市、東京、臺北，廿一日上午返港，此行共二十五日。

廷光代筆(八)

八月廿八日　午後三時半陪同毅兄乘機赴日本參加中日文化交流會，經臺灣至日本大阪，當地時間爲七時半，有高美青及盧瑋鑾等接機，住京都飯店。

廿九日　由林宏作君陪同至大阪檢查目疾，幸無不良現象。

三十日　去京大人文科學研究所，約盧、高、林三君遊南禪寺並中飯，那裏豆腐煲特別鮮美，飯後赴虛白院(卽南畫院)訪該院院長並拜觀院長近作，林君約至家中休息，平岡武夫先生約十二段家晚飯。

卅一日　中午乘火車赴東京，高木桂藏來接，住銀座第一旅舍，晚上會中酒會招待，晤見張曼濤。

九　月

一日　毅兄上下午均有會議，廷光彈琴消遣，和崎博夫及池田篤紀約中飯。夜廷光胃痛並嘔吐，幸無大礙，旅途最忌生病。

二日　午前毅兄宣讀論文，李獻璋約中飯。午後毅兄作主席主持會議，夜胡蘭成先生來。

三日　午前會議結束，亞細亞問題研究所同仁約中飯。晚八時由張曼濤及高木桂藏二君送至機場乘機赴瑞士，深夜始起飛。

四日　飛機取道阿拉斯加經北氷洋至倫敦，當地時間爲四日午前八時。由倫敦轉瑞士Zurich約飛行一時廿分，有會議主持人太太接至旅舍 Hotel Sonnenberg。覺此地人文雅有禮，風景頗佳，瑞士在阿爾卑斯山北面，上次在意大利 Como 開會，該地在阿爾卑斯山南面，兩地均使人喜愛。休息片刻，毅兄卽赴會場開會。廷光寫信後仍彈琴消遣。

五日　今日主持人之太太生日，晚會慶祝，Barnical 先生要我彈琴，但林園中有霧氣琴弦受濕，琴音不發，眞令人掃興。

六日　上午下午及晚上均有會議，利用中飯時間去美領事館辦簽證並至航空公司辦轉票事。

七日　毅兄仍開會，廷光寫信與國鈞夫婦、徐志強、蔡德允、顧青瑤先生及安兒夫婦。

八日　今日自由活動，會場主人約晚餐。

九日　今日上午會議結束，下午參加旅遊團遊洛桑，其地風景秀麗，時見牛羣追逐青草地上，水鴨嬉戲湖中，歸來已七時。晚上 Barnical 夫婦來，廷光彈琴，其時雷雨交作，但琴聲若與雷雨聲相和，頗爲幽美。

十日　午前九時離 Zurich 赴機場，飛機十一時起飛，橫大西洋，經七時抵紐約，下榻易陶天家，並到四川飯館吃飯。

十一日　上午至大覺寺晤見敏智幾位和尚，欲訪沈家珍，但彼在閉關中，午後訪 De Bary。

十二日　上午至沈家珍佛學研究所，談話時間不少。午後六時飛印第安那 indianapolis。安兒、清瑞駕車來接。他們的家在 Bloomington 並不遠，但車子發生故障，在途中躭擱很久。幸有途人幫忙，才安全到家，安兒擬酬謝那位熱心幫忙的人士，但他絕不接受，大家留下地址而別。

十三日　安兒的家，環境尚好，有鳥語亦有花香，兒與婿皆請假陪伴，午後出遊，歸來月光滿地，夜已深矣。打兩電話與易陶天及劉述先。

十四日　兒與婿仍請假陪伴，上午在家閒談，羅郁正教授約中飯，晤中文系先生十餘人，有柳无忌、歐陽等先生，午後劉述先來，同至羅教授（安兒指導教授）家晚餐。

十五日　今日星期六，午前遊湖邊並野餐，午後休息，晚上在家閒談，來了一位年輕人亦是學哲學的。

十六日　午前送別劉述先，中午至湖濱餐館吃飯，夜羅教授來。

十七日　上午安、清二子去上班，我二人無事閒坐，眞覺一日似兩日，毅兄說若活七十年，便是百四十，夫妻相顧而笑。午後安、清二子留在家中，四人說說笑笑，不覺夜已深。廷光催大家早睡。與孫鼎辰、吳森電話。

十八日　午後中國學生同學會主席來一電話，希約一時間，舉行一座談會，歡迎毅兄，可惜明日即離此，已來不及了。晚上安兒說要聽我彈琴。

十九日　晨五時安、清送我們至機場，依依不忍別。午後一時到三藩市，晤吳森。午後四時許飛夏威夷，夜轉機飛東京。

二十日　到東京已是九月廿日的晚上了，續飛臺北。

廿一日　午前九時飛香港，冬明來接機，晚國鈞夫婦來。

（「廷光代筆之八」止）

廿二日　陰　上午到研究所辦公並與學生談，下午睡，與國鈞夫婦及冬明同至沙田晚飯。

廿三日　晴　上午寫廿八日校慶講稿二千字，送冬明返臺，寫信數封。

廿四日　晴　上午到研究所辦公，魏延年約研究所若干師生午飯，下午文學院會議。

廿五日　晴　上午到中大上課二時，下午睡。

廿六日　晴　上午到新亞新址開會，下午大學 APC 會。

廿七日　陰　上午上課一時。午後準備明日講演。

廿八日　晴　校慶，孔子誕辰及教師節，由我講演。

廿九日　陰　上午研究所上課二時，下午復鄺芷人、孫守立、何金蘭、幼獅雜誌社等函五封，晚赴吳思遠婚宴。

三十日　陰　上午復孫智燊一函，與李國鈞夫婦同至鄉間午飯，下午曾錦璋來，晚閱 De Bary 論通才教育。

十月

一日　晴　上午新亞通才教育會，下午睡，趙潛來談研究所事。

二日　晴　上課二時，下午睡。

三日　晴　與劉述先一函，至新亞開學務行政會，下午至研究所，晚訪吳士選。

四日　晴　今日重陽節，閱文學津梁。

五日　晴　復胥端甫一函，上午至研究所，下午新亞教務會，晚看一電影。

六日　晴　上午至研究所辦公，上課二時，午後休息。

七日。晴。寫信數封。

八日　晴　上午至研究所辦公，伍廉伯來談，下午閱雜書。

九日　晴　上午上課二時，下午哲學系會。

十日　晴　與王道太太一函，下午中大研究院會，晚雙十節酒會。

十一日　晴　上午上課一時，午睡後閱雜書。

十二日　晴　上午到研究所辦公，下午校務會議。

十三日　晴　上午上課三時，下午雅禮酒會。

十四日　晴　上午寫信，下午看一電影，晚閱研究所學生馮耀明所譯卡納普書。

十五日　晴　至研究所辦公，閱卡納普書。

十六日　晴　上午上課二時，下午大學畢業典禮。

十七日　晴　上午復 Bahm、羅郁正各一函，與家琦一函，到校辦公。

十八日　陰　上午上課一時，余英時約午飯，下午至研究所。

十九日　陰　上午至研究所辦公，復李獻璋、王道太太各一函，下午整理雜物。

二十日　晴　上午上課二時，下午林昌恆來。

廿一日　陰　閱 Carnap: Philosophical Foundations of Physics: An Introduction to the Philosophy of Science 百餘頁。晚看一電影。

廿二日　陰　上午閱 Carnap 書百餘頁完。

廿三日　陰　上午上課二時，下午新亞中學會、新亞研究所會，及新亞教育文化公司與研究所、中學、雅禮語文學校茶會。

廿四日　晴　上午行政會報，下午大學教務會議，晚寫現代世界文化動向之觀察一講演大綱。

廿五日　陰　上午上課一時，補寫昨日講演大綱。

廿六日　陰　上午到研究所辦公。

廿七日　晴　上午上課二時，下午睡，閱雜書三時。

廿八日　晴　上午林昌恆來談，中午與蔡德允夫婦至沙田午餐。下午至慈航淨苑，晚閱 Logic 書三時。

廿九日　晴　上午閱 Edward 之哲學百科全書論數學基礎之一章及他文三時，至研究所。

三十日　晴　上午至中大上課二時，下午閱哲學百科全書論 Godel 數學之章。

卅一日　晴　上午重抄講演大綱，至研究所，下午睡。

十一月

一日　晴　閱哲學百科全書，上課一時。

二日　晴　閱哲學百科全書。

三日　晴　上午上課二時，下午閱雜書。
四日　晴　上午至新亞講演二時，下午睡。
五日　晴　上午復成中英、張鍾元、吳森各一函。與黃繩曾、李潤生、霍韜晦同午餐，閱百科全書。
六日　晴　上午至沙田上課二時，下午睡並思哲學問題。
七日　晴　閱 Kneale: Development of Logic 數時，晚約郭茂基及二同學晚餐。
八日　晴　上午上課一時，下午閱恩格思書二時，夜看一電影。
九日　晴　上午閱恩格思反杜林論四時，下午再閱四時完。
十日　晴　上午上課二時，午睡後閱恩格思家族私有財產及國家之起源一書完。
十一日　晴　上下午閱馬克思德意志意識形態及政治經濟學的形而上學及資本論中原始累積完。
十二日　晴　上午閱馬克思政治經濟學批判導言及工資價格利潤二文，下午閱恩格思論德國哲學文完，及大陸所出版馬克思、恩格思選集四冊中理論性文章皆看完。
十三日　晴　上午上課二時，嚴耕望夫婦約午餐，下午閱所發表之一文，晚寫信二封。
十四日　晴　上午學務行政會，下午辦雜事，復王道太太一函。
十五日　晴　上午上課二時，編昔年著文在期刊發表者之目錄，晚看一電影。

十六日　晴　上午寫信六封，至研究所，下午校對文六時至深夜。

十七日　晴　上午校對文三時，上課一時，下午仍校文。

十八日　晴　標點一文，擬交新亞學報發表。

十九日　晴　上午至研究所辦公，下午校對文。

二十日　晴　上午上課二時，下午睡，晚閱錢先生兩漢經學。

廿一日　晴　傷風，下午 APC 會議。

廿二日　晴　上午上課一時，下午董事會，晚吳士選來談。

廿三日　晴　上午至研究所辦公，余協中來，下午準備明日課。

廿四日　晴　上午上課二時，下午休息。

廿五日　晴　上午至慈航淨苑，下午睡。

廿六日　陰　上午至研究所辦公，下午中大系主任會。

廿七日　陰　上午上課二時，下午閱 Kneale: Development of Logic 六七十頁。

廿八日　晴　上午閱 Kneale 書六七十頁，下午再閱數十頁，晚約余協中父子等及新亞同仁晚餐。

廿九日　陰　上午上課一時，下午閱 Kneale 書數十頁。

三十日　陰　上午閱 Kneale 書數十頁，下午睡，晚改文。

十二月

一日　晴　上午上課二時，下午休息。

二日　晴　上午參加研究所及文學院講演會，由余英時講演，下午閱 Encyclopedia of Philosophy 中論 Infinity 及 Continuum Principle 之二節。

三日　晴　上午至研究所辦公，下午寫文二千字，補生命心靈與存在之一節。

四日　晴　上午上課二時，下午通才教育會議。

五日　晴　補前日文四千餘字，晚與李祖法、吳士選、余英時共談校中事。

六日　晴　晨補文數百字，上課一時，下午看一電影並整理文稿二時。

七日　晴　上午哲學系會，下午教務會。

八日　晴　上午上課二時，下午與柯樹屏一函，閱雜書。

九日　晴　上午寫文千餘字，下午至郊外一遊。

十日　晴　終日續昨文共成七千餘字完。

十一日　晴　上午補文七百字，上課二時，中午與廷光在沙田飯店午餐，今日爲廷光五十八歲生日，下午擬試題。

十二日　晴　上午與蕭世言一函，爲其寫介紹信，下午唐端正家人來，閱雜書，校對文。

十三日　晴　上午上課，下午睡。

十四日　晴　上午至研究所，下午至中大開會。

十五日　晴　至研究所上課二時，下午重校原道篇。

十六日　晴　終日校對原道篇。

十七日　晴　上午到校辦公，下午睡，晚校對交李獻璋之中國學報發表之論東林學之一文。

十八日　晴　上午到研究所辦公，中午與臺教部來之李鼎元、陳金聲及吳士選、胡健人在豐澤園午餐。

十九日　晴　上午到校辦公，下午研究所月會，晚校對原道篇勘誤表至夜深。

二十日　晴　校對原道篇第三卷，至中大考試，晚看一電影，再校對文。

廿一日　晴　上午到研究所辦公，復王道太太一函，晚吳恆自來。

廿二日　晴　上午到校辦公，標點前補觀照凌虛境一章。中午高準來談，下午睡，晚再標點文至夜深。

廿三日　晴　上午改文二三時，下午與李國鈞夫婦同至鄉間。

廿四日　晴　上午校文。

廿五日　晴　上午弔張君勱先生之妹夫蘇醫生之喪，下午閱倫理學之學生報告。

廿六日　晴　上午閱倫理學試卷及學生報告，下午閱哲學百科全書及宗三認識心批判論邏輯處，吳士選約晚飯。

廿七日　晴　上午至新亞開會，下午中大系主任會議。

廿八日　晴　上午至研究所辦公，下午學生來談，晚作原道篇勘誤表。

廿九日　晴　上午至崇基參加教育座談會。

三十日　晴　上午復信兩封，與孫國棟同訪吳士選談校中事，下午新亞雅禮語言學校酒會，夜看電影。

卅一日　晴　閱學生論文。

民國六十三年（一九七四年）

一月

一日　晴　與全漢升同訪去年捐助新亞研究所之虞兆興、葛士翹、朱淵明諸先生。

二日　晴　上午復Barnical一函，下午閱雜書。

三日　晴　上午寫信數封。

四日　晴　上午至研究所辦公，下午寫信二封，看一電影。

五日　晴　上午至研究所辦公，下午閱雜書。

六日　晴　重閱原道篇卷一。

七日　晴　至研究所辦公，寫一信與楊士毅，晚閱荀子非十二子篇，見有言孔子殺少正卯之文實乃僞文，爲之喜而不寐。
八日　晴　寫孔子誅少正夘傳說之形成五千字。
九日　晴　上課二時。
十日　晴　上午補寫孔子文一千字，並加標點，下午休息。
十一日　晴　上午上課一時，改作昨文至夜共五千字。
十二日　晴　上午至中大開會，下午標點並改文四時。
十三日　晴　上午上課二時，下午約哲系學生談話，晚校對文。
十四日　晴　整理昨文共一萬二千字，至研究所辦公，夜看一電影。
十五日　晴　上午上課二時，午睡起閱學生讀書報告。
十六日　晴　上午寫信數封，下午明報月刊社派學生數人來訪，談中國文化問題。
十七日　晴　上午上課一時，約高準午飯。下午新亞教育文化會，晚校對孔子誅少正夘文至夜深。
十八日　晴　上午安兒來電話，今日爲我六十五歲生日。下午至新亞開會，李國鈞夫婦約晚飯。
十九日　晴　上午上課二時，標點文二時，下午學生來。
二十日　陰　閱學生論文，約研究所同學晚飯並聚談。

廿一日　陰　上午復閻振興一函並到校辦公，下午整理雜文目錄，鄒慧玲夫婦約晚飯。

廿二日　晴　上午孫德智來談研究所事，下午至鄉間。

廿三日　晴　今日爲農曆新年，同學及友人來拜年，晚至復觀至宗三兄處。

廿四日　晴　上午擬試題，中午新亞同仁團拜，下午出外拜年，李國鈞夫婦來晚餐。

廿五日　晴　哲系學生來拜年並同午餐。

廿六日　陰　至數同事處回拜，虞兆興、朱惠卿約同至半春園午餐，午後至慈航淨苑母親靈前上香。

廿七日　陰　上午清理雜物，下午與六妹一信，晚張仁康約。

廿八日　晴　上午至研究所辦公，復梁漱溟先生一函。下午看一電影。

廿九日　晴　上午上課二時，下午準備下月四日港大學生會講話辭。

三十日　晴　上午至新亞開教務、校務會，下午 APC 會。

卅一日　晴　上午至沙田上課，與易陶天一函，廷光病耳，至中大校醫室診治。

二　月

一日　晴　上午至沙田開哲學考試會，下午清理雜物。

二日　晴　上午研究所上課二時，午睡後擬孔子在中國文化之地位講稿。
三日　晴　上午至醫院看趙潛，下午補擬講稿。
四日　晴　上午準備明日課，下午至香港大學文學院學生會講人生之意義問題。
五日　陰　上午上課二時，今日爲母親逝世十周年忌日，將母親思復堂遺詩印稿及我之原道篇校稿帶至沙田慈航淨苑獻母靈前，並上香焚化錫紙，下午歸。
六日　陰　將母親詩寄四妹、六妹，各與之一函，至研究所辦公。
七日　陰　上午至沙田上課一時，下午改前答學生問中國現代化問題之紀錄四時。
八日　晴　上午改學生紀錄稿四時許完，共萬餘字，下午至聶醫生處檢查目疾。
九日　晴　上午與學生談並上課二時，下午復王道太太及柯樹屏各一函。
十日　晴　上午補五十年來所寫文之目錄二時，新亞哲學系會，陶振譽約晚飯。
十一日　晴　上午至研究所辦公，下午閱雜誌。
十二日　晴　上午上課二時，下午睡，許孝炎、黃麟書約晚飯。
十三日　陰　至研究所辦公，改前答學生問中國現代化問題抄稿至下午四時完，洗塵法師及曉雲法師來談。
十四日　晴　上午上課一時，下午校務會。

十五日　晴　上午至研究所辦公，復劉述光、黃振華各一函，下午廖鍾慶及楊祖漢來。

十六日　晴　上午研究所上課二時，下午休息。

十七日　晴　上午請饒宗頤至研究所講演，中午約周植曾夫婦於慶相逢便飯。

十八日　晴　上午寫孔子誅少正夘問題重辨，下午補一附記千餘字。

十九日　晴　上午中大上課二時，晚校對中華人文與當今世界書第一册。

二十日　晴　上午重校昨日書，下午校對所抄明報月刊訪問之抄稿，出外看一電影。

廿一日　晴　上午上課一時，中午與余英時、嚴耕望、全漢升、孫國棟共商研究所事，下午校孔子誅少正夘問題重辨文。

廿二日　晴　上午校對文並復譚汝謙等信三封，下午校文，晚赴劉泗英先生八十壽宴。

廿三日　晴　上午上課二時，校文二時，夜張仁康來。

廿四日　陰　上午約劉泗英先生父子及李幼椿先生夫婦及其女與婿等至中文大學參觀，至沙田畫舫午餐，並同遊慈航淨苑。

廿五日　陰　擬父親遺稿孟子大義重刋，上午寫重刋記三千字中略具父親之行述，午睡後並將歐陽先生墓誌銘，劉鑑泉先生別傳，及彭雲生先生跋等一併編入，並就前本所憶記下之父親詩文加以抄錄。

廿六日　陰　晨起再整理父親遺稿，至中大上課二時，夜改行述文。
廿七日　晴　上午重抄行述文，並再改正共三千字。到研究所辦公，下午再重閱行述文，又改正數處完。
廿八日　晴　上午上課二時，校父親遺著數處，蕭立聲約晚飯。

三　月

一日　晴　上午研究所辦公，下午大學研究院諮詢委員會議，晚二學生來。
二日　晴　上午上課二時，與孫守立一函，下午重校所抄父親稿，與二妹一信。
三日　晴　再整理父親遺稿，下午在家休息。
四日　晴　晨與李國鈞談印刷父親遺稿事，至研究所辦公，中午李祖法約吳士選及我談校中事，午睡後校對文二時。
五日　晴　上午上課二時，至慈航淨苑再將母親詩焚化一冊於塔中，今日乃母親八十七歲冥誕之日也。
六日　晴　上午為宇野哲人先生逝世致一函與宇野精一唁問。復李天命、左光煊各一函，並為霍韜晦等寫推薦書三封。

七日　晴　上午上課一時，午睡後訪潘重規談，晚閱雜誌。

八日　晴　上午至研究所辦公，下午中大文學院會議，晚閱杜祖貽、吳森、黃耀炯三人分別英譯我之論文之專刊，於美國發行者，覺所譯甚好。

九日　晴　上午研究所上課二時，下午睡。

十日　晴　與關展文同至鄉間。

十一日　陰　上午至研究所辦公，寫人文精神之重建再版前言數百字，下午寫中國人文精神之發展再版前言，哲學概論三版前言各約五百字完，下午看一電影。重改前論少正夘文，將中華日報之重辯擇要併入明報月刊之「形成」文中合爲一篇，以便編入中華人文與當今世界一書中。

十二日　晴　上午上課二時，下午新亞中學會並至研究所辦公。

十三日　陰　上午與孫守立、馮愛羣各一函，言我書在臺印刷事，下午至中大開會。

十四日　陰　上課一時，校對文二時，晚看一電影。

十五日　晴　上午至研究所辦公，下午校改原性篇及原論第一册錯字。

十六日　晴　上午上課二時，下午閱雜書。

十七日　晴　與李國鈞夫婦等至鄉間，下午歸。

十八日　晴　上午至研究所辦公，下午睡起思哲學問題。

十九日　陰　上午上課二時，下午與余英時、孫國棟、全漢升談研究所事。
二十日　陰　上午至研究所辦公，下午復兆熊一函。
廿一日　晴　上午上課一時，下午復劉國強、孫守立各一函，晚校對父親孟子大義書。
廿二日　晴　上午校對父親書，下午至中大開大學系務會議，晚校父親文。
廿三日　晴　上午上課二時，校父文，下午學生來談。
廿四日　晴　上午第七次校吾父書完，下午睡。
廿五日　晴　上午至沙田理民府，午睡後復周開慶一函。
廿六日　陰　上午上課二時，下午整理文稿雜物。
廿七日　雨　重敎原道篇卷三至夜。
廿八日　晴　上課一時，回信兩封。
廿九日　晴　上午至研究所與學生談，約李祖法、吳士選於豐澤園午餐，並商新亞校長事。
三十日　晴　上午上課二時，與馮愛羣一函，下午休息，並校原論文。

四　月

卅一日　晴　傷風在家休息。

一日　晴　傷風休息，閱報刊。
二日　陰　上午上課二時，下午再校在明報月刊發表之文，寄一信將前論孔子誅少正夘文與馮愛羣。
三日　晴　上午至新亞開會，下午校父親孟子大義至夜深。
四日　晴　上午上課一時，下午重校孟子大義二次。
五日　晴　重校父文一次，又校原道篇卷三一次。
六日　晴　上午上課二時，聞美國大風與安兒一電話，彼等平安。
七日　晴　至鄉間在半春園午餐，下午歸甚倦。
八日　陰　上午至研究所辦公，下午睡。
九日　睡　上午上課二時，下午回信一封，閱學生報告。
十日　晴　上午校文，下午至中文大學開 APC 及通才課程會。
十一日　晴　上午上課一時，與安兒一函並校孟子大義，下午研究所月會，夜仍校孟子大義。
十二日　晴　上下午校對原教篇文。
十三日　晴　上午校原教篇三時，至沙田般若安老院與研究所同學及教師午餐，午後三時歸，仍校原教篇至夜深。

十四日　晴　校對原教篇，下午校對孟子大義。
十五日　晴　上下午校對原教篇，晚復張曉峰與謝幼偉各一函。
十六日　晴　上午上課二時，下午至研究所辦公。
十七日　陰　終日閱學生論文報告。
十八日　晴　上午至中大上課二時，午睡後閱學生論文報告，復信四封。
十九日　晴　上午與謝仲儀談其論文當改正處，下午校孟子大義，晚復周開慶信並看聶醫生，彼謂我血壓高應多休息。
二十日　晴　上午上課二時，復易陶天一函，明報月刊社約晚飯。
廿一日　晴　補寫孟子大義刋後記一頁。
廿二日　陰　上午至研究所辦公，閱學生論文報告，下午約倫理學班上之學生來茶會。
廿三日　陰　上午至研究所辦公，伍廉伯來談，下午看一電影。
廿四日　晴　上午至研究所辦公，並與一學生談其論文事，下午休息，晚寫九龍總商會中學畢業禮致辭二千字。
廿五日　晴　上午在家休息閱雜書，晚宴丁衍鏞、蔡德允、曾履川、蕭立聲、張碧寒等於樂宮樓。

廿六日 晴 上午在家休息，下午校務會。
廿七日 晴 上午寫信三封，下午校孟子大義。
廿八日 陰 上午校吾父文兩次。
廿九日 陰 上午閱學生論文，下午休息，晚至醫生處。
三十日 晴 上午復信二封，下午雷家驥來。

五月

一日 晴 上午至研究所辦公，下午至夜寫略說孔子在中國歷史文化中之地位之形成五千字。
二日 晴 續昨文六千字完。
三日 晴 上午修改昨文，下午補作三千字。
四日 陰 上午校對所抄文，寫信二封，下午至九龍總商會中學典禮致辭。
五日 晴 上午閱雜誌，下午補孔子文一千字，至鄉間一遊。
六日 晴 上午至研究所辦公，下午閱雜誌。
七日 晴 上午校文，復 Barnical 一函，下午看一電影。
八日 晴 上午校對文，下午至中大開會並監考，嚴耕望約晚飯。

九日　晴　上午至中大開會，決定聘霍韜晦、李天命，下午校文四時。
十日　陰　上午校對原道篇，下午改前論孔子文數處。
十一日　陰　上午至中大開會並至圖書館查書，下午校文。
十二日　陰　上午校文，下午至鄉間，晚至李國鈞處。
十三日　晴　上午至研究所辦公，下午校文，池田約晚飯。
十四日　晴　上下午校對文，約池田及其他友人晚餐。
十五日　晴　上午校對文，下午睡，蕭立聲約晚飯。
十六日　晴　上下午校對原敎篇。
十七日　晴　至中大閱哲學畢業考試卷終日。
十八日　晴　上午至研究所與學生談，下午與哲學系學生於圓亭聚會，晚同學宴我與宗三兄退休。
十九日　晴　上午復胥端甫、陳立夫各一函，與李天民一函，李國鈞約晚飯，歸來改中國哲學原論數處。
二十日　晴　上午與柯屛一函，並至研究所辦公。
廿一日　晴　上午友人來，下午新亞中學董事會。

廿二日　晴　上午爲六妹之女遠帆擬來港事寫信二封，並至研究所。

廿三日　晴　上午在家休息，下午新亞教育文化會及新亞董事會。與孫國棟、余英時同晚飯談校中事。

廿四日　晴　終日校對原教篇文。

廿五日　晴　上午至研究所，校對原教篇文，下午再校對三四小時，晚新亞教職員聯誼會歡送新亞退休離校教員。

廿六日　晴　上下午校對原教篇，與李國鈞同晚飯。

廿七日　晴　終日校對文。

廿八日　陰　終日校對文。

廿九日　晴　上午至研究所辦公，下午寫一信並閱港大之 R. K. Norris 之董仲舒之譯文及論文。

三十日　晴　上午閱 Norris 文，鄒慧玲、衞文熙夫婦來辭行，中午至鹿鳴春與杜祖貽等午餐，下午再閱 Norris 文。

卅一日　晴　閱 Norris 文完，並寫下問題以備口試之用，校原道篇至夜深。

六月

一日　晴　上午校對原道篇，並至研究所與學生談，下午爲新亞及崇基哲學系學生惜別會講演我學哲學之經過。晚至大會堂聽古琴演奏。

二日　晴　上午校對原教篇完，午睡後閱 Marcel: Problematic Man 一書七八十頁。

三日　陰　上午至香港大學口試 Norris，下午睡，晚閱 Marcel 書大體完。

四日　陰　至研究所辦公並校文，下午閱雜誌至夜。

五日　晴　上午閱謝仲儀論文完並寫評語，下午睡。

六日　陰　上午閱新亞研究所學生論文，下午睡，晚約杜祖貽、冼景鉅、孫國棟同晚餐。

七日　陰　上午在家休息，下午校務會議，晚與李祖法、吳士選等同晚飯商校中事及研究所事。

八日　晴　上午新亞中國文化學會論語班在研究所開始第一次講會，由我講孔子在中國歷史文化之地位之形成。

九日　陰　上午在家休息，下午中大哲學系再講演一次約二時許，甚覺疲倦。

十日　陰　上午閱雜書，下午睡，晚中大哲系同仁約晚飯。

十一日　晴　上午寫信二封，並至研究所。下午與沈亦珍、吳士選、李祖法、余英時同商吳士選所擬致教育部函，言新亞研究所將改隸新亞教育文化公司之函。並同晚飯談校中事。

十二日　陰　上午至研究所辦公，下午睡後寫信二封，閱中國近代史論叢中之史料與史學。

十三日　陰　上午休息，下午閱雜書。

十四日　陰　終日重閱中國哲學原論第一册，今改為導論篇重印。

十五日　晴　上午論語研習會。

十六日　陰　上午復吳汝鈞、陳立夫各一函，下午學生周伯喬來談。

十七日　陰　上午至研究所辦公，午睡後至養和醫院看趙潛病。

十八日　晴　上午研究所辦公，下午閱雜書。

十九日　陰　上午口試研究所畢業生，下午董事會，研究所小組會，李祖法約晚飯。

二十日　晴　上午辦雜事，下午復信兩封，嚴耕望約晚飯。

廿一日　晴　上午研究所辦公，下午閱雜書，思中日文化交流問題。

廿二日　陰　上午論語講習班，午睡後寫中日文化交流之過去現在與未來約七千字。

廿三日　陰　上午補昨文四千字完，下午至鄉間，晚復王家琦一函。

廿四日　陰　上午改昨文二時，復潘重規、馮愛羣各一函，下午再改昨文完，唐冬明自臺返港。

廿五日　晴　上午大學研究部口試新生，下午 APC 會議。

廿六日　陰　上午至研究所辦公，中午與多明、郭少棠、彭震球等同午餐。閱 Fromm: Escape from Freedom 五十頁。

念我過去之思想寫作之發展，三十歲前之中西哲學比較論集，只述而不作，其後之所作乃以人生之體驗中之心靈之發展一文爲基，由此第二步爲見此心靈之發展於人生之行程（亦見人生之體驗），第三步爲由此人生之行程之表見於人之文化與德性而成文化意識與道德理性一書，第四步爲用此理論以講中國文化之精神價值，第五步爲發揮此書以論現代之文化問題而有人文精神之重建，中國人文精神之發展及今所輯之繼此二書而寫之中華人文與當今世界，第六步爲用之以爲初學寫哲學概論，言知識論當歸於形上學，形上學當歸於人生論，第七步爲由此以論中國哲學之基本觀念之歷史發展是爲中國哲學原論，第八步爲回歸於心靈以觀照人類之哲學境界是爲心靈三向與心靈九境所由作，第九步則爲吾年來所思之人類反面之罪惡之起原及社會政治之禍患根原之問題也。

廿七日　陰　上午續閱 Fromm 書百數十頁，下午再閱百頁完，王世昭約晚飯。

廿八日　晴　上午去研究所辦公，復學生信三封，下午校對中國哲學原論導論篇，出外看一電影，晚續校文至夜半。

廿九日　陰　上午論語講習班會，下午校原論導論篇至夜完。

三十日　晴　上下午再校對原論導論篇，並至新界一遊。

七　月

一日　晴　上午新亞書院畢業典禮，下午校對原道篇。

二日　晴　上午至研究所，韓國金君來談，下午休息。

三日　晴　上午復李植全、孫守立各一函，中午與黃耀炯、王貫之太太、唐端正家人共午餐，下午休息。

四日　晴　上午至研究所閱劉楚華論文，下午寫信並整理雜物。

五日　晴　上午整理中日文化關係之過去現在未來一文，下午睡，唐端正約晚飯。

六日　晴　上午研究所論語研究班課，下午整理文件。

七日　晴　上午閱 Neo-Confucianism and the Political Culture of Late Imperial China 乃 Thomas A. Metzger 所著，其中有一專章述我中國文化精神之價值一書者，大體尚恰當。

八日　晴　上午復易陶天一函，並至研究所辦公。

九日　晴　上午閱 Barnical 寄來之 Inter. Cultural Institute 之文件五十餘頁，下午睡，晚參加潘樸先生公子婚宴。

十日　晴　上午至研究所辦公，下午休息。
十一日　晴　上午閱黃耀炯論墨子一文，與吳俊才一函。
十二日　晴　上午孫德智來，下午至沙田新亞及中大開兩會，歸來與關展文同出看屋。
十三日　陰　上午論語討論班，下午寫論中國藝術與中國文化一文至夜共五千餘字。
十四日　晴　上午改昨文，和崎博夫約午飯。
十五日　晴　上午至研究所辦公，下午辦雜事；黃耀炯夫婦來晚飯。
十六日　晴　上午復星大及 Barnical 一函，與六妹一函，下午馮愛羣、張洪瑜來，繼曹日新來談，校晚稿三時。
十七日　晴　上午至研究所辦公，下午休息，與李天民一函。
十八日　晴　上午梁瑞敏帶綜合雜誌某君來訪。臺中央月刊囑爲國民黨八十周年撰文，決定不作。對臺國民政府之態度，我承認國民政府爲中國政府，承認其重視中國文化之價值，每年我亦參加國慶紀念，但不參加總統祝壽，不講三民主義，亦不對國民黨歌功頌德，此外我於孫中山先生不稱國父，因中國早已存在，國不能有生之之父故。於新舊約不稱爲聖經因聖經不只新舊約故。此皆我自定自守之用文字之戒律也。下午校對文。
十九日　陰　上午至中大醫療中心量血壓，並至圖書館，下午通識教育會議。

二十日　晴　上午論語研習班課，下午復梅貽寶一函。

廿一日　晴　上午馮愛羣來，繼至飛機場，下午吳汝鈞來，校文三四小時。

廿二日　陰　上午研究所辦公，下午閱雜誌。

廿三日　晴　上午研究所辦公，下午參觀書展。

廿四日　晴　上午研究所辦公，下午新亞董事會，決議研究所改隸新亞教育文化會。

廿五日　晴　上午史接雲來，下午至中文大學開會，並至圖書館閱甘鵬雲經學源流考及江瀚叔孔子發微。

廿六日　晴　上午研究所辦公，下午大學考試委員會，許孝炎、沈亦珍約晚飯。

廿七日　晴　上午論語討論班課三時，下午看一電影。

廿八日　晴　上午復柯樹屏、馮滬祥、楊源各一函。

廿九日　晴　上午至研究所辦公，下午休息，因近來血壓高。

三十日　晴　上午思哲學問題，下午校改原道篇，復一信。

卅一日　晴　至中文大學終日為今年新生口試。

八　月

一日　上午在家休息，下午研究所辦公，並開新亞董事會小組會。

二日　晴　上午至沙田開文學院入學會議，下午閱雜書，晚研究所宴同仁於樂宮樓。

三日　晴　上午論語班講演二時，中午宴虞兆興及中道學會之陳志偉等於菜根香飯店，下午校對文。

四日　晴　上午一學生來談，校文二時，下午至鄉間並至慈航淨苑母靈處。

五日　晴　上午閱雜誌，下午休息，晚閱佛書。

六日　晴　上午至研究所辦公，下午閱甘鵬雲經學源流考。

七日　晴　上午至研究所辦公，下午新亞教育文化會開會。

八日　晴　上午在家休息，校文二時，下午中大文學院會議，晚參加吳汝鈞婚宴。

九日　晴　上午校文三時，下午新亞教務會議，校文二時。

十日　晴　上午論語講習班課，下午睡，周伯喬、謝仲儀二學生來晚飯。

十一日　晴　上午至殯儀館弔莫儉溥之喪，下午校文二時。

十二日　晴　上午舉行哲學系入學生口試於研究所，下午校文三時。

十三日　晴　上午校文三時。

十四日　陰　校文終日。

十五日　晴　上午校文，下午新亞書院董事會將研究所交新亞教育文化會典禮，晚赴中道學會宴。

十六日　晴　終日校文，余英時約晚飯。

十七日　晴　上午研究所論語班講會，下午校文。

十八日　晴　上下午校文八時，晚至鄉間一遊。

十九日　晴　上午研究所口試新生，中午與同學午餐，下午校原教篇。

二十日　晴　上午至研究所辦公，虞兆興約午飯，下午至夜校原教篇。

廿一日　晴　終日校文。

廿二日　晴　晨校文三時，至研究所辦公，下午董事會。

廿三日　雨　上午至醫處檢查血液及小便，至研究所辦公。下午復二妹、黃耀炯、廖鍾慶各一函，寫中國哲學原論原教篇附錄之前言七百字。

廿四日　晴　上午論語班課，約復觀家人晚飯。

廿五日　陰　星加坡大學囑審查龔道運君博士論文，今日已閱完並寫報告千餘字，晚閱 Marcal: The Mystery of Being 數十頁。

廿六日　陰　上午閱 Marcal 書百數十頁完，下午睡。

廿七日　晴　上午至研究所辦公，下午休息，友人及郭少棠來晚飯。

廿八日　晴　上午至研究所辦公，復學生三信，下午休息，晚備寄父親孟子大義。

廿九日　晴　上午至研究所辦公，下午休息，復觀約晚飯。

三十日　晴　上午吳森來同出晚飯，午後歸休息。

卅一日　晴　上午論語班二時，此數次論語班皆討論西洋哲學，今日爲最後一次。下午約王家琦之母至鄉間一遊。

九　月

一日　晴　上午休息，下午至五華同鄉會頒發證書。

二日　晴　上午內明月刋編輯沈君來談，李祖法約晚飯談新亞事。

三日　陰　上午至研究所辦公，下午研究所月會講話。

四日　晴　上午至研究所辦公，下午計劃赴臺北及日本之事。

五日　晴　上午擬研究所文化講座計劃，下午至沙田與劉述先談招待 Barnical 事，參加 APC 會，此爲我在中文大學之最後一次會議。

六日　晴　辦理雜事，預備赴臺事，至研究所辦公。閱 Parid Mclellan: the Young Hegelians and Karl Marx 數十頁。

七日　晴　上午至研究所辦公，下午休息，晚宴新亞研究所擬請講演之人。

八日　晴　上午打數電話談新亞研究所事，下午廷光陪我乘機赴臺北參加中日文化交流會。九月廿七日由臺北至京都參加世界文化交流研究所第二次會議，討論之題目爲自然。在臺北爲新亞研究所事與教育部接洽恢復對所中畢業生之學位之承認。此一月中所經過之事甚多，詳見廷光日記。

廷光代筆（九）

九月八日　陪毅兄赴臺北參加在臺北舉行之中日文化交流會議，來去有人送接，十分方便。住國賓大飯店，晚李天民及逯耀東來談，逯君提供了一些寶貴意見。

九日　午前毅兄開會，廷光寫信數封，逯耀東約午飯。午後會議由毅兄宣讀論文。晚會中有宴會。

十日　毅兄開會，廷光彈琴消遣，午晚兩餐毅兄皆有約。

十一日　午前毅兄開會。以太疲倦，午後會中同仁參觀國際關係研究所，他未參加。

十二日　毅兄終日有會，有約，蔣復璁先生約於故宮餐聚。廷光終日無事，覺時間很長。

十三日　今日會議最後一日，由錢先生講演，各組作綜合報告。毅兄負責第四組綜合報告。午後會中陪同自由參觀，我們未參加，晚孫守立來。

十四日　今明兩日會中招待赴金門南部等處，我們未參加。午前看方東美先生，謝幼偉，程兆熊約中飯。午後休息，晚曹敏約，座中有黎東方、張肇祺、劉孚坤、孫智燊等。

十五日　兆熊夫婦來，中央日報記者來訪問。午後去新店中央新村訪劉泗英先生，周開慶、文守仁、趙文等數友，晚上中華日報記者來訪問。

十六日　午前 Barnical 夫婦，馬漢堡來談。由逯耀東介紹遷住青島西路女青年會，地方較爲清靜，與逯耀東夫婦同午飯。

十七日　午前臺大校長閻振興及程先生來訪，中午教育部長蔣彥士約，並告新亞研究所事已有一圓滿解決辦法，此乃此行之重大收穫。

十八日　去故宮，毅兄與錢先生談，廷光參觀書畫，中午在錢先生家午飯。

十九日　上午曹敏來談，幼獅編者來訪，中午適逢四川文獻社例會，由周、文二兄請吃飯，午後訪柯樹屛兄。

二十日　午前毅兄往購書，廷光彈彈琴，午後方東美先生來。

廿一日　二人遊烏來等地，晚唐冬明來云已與古玉梅訂婚，志同道合的伴侶，婚後必定幸福。得安兒、李武功來信。

廿二日　與冬明同至航空公司交涉機票事，逯耀東來。午後王道太太、孫守立夫婦、程先生、唐亦男來，不幸亦男之夫王懷先生途中車子失事，腦部受傷，留院治療，雖已脫離危險期，仍令人不放心，爲了來看我們，長途駕駛電單車，才出意外的，眞使人難過。方東美先生約晚飯，晤見程石泉。

廿三日　曹敏來陪毅兄同赴行政院，中午周開慶夫婦約中飯，飯後周大嫂陪廷光購物。

廿四日　毅兄訪黃少谷，並赴華岡文化大學訪張曉峯、胡蘭成、曉雲法師、王太太等。張先生約中飯，曉雲請飲下午茶，晚學生書局馮愛羣請客。

廿五日　午前逯耀東陪毅兄出外訪友，午後至航空公司並訪顧翊羣，晚張丕介兄之侄孫來訪，談及張先生身世，令人唏噓。

廿六日　上午毅兄同曹敏先生出外。程文熙、程兆熊、柯樹屏等先生來，劉泗英先生來，趙文藝約中飯，午後去學生書局，並與志強弟一電話。

廿七日　午前毅兄往訪陳立夫。李天民、張維瀚來，並去永裕印廠。午後曹先生、程先生、逯耀東等送我們至機場，夜九時十分到大阪，Barnical 太太來機場接我們至京都開會場所。

廿八日　昨日太倦，二人均夜不安眠。晚世界文化交流會開幕禮，廷光亦去參加。此會乃德人Barnical主持。

廿九日　毅兄開會，廷光寫信，仍彈琴打發時間。

三十日　今日中秋節，下午不開會，晚與會中一些同仁赴下鴨神社參加古樂演奏會，另有舞蹈、茶道等表演。我二人提前離場，步月而歸。

十月

一日　由霍韜晦介紹之林傳芳君陪同至大阪檢查目疾，好眼正常，唯病眼略有萎縮現象，應繼續用藥，回到旅館已午後四時，晚上至美濃吉吃日本餐，乃會中日本人請客。

二日　午前不開會，我二人遊比叡山山頂，天時晴時雨，山色若在有無之間，如幻如化，以午後有會議，匆匆歸。晚間亦有會議。吳汝鈞來電話。

三日　午前至大德寺，會議就在寺中舉行，毅兄眼發紅不舒服，一年輕外國友人代爲購藥，用後就覺好多了。吳汝鈞來，午後參加會議旁聽。

四日　今日會中節目有參觀園林、寺廟等，午後八時歸，水源渭江來訪，十時又有會議。

五日　世界文化交流會議大會今日午前結束。曉雲法師學生郭麗英來，午後林傳芳、吳汝鈞來，晚毅兄與會中同仁又開一小會議，討論交流會未來發展事。會後訪平岡先生。

六日　午前二人遊龍安寺、南禪寺，午後三時卽隨大會同仁乘機赴臺北，住國王大飯店。

七日　午前參觀吳火獅工廠，午後自由活動，我二人赴國際關係研究所。晚馬漢堡約大會同仁於家中晚飯，其父馬壽華先生爲有名畫家。

八日　晨李天民約早餐吃豆漿，歸來收拾雜物，曹先生及張肇祺送我們至飛機場。回到香港已午後五時，趙潛等來接，立卽商量如何招待明日卽來港之世界交流會同仁，該會擬在香港成立一中國中心。

（「廷光代筆之九」止）

九日　陰　上午至機場接參加京都世界文化交流會議之外國人士至百樂酒店，晚於樂宮樓設宴招待並約新亞研究所及董事會同仁相陪。

十日　陰　上午在家休息，下午參加國慶酒會，晚宴世界文化交流會及研究所同仁於菜根香，八時後由蔡德允、王純、胡菊人、馮德明及廷光等於百樂酒店舉行一小型之音樂會，使彼等由之以理解中國文化。

十一日　陰　中午中國文化會宴交流會同仁，下午送大部同仁離港，晚林聰標宴Barnical 夫婦，約我與廷光作陪。

十二日　陰　上午在家休息，下午李文標、劉伍華、陳榮灼、劉國強等學生來談。

十三日　晴　上午至研究所辦公，下午出外看一電影，復鄧公玄、譚學波，及六妹信。

十四日　晴　上午與黃文山、周開慶、李天民各一函，並編校心物與人生一書，此書將改由學生書局出版。至研究所辦公，下午辦雜事，與逯耀東、柯樹屏各一函。

十五日　晴　與任卓宣、曹愼之及方東美先生各一函，至研究所辦公並校對文，下午與程兆熊、林傳芳各一函。

十六日　晴　上午至研究所辦公，並校原教篇，下午休息，夜校原教篇。

十七日　晴　上午至研究所辦公，校原教篇，下午仍校此書。

十八日　陰　上午至研究所辦公，與錢賓四一函，下午閱 Institute of Inter. Culture 及中文大學有關大學之組織之報告。

十九日　風雨　終日校對原教篇。

二十日　雨　校對原教篇終日。

廿一日　陰　上午訪吳士選談新亞事，至研究所辦公，下午二客來，四時至半島飯店與李祖法、吳士選談。

廿二日　陰　上午至研究所講中國思想二時。

廿三日　晴　上午與蔣彥士一函，並擬一與教育部公文稿，孫德智來，午睡後與郭少棠一函。

廿四日　晴　上午至研究所辦公，下午新亞董事會。

廿五日　晴　上午至研究所辦公，校原教篇至下午。

廿六日　晴　上午至研究所，饒宗頤講演，下午校對文至夜深。

廿七日　晴　上午敎原敎篇，至星光行爲中華歷代文物展覽會揭幕，下午校文，唐端正帶哲學系新生來談。

廿八日　晴　上午至研究所辦公，下午新亞校長遴選委員會開會。

廿九日　陰　上午至研究所辦公，下午至窩打老山看屋。

三十日　陰　上午至研究所辦公，下午爲黃文山之文化學體系評論集寫一短序五百字。

卅一日　陰　上午至中大爲康德二百五十周年會作一講演，下午睡，晚新亞董事會爲中大改制建議開會。

十一月

一日　晴　上午至研究所辦公，下午睡。

二日　晴　上午與學生講演參加世界文化交流研究所會議說到世界學術文化之由分到合之趨勢及學術文化交流之可能基礎。

三日　陰　寫昨日講演辭成一萬字，下午學生來談新亞改制事。
四日　陰　上午補昨文四千字，至研究所辦公，下午改文數處，晚看一電影。
五日　晴　上午至研究所辦公，中午中山圖書館董事會約談借放藝術文物於新亞圖書館事，下午與同仁通電話談中大改制事。
六日　晴　上午研究所上課二時，下午閱雜書。
七日　晴　上午至研究所辦公，並與學生談中大改制事。
八日　晴　上午校文，下午至機場送宗三兄赴臺。
九日　晴　上午至研究所辦公，下午數學生來談新亞事。
十日　陰　上午李幼椿先生來研究所講演。
十一日　陰　上午寫中大改制之「基本假定」問題三千字，下午金耀基來談改制事，晚尹致中約晚餐於豪華樓。
十二日　陰　上午在家休息，下午董事會小組會議。
十三日　陰　上午研究所上課二時，下午休息。
十四日　晴　上午回信四封，下午董事會小組會。
十五日　晴　上午至研究所辦公，中午與端正談學校事，下午至半島酒店。

十六日　晴　上午研究所請丁衍鏞講演，並同飲午茶，下午吳士選、胡菊人來談新亞事。

十七日　晴　上午與學生談新亞事，下午看一電影，草一孔聖堂中學畢業典禮講詞二千餘字。

十八日　陰　上午唐端正來談校中事，至研究所辦公，下午休息。

十九日　晴　上午至研究所辦公，中午出外看屋，下午改孔聖堂中學致辭文。

二十日　晴　上午上課二時，下午董事會小組會，晚蕭立聲、丁衍鏞約晚飯。

廿一日　晴　上午校對前交明報月刊文，下午研究所茶會招待日本京都南畫院河野秋邨及西田王堂二先生，晚設宴於豐澤園招待。

廿二日　晴　上午至研究所辦公；復周開慶、黃振華、劉文潭各一函，下午休息。

廿三日　晴　上午至研究所辦公，下午出外看屋。

廿四日　晴　出外看屋，晚河野秋邨約。

廿五日　晴　上午研究所請羅香林講演，下午董事會小組會至晚十一時。

廿六日　晴　復王道太太一函，與學生談，至研究所辦公，下午董事會小組會至夜九時。

廿七日　晴　上午研究所上課二時，並與學生談，下午休息。

廿八日　晴　上午研究所辦公，下午休息。

廿九日　晴　上午復李獻璋、謝仲儀各一函，下午校對中華人文與當今世界。

三十日　晴　上午研究所琴社成立會，中午與吳士選共約明報數編輯午飯，下午校文。

十二月

一日　陰　晨校文二時，與研究所同學同遊半春園，四時返，校文四時。

二日　陰　終日校文約九時。

三日　晴　上午校文五時，下午董事會，晚校文三時，與馮愛羣一函。

四日　晴　上午上課二時，下午閱雜書。

五日　晴　上午至研究所，下午出外看屋。

六日　晴　復杜祖貽、高君湘、胡蘭成、王道太太各一函，下午新亞中學董事會常務會開會。

七日　晴　上午研究所請何敬羣講演，下午中國文化會馬先生爲研究所學生獎學金事來所。

八日　晴　上午劉國強來談新亞學生對中文大學改制問題之態度，下午至廣播道看屋，復王家琦一函。

九日　晴　上午研究所辦公，下午出外看屋。

十日　晴　上午在家休息，下半新亞教育文化公司會議。

十一日　晴　上午上課二時，下午至沙田理民府及慈航淨苑。

十二日　晴　上午至和域道看屋，下午再至和域道看屋，並開新亞董事會工作小組會。

十三日　晴　上午爲屋事至律師樓，下午休息。

十四日　陰　上午至研究所辦公，再至律師樓爲購和域道屋事，復王道太太一函。

十五日　陰　上午研究所請李幼椿先生講演，並與同仁等共午飯，下午再至和域道。

十六日　晴　上午寫二信，並至研究所辦公。

十七日　晴　上午至研究所答明報記者問中大改制事，下午休息。

十八日　晴　上午研究所上課二時，下午復詹勵吾、文守仁各一函。

十九日　晴　至研究所辦公，復信二封。

二十日　晴　上午至研究所辦公，下午在家休息。

廿一日　晴　晨閱某譯 Adler 論自卑情結書數十頁及 Fromm 夢的精神分析一書，下午翻閱胡蘭成所寄華學科學及哲學一書。

廿二日　晴　上午郭少棠來談，下午思中大改制問題事。

廿三日　晴　上午赴孔聖堂中學畢業典禮，約我講話。下午至 Johnson and Master 訂和域臺屋並付款。

廿四日　晴　上午整理雜物，下午新亞董事會工作小組會。

廿五日 晴 復蔡仁厚一函，下午休息。

廿六日 晴 整理雜物。

廿七日 晴 至和域臺看修整房屋，下午新亞董事會數人崇基董事會數人共談中大改制事。

廿八日 晴 上午至研究所辦公，下午睡，與周開慶一函。

廿九日 晴 上午復俞大剛、李日剛各一函，與柯樹屏一函，下午整理書物。

三十日 晴 上午與梅貽寶一函，復黃耀炯一函，下午整理雜物。

卅一日 晴 上午遷居九龍塘和域道五號和域臺D座二樓十六號。計來港共遷居十二次，首住大埔八角亭，由八角亭遷沙田白田村華僑工商學院宿舍，再遷九龍桂林街新亞書院、嘉林邊道、樂道、延文禮士道、靠背隴道、漆咸道、施他佛道、加多利山道、亞皆老街、和域道。和域道屋是用退休金所購，想以後不會再遷居了。其處環境尚好，頗爲寧靜。到港廿六年來，離港至臺日及歐美十四次。遷居十二次，平均每二年遷移一次。

民國六十四年（一九七五年）

一月

一日 晴 上午至中國文化協會團拜，中午與大專教授在瓊華酒家聚餐，三時返整理雜物。

二日 晴 終日整理書籍。

三日 晴 上午至研究所，下午清理書籍。

四日 晴 念孔子志於道四句，可加指明爲：志於天人之道，據於天性之德，依於物我感通之仁，遊於人文化成之藝。以統平日之所思。上午至研究所辦公，新亞哲系學生劉伍華、李文標等來談，又由美經港之譚君來談，此生在美，學社會學，擬治哲學，頗具慧根，曾讀我寫之書四種，下午睡。

五日　晴　上午整理書籍，下午與二妹六妹各一函。
六日　晴　晨擬研究所計畫，下午睡，夜整理書物。
七日　晴　上午改研究所計畫，下午至機場接李獻璋並同晚餐。
八日　陰　擬研究所計畫，上課二時，念研究所之作風可以敬老、尊賢、育才、與學概之。
九日　晴　補擬研究所計畫，並訪吳士選與之商酌，下午休息，晚陳特、劉述先來同晚飯。
十日　晴　上午至研究所辦公，下午唐端正、關展文來。
十一日　晴　上午研究所羅夢册講演，下午李杜來，晚於豐澤園宴李獻璋及新亞歷史系同仁。
十二日　陰　上午吳士選夫婦來，下午整理修改新亞研究所之董事會及行政組織及其他教務事務圖書出版等之章程規則至夜，已大體就緒。閱 A Synopsis of Hasold's The Shining Stranger 乃一基督教之傳教之著之大綱。
十三日　晴　上午重閱研究所規章，至研究所辦公。
十四日　陰　上午整理書籍完，下午睡。
十五日　陰　上午辦公並上課二時，下午休息。
十六日　晴　上午至研究所，下午新亞書院董事會工作小組會。
十七日　晴　上午至研究所辦公，改正研究所計畫，晚至蘇浙同鄉會參加董事會同仁宴未來新亞校長劉大中。

十八日　晴　上午至研究所看圖書館情形。

十九日　陰　上午閱 Paul Ricoeus: The Symbolics of Evl 數十頁。

二十日　陰　上午至研究所辦公，下午閱昔年出版之大陸雜誌四五時。

廿一日　陰　上午至研究所辦公，下午出中大學位考試題。

廿二日　晴　上午研究所上課二時，下午至吳士選處，歸校中華人文與當今世界三時。

廿三日　晴　上午校文三時，至研究所辦公，下午校文四時。

廿四日　晴　上午校文並至研究所，午睡後仍校文。

廿五日　晴　上午研究所王韶生講演，下午新亞教育文化會。

廿六日　陰　上午復張鍾元、黃振華各一函，並校中華人文與當今世界。

廿七日　陰　上午辦公，下午校文。

廿八日　晴　上午校文三時，並將校稿寄臺灣，下午新亞改制小組會。

廿九日　陰　上午上課二時，下午新亞研究所董事會開會。

三十日　雨　上午至研究所。

卅一日　陰　上午哈佛燕京代表 Ivun Hall 來研究所，約於豐澤園中飯，並與吳士選、沈亦珍商談對中大改制度事，三時後返家休息。

二　月

一日　晴　上午至研究所辦公。

二日　晴　上午研究所約李幼椿先生講演，李天命夫婦來晚飯。

三日　晴　上午研究所辦公，下午至重慶大廈，吳士選來談。

四日　晴　上午至研究所辦公，寫信二封，下午休息。

五日　晴　上午研究所辦公，下午復文守仁、詹勵吾、蕭繼宗、陳邁子各一函。

六日　晴　上午復孫智燊一函，至機場送廷光學琴老師蔡德允夫婦赴日本。

七日　晴　上午至宗三兄處，並至研究所辦公，下午參加中國語文研習所酒會。

八日　陰　上午閱某所編 Man Alone 三四十頁，下午閱雜誌，晚約研究所學生廿餘人來晚餐團年。

九日　陰　上午閱中國近代史，下午睡起閱柳翼謀中國文化史。

十日　晴　上午至重慶大廈，約李獻璋中飯，下午閱有關中大改制文件，閱餘子隨筆，今日爲甲寅年除夕。

十一日 陰 今日元旦，晨閱吳碧柳先生書信十餘札，學生及同事來拜年，夜宗三夫婦來，與之同至復觀兄處拜年。

十二日 晴 至宗三兄處拜年，並至瓊華酒樓與新亞同仁團拜，下午至沙田慈航淨苑在我與廷光父母神位前叩拜。晚梁燕城來拜年，依古禮跪拜，贈以父親孟子大義及母親之詩各一册。

十三日 陰 上午哲學系學生來拜年，下午亦有學生來。

十四日 晴 晨寫文二千字爲黎華標論中文改制文之資料，至研究所辦公，陳再思等來拜年。

十五日 陰 上午至研究所辦公，下午黎華標來。

十六日 陰 上午校對文三時，與孫守立一函，下午睡。

十七日 晴 上午至研究所辦公，下午閱雜書。

十八日 陰 上午至研究所辦公，並閱雜書，中午約胡應漢、周植曾於豐澤園午飯。

十九日 晴 上午上課兩時，午睡後曉雲法師來。

二十日 晴 上午至研究所辦公，下午重閱柳翼謀中國文化史。

廿一日 晴 上午至研究所辦公，午睡後閱雜書。

廿二日 晴 上午研究所辦公，約曉雲法師於六榕齋館午餐，下午數友人來。

廿三日 晴 上午仍有客來拜年，下午休息。

廿四日　晴　晨擬哲學的任務講稿十餘行，上午至黃醫生處檢查心臟血壓情況。今日爲母親逝世忌日，倏已十一年矣，晚以香燭酒菜致祭於神位前。

廿五日　晴　上午至醫務檢驗所，並到校辦公，下午閱 Dostaesky 之 Note from Underground 一文。

廿六日　晴　上午上課二時，與蔣彥士一函，下午休息。

廿七日　晴　晨復吳士選一函，至研究所辦公，嚴耕望來，午睡不成眠。

廿八日　晴　上午至黃醫生處，下午散步，閱 Heidegger 之 Identity and Difference 完。

三　月

一日　晴　上午至研究所辦公，下午閱大學改制小組報告書，夜新亞研究所琴社舉行雅集，並宴虞兆興、朱惠清等於菜根香。

二日　晴　閱大學改制小組報告完，下午休息，晚李國鈞約至鄉間晚飯。

三日　陰　晨閱憨山夢遊集，至研究所辦公，下午看一電影。

四日　雨　晨閱 Four Theologians 數十頁，至研究所辦公，下午閱雜書，劉國強來談中大改制事數時。

五日　陰　上午上課二時，下午閱雜書。

六日　晴　上午至研究所辦公，午睡後學生來。

七日　晴　上午至研究所，下午新亞董事會改制小組會。

八日　陰　上午研究所請潘重規講演，並同午餐。

九日　陰　上下午閱雜書，晚赴中原客居總會第二屆理監事就職典禮並致辭。

十日　陰　上午至研究所辦公，閱六十年來之國學，下午續閱此書至夜。

十一日　陰　上午至研究所辦公，下午閱六十年來之國學。

十二日　陰　上午上課二時，下午唐端正來共寫新亞研究所董事會紀錄，與二妹、六妹各一函。

十三日　陰　上午至研究所辦公。

十四日　陰　終日閱 Nagel 論 Godel's Proob 書及 De Long: Profile of Mathematical Logic。

十五日　陰　上午至研究所辦公，下午學生來談中大改制事，閱 Heidegger: On Time and Being。

十六日　陰　上午研究所請李幼椿先生講演，同午飯，下午睡後閱 On Time and Being 一書完。

十七日　陰　上午至研究所辦公，閱 Heidegger: The End of Philosophy Discourse on Thinking 完。

十八日　晴　閱 Heidegger: On the Way to Language 六十頁。

十九日　陰　上午上課二時，下午休息。

二十日　陰　上午至研究所辦公，下午董事會改制小組會。

廿一日　陰　上午至研究所辦公，下午休息，許孝炎約晚飯。

廿二日　陰　上午至研究所辦公，虞兆興約中飯，復賈澹樸一函，晚閱 New Modernism 乃論述 Barth Brunnan 之神學之著。

廿三日　晴　晨整理雜文，與李國鈞至鄉間一遊並至慈航淨苑母靈處，明日爲母親八十九冥壽。

廿四日　晴　上午至研究所辦公，下午新亞中學董事會會議。

廿五日　陰　上午至崇基講演海德格存在哲學之道路。

廿六日　陰雨　上午上課二時，閱原教篇，下午出外看一電影。

廿七日　陰　上午至研究所辦公，下午新亞董事會小組會議。

廿八日　陰　上午閱原教篇完，下午休息，晚宴中國文化學會之黃麟書、許孝炎等。

廿九日　陰　上午在家休息，下午出外一遊。

三十日　陰　閱 De Long: Profile of Mathematical Logic。

卅一日　陰　上午閱 De Long 書二時，劉國強來談中大改制事。

四　月

一日　陰　上午研究所辦公，寫中國思想中之自然觀四五千字完。
二日　晴　上午上課二時，改昨文數百字，下午休息。
三日　陰　上午到研究所，下午睡，李祖法約晚飯。
四日　晴　上午到研究所辦公，晚研究所所會宴梅貽寶夫婦於樂宮樓。
五日　陰　休息。
六日　陰　上午閱何敬羣益智仁室論詩隨筆，下午為大地社青年講民國初年青年之思想。
七日　陰　上午至研究所辦公，下午休息，晚新亞董事會改制小組會。蔣總統昨日逝世。今日上午至中國文化協會所設靈位前致敬。
八日　陰　上午至研究所辦公，下午睡，晚中大哲系同仁宴梅貽寶夫婦。
九日　陰　上午上課二時，午睡起閱 Pour Theologians 書中所選 Tillich 之文。
十日　晴　上午至研究所辦公，中午約水源渭江於樂宮樓吃茶，下午閱昨書中之 Tillich 文完。

十一日　晴　上午至香港看牙，下午休息，李國鈞約至沙田晚飯。

十二日　陰　上午至研究所辦公，下午休息。

十三日　陰　上午至香港看牙，下午休息。

十四日　陰　上午至研究所辦公，收到教育部補助研究所匯票。

十五日　陰　至研究所辦公，標點五十六年在京都醫院所作之札記，又至牙醫處。

十六日　陰　上午上課辦公，下午睡。

十七日　陰　上午至研究所辦公，下午董事會小組約新亞各系主任談改制事，抄文三千字。

十八日　晴　至研究所辦公，抄文三千字，下午研究所董事會開會，決定聘請宗三、復觀、士選為研究所專任研究教授。

十九日　晴　上午至研究所辦公，午睡後清理雜物。

二十日　晴　今日仍由廷光陪我赴臺北，應臺灣大學客座教授之約。住徐志強家。

廿一日　晴　上午訪方東美先生及臺大校長，下午訪謝幼偉及程兆熊，寫課程大綱二百字。

廿二日　晴　上午寫講演大綱二百字，訪柯樹屏，下午馮愛羣來。

廿三日　晴　終日有客來。

廿四日　晴　上午至教育部，下午與趙潛一電話。

廿五日 晴 上午至臺大上課二時，下午與趙潛一電話，並與彼及吳士選各一函。
廿六日 晴 上午中國文化學院研究院學生來我住處，爲講課二時，梅貽寶約中飯。
廿七日 晴 上午訪柯樹屏、程兆熊，午後休息。
廿八日 陰 上午臺大上課二時，下午華仲麐來，並往訪程石泉。
廿九日 陰 上午爲臺大哲學系研究部出考試題，下午馬漢堡來談，又臺大之學生來談。
三十日 陰 上午至龍山寺及關公廟一遊，下午休息，晚在耕莘文教館講中西哲學比較之問題二時。

五月

一日 晴 上午爲文化學院學生講課二時。
二日 晴 臺大上課二時，至熊丸醫生處檢查身體，下午至鄉間一遊。
三日 晴 至一檢驗所檢驗血液及小便，下午孫守立來談。
四日 晴 上午王成聖、文守仁、逯耀東及中國文化大學學生來，下午哲學與文化月刊會。
五日 晴 上午上課二時，下午至中外圖書展覽會購書。
六日 陰 上午至陽明山訪錢先生、張曉峯、曉雲法師。

七日　陰　上午與趙潛一函，至熊醫生處，圈書局書目，午睡，王成聖來。

八日　陰　上午爲中國文化學院學生講課，午睡，哲學與文化月刊之編輯數人來談。

九日　陰　上午臺大上課二時，與開慶兄夫婦同訪張岳軍先生未晤。下午至中國書城購書，晚寫孔子在中國文化之地位之重申一文，以答大公報某君對我前文之駁難。

十日　陰　上午至中國文化學院講演，中午四川文獻社聚餐，午睡後改抄昨文爲三千字。

十一日　陰　晨校改昨文數處寄香港，李霜青及新文豐公司劉修橋來談印熊先生書信事。下午溫念君來，溫君乃我四十年前之學生。

十二日　陰　上午臺大上課二時，與學生談一時許，午睡後至孔廟一遊。

十三日　晴　上午至臺大看研究院入學考試卷二時，趙文藝約晚飯。

十四日　陰　上午至熊醫生處，陳立夫約中飯，中央黨部文化部約晚飯。

十五日　陰　上午上課二時，郭榮趙帶來張曉峯函及聘書，欲聘我爲中國文化學院哲學博士班主任，已婉謝之。

十六日　陰　上午上課二時，與唐亦男等同午餐，午睡，閻振興約晚飯。

十七日　陰　上午訪黃季陸，下午睡，復張其昀一函。

十八日　晴　上午周紹賢來訪，柯樹屏約中飯，下午睡。

十九日　陰　上午臺大上課二時，下午閱中國文化學院博士班入學考試論文，與趙潛一函。

二十日　陰　上午黃季陸來，與徐東濱一函，下午數師大學生來。

廿一日　陰　上午為臺大四年級學生講話二小時，潘重規、高明約午飯，午睡，下午馮愛羣來。

廿二日　陰　上午為文化學院學生講課二時，復劉文潭一函。

廿三日　陰　臺大上課二時，周紹賢約晚飯。

廿四日　晴　上午師大學生來談，午睡，晚至桃園一遊。

廿五日　陰　上午至師大講演孔子在中國歷史文化中之地位，文守仁約午飯，下午睡。

廿六日　晴　上午上課二時，下午乘火車至臺南。

廿七日　晴　上午多明陪同訪安兒之婆家，又至孔廟、鄭成功廟，至骨相士何東海處看骨相，彼摸骨而知我之姓、年齡、兄弟、夫婦、子女之情形，此亦奇事。晚為成功大學講演孔子在中國文化之地位。

廿八日　晴　晨至高雄佛光山，下午為其處之佛教大學講東方文化復興之新機運。

廿九日　晴　至高雄市師範學院講師友之道與中國文化，下午乘車返臺北。

三十日　晴　上午上課二時，下午休息。

卅一日　晴　上午至書店看書，下午講課二時。

六　月

一日　晴　上午至孔孟學會講演，仍講孔子在中國文化之地位一題。潘振球及彭震球約午飯，午後至陽明山一遊。

二日　晴　上午上課二時，下午乘車至臺中東海大學。

三日　陰　上午遊臺中公園，晚在東海大學講世運國運與文運。

四日　陰　上午多明陪同乘車至日月潭，住涵碧樓，雇舟遊潭，及遊潭岸。

五日　陰　上午返臺中，乘火車返臺北，午後六時抵達。

六日　陰　上午臺大上課二時，下午復黃耀炯、吳士選各一函。

七日　陰　上午陳台唯及王邦雄來，黃季陸約午飯，下午上課二時，晚馮愛羣來。

八日　陰　周開慶約中飯，李霜青等約晚飯。

九日　陰　上午上課二時，至教育部，與趙灣一電話，下午閱鈴木大拙禪學論。

十日　陰　閱戴華生語意學一書，下午看一電影。

十一日　陰　上午寫審閱戴著之報告，下午至中華書城購書。

十二日　陰雨　上午至中央圖書館，午後休息，與逯耀東、何佑森等來同出晚飯。

十三日　陰　上午上課二時，下午睡，復趙潛、陳榮灼各一函，學生書局約晚飯。

十四日　陰　上午至方先生處視疾，黃振華約午飯，午後中國文化學院學生來談。

十五日　晴　王成聖約午飯，沈之岳約晚飯並參觀調查局。

十六日　晴　上午上課二時，中午至永明寺與雲門學園學生講話，下午至圓覺寺。

十七日　陰　上午閱雜書，下午訪教育部長蔣彥士，晚看京戲，並閱試卷。

十八日　陰　上午訪糜文開，至中國書城、大專書城購書，下午張洪瑜、蔡仁厚來，晚聽京戲。

十九日　晴　上午至大專書城購書，下午黃振華、劉孚坤來，晚又聽京劇。

二十日　晴　上午上課二時，看試卷，午睡，復趙潛、高登河各一函。

廿一日　晴　上午至中國文化學院口試王邦雄博士論文，下午與劉述先一函，打一電話至香港，程文熙及孫守立來。

廿二日　陰　晨至臺中，陳問梅等約中飯，下午由唐多明陪伴至梨山，宿梨山賓館。

廿三日　陰　至溪頭宿溪頭旅舍。

廿四日　陰　至溪頭神木處。

廿五日　晴　由臺中返臺北。

廿六日　陰　上午理髮，有客來訪，午後訪李祖法談校中事。

廿七日　晴　上午至臺大口試二碩士學生，下午辦雜事。
廿八日　晴　上午鄒先生代表文藝復興月刊來訪。
廿九日　晴　上午兆熊、曹愼之來同至內湖，下午乘機返港。
三十日　陰　上午至研究所並訪吳士選，午後休息，閱雜誌、報紙。

七月

一日　晴　上午整理雜物，午睡，孫國楝、劉述先等七人來談。
二日　晴　至研究所並訪宗三，下午二學生來，吳士選及宗三兄來談，抄文千字。
三日　晴　抄文四千字，至研究所辦公，午睡後抄文四千字，二學生來。
四日　晴　上午至研究所辦公，下午校文二時，開校長遴選小組會。
五日　晴　上午校文，下午睡。
六日　晴。上午與孫國楝在電話中談，蕭輝楷來，約吳森、劉述先、唐端正等共午餐。
七日　晴　上午研究所會議，中午同仁聚餐，下午休息。
八日　晴　上午至研究所辦公，復函三封，朱明綸、譚汝謙來。
九日　晴　上午至研究所辦公，下午寫信與二妹、六妹。

十日　晴　上午至研究所辦公，下午與唐多明等看一電影。

十一日　晴　上午至研究所辦公，下午新亞董事會校長遴選會開會。

十二日　晴　上午與全漢升談，請其代理新亞校長事，劉述先約午飯與 Tehmarge 談，下午南山書店開幕紀念。

十三日　陰　清理舊書信及文稿竟日。

十四日　陰　上午與程文熙、周紹賢、柯樹屏各一函，下午與劉泗英先生及開慶兄各一函。

十五日　陰　上午至研究所辦公，下午看一電影，晚全漢升夫婦來談，彼不擬代新亞校長事，力挽之。

十六日　陰　上午至研究所辦公，約全漢升、吳士選、李祖法共午餐，共挽全漢升代任新亞書院校長事。

十七日　晴　上午整理生命三向與心靈九境一書，至研究所辦公，下午感冒發燒。

十八日　晴　晨整理昨書四時，下午再整理一時，休息。

十九日　晴　上午至研究所辦公，整理生命三向與心靈九境一書序。下午休息。

二十日　陰　上午整理生命三向與心靈九境書四時，下午再整理二時。

廿一日　陰　上午整理昨書三時，下午休息，傷風未癒。

廿二日　晴　上午至研究所，今日共整理文六時。
廿三日　晴　上午至研究所，整理文二時，下午再整理文三時。
廿四日　晴　上午至研究所，整理文七八時。
廿五日　晴　研究所考試，下午整理文三時。
廿六日　晴　研究所考試，整理文五六時。
廿七日　晴　上午看馮永明論文，下午整理文四時。
廿八日　晴　上午至研究所，並改文二時，下午至夜再改文五六時。
廿九日　晴　整理文四時許。
三十日　晴　整理文四五時。
卅一日　晴　整理文五六時。

八　月

一日　陰　上午至研究所辦公並整理文，下午再整理文三時。
二日　晴　至研究所辦公，上下午共整理文七時。
三日　晴　上午整理文。

四日　晴　上午整理文，李祖法約午飯談學校事，下午仍整理文。
五日　晴　至研究所，並整理文六七時。
六日　晴　終日整理文。
七日　晴　終日整理文。
八日　雨　終日整理文。
九日　晴　終日整理文，生命三向與心靈九境一書初步整理完。
十日　陰　上午過海訪李幼椿先生，在趙潛處午飯，午後歸，休息。
十一日　晴　上午口試研究所新生，中午與口試同仁午餐，午睡後閱廖鍾慶論文。
十二日　陰　上午擬董事會為大學改制報告書之申明，下午董事會小組開會。
十三日　陰　上午口試研究所哲學學生，中午約朱惠清等在一素菜館午飯，下午休息。
十四日　陰　上午至研究所，下午閱人的現象與神的雰圍二書大體完。
十五日　陰　上午至研究所辦公，閱三度的生命。
十六日　晴　上午至研究所辦公，下午休息並出外看一電影，晚閱基督信仰的創始者一書大體完。
十七日　晴　上午閱鈴木大拙之禪佛教入門完，午睡後閱雅士培談悲劇一書。

十八日　晴　上午研究所辦公，下午新亞董事會改制小組會議。

十九日　晴　上午至研究所辦公，中午約馬一浮先生之內姪女婿夏輝宇及朱淵明於樂宮樓飲茶談馬先生事。

二十日　晴　上午至研究所辦公，擬信稿與刋載我英文論文之雜誌，說明我擬合印論文集，請允索回版權事。下午閱雜誌。

廿一日　晴　上午研究所辦公，下午閱雜書。

廿二日　晴　將前日所擬之信稿改正發出共七封。下午新亞校長遴選會，通過聘全漢升爲校長。

廿三日　晴　上午至研究所辦公，下午翻閱何秀煌譯 Alston 之語言哲學完，下午看一電影。

廿四日　晴　晨閱鄭譯愛的弧線完。翻閱現代學苑編之當代領導性思想家，下午翻閱詹著人性權力政術一書完。

廿五日　陰　閱雷著中國文化一書完。下午閱席著成敗原理完，晚出外看一電影。

廿六日　陰　下午閱 Beek 著，葉譯之存在主義與心理分析完。至研究所，下午閱劉大悲譯之叔本華選集大體完。

廿七日　陰　上午至研究所辦公，下午閱中國佛教史及其他雜書。

廿八日　陰　上午至研究所辦公，下午翻閱馬定波印度佛教心意識現象之研究完。

廿九日 陰 上午至研究所辦公，午睡，數學生來談。

三十日 陰 上午至研究所辦公，下午至瑪麗醫院看吳士選及曾履川之疾。

卅一日 晴 上午閱雜書，下午程兆熊夫人及其子來共晚飯。

九 月

一日 晴 上午研究所會議，下午看一小說。

二日 晴 上午訪何敬羣、王韶生、羅香林，擬聘其至研究所上課，下午閱雜書。

三日 晴 上午研究所辦公，下午看一電影。

四日 晴 上午研究所辦公，下午新亞教育文化會議。

五日 晴 上午至研究所辦公，下午閱雜書。

六日 晴 上午研究所辦公，下午研究所所會，曾履川先生逝世，擬一對聯致悼，晚至曾太太處弔唁。

七日 晴 上午閱論語各家注，下午閱雜書。

八日 晴 上午研究所辦公，今日開課，與李鼎元、吳俊才各一函，晚至研究所介紹何敬羣先生初次上課。

處。

九日　晴　上午研究所上課一時，復翟志成、馮永明及一臺大之外國學生函，午睡起至吳士選

十日　陰　上午上課二時，午睡，晚至研究所。

十一日　晴　上午至研究所辦公，午睡，輓曾履川對聯改定為：

儉用以刻先世書、鄉賢書，再刻平時自著書，絕域度藏之，秦火燒書應不及；

嘗言每懷家國憾、學術憾，更懷未證菩提憾，當年心願在，來生補憾復何疑。

十二日　晴　上午至研究所辦公，下午介紹王韶生先生上課。閱羅夢册孔子之未王而王一書。

十三日　晴　上午至研究所辦公，下午至圖書館。

十四日　陰　上午上課一時許，至九龍殯儀館參加曾履川先生追悼會，午睡，閱羅書完。

十五日　陰　上午閱論語註，午睡，王正明來。

十六日　晴　上午上課二時，午睡，重閱生命三向與心靈九境一書，擬每日看一萬字，並重加整理，今日開始看一萬字，費二時。

十七日　晴　晨校閱生命三向與心靈九境二時，至研究所辦公，午睡起再閱校書二時，並至富都旅館看廷光同學朱蘭訓。

十八日　晴　上午上課一時，校閱自著書一時，下午校閱二時。

十九日　晴　上午校閱自著書三時，與廷光及朱蘭訓在樂宮樓午餐，午睡後再閱自著書二時。

二十日　陰　上午校閱自著書三時，午睡後再校閱二時。

廿一日　陰　上午上課二時，復黃振華一函，下午校閱自著書三時。

廿二日　晴　上午閱自著書二時，至養和醫院看李祖法先生病，並至程兆熊夫人處一坐。下午睡起再校閱自著書二時。

廿三日　晴　上午閱所著書三時，劉述先約於鹿鳴春午飯，下午再閱所著書二時。

廿四日　晴　上午研究所辦公，校對心物與人生，午睡起再校對此書。

廿五日　晴　上午研究所上課一時，校閱文二時，下午再校閱心物與人生三時，至能仁書院茶會。

廿六日　晴　上午校心物與人生二時，中午約陸崇仁、董正之，見如、金山二法師及研究所同仁在菜根香午餐，下午閱心物與人生三時。

廿七日　晴　上午上課二時，校閱生命三向與心靈九境二時，並參加新亞書院校慶茶會。

廿八日　晴　上午研究所舉行紀念孔聖誕茶會，十二時半至瓊華酒樓參加港九私立大專院校教授聚餐會，並講話十餘分鐘，下午休息。

廿九日　晴　上午上課二時，下午校閱生命三向與心靈九境二時。

三十日　晴　上午研究所辦公，校閱生命三向與心靈九境二時，下午再校此書三時。

十　月

一日　晴　研究所上課一時，中午宴文海書局之李振華於豐澤園，下午校閱生命三向與心靈九境。

二日　晴　上午至研究所辦公，下午校書三時，復李霜青一函。

三日　晴　上午研究所辦公，閱宗三現象與物自身一書，午睡，準備明日論語課。

四日　陰　上課二時。

五日　陰　終日校閱書。

六日　陰　上午至研究所，下午校文。

七日　晴　上午研究所辦公，校文二時，下午校文三時，與二妹六妹各一函。

八日　晴　上午上課一時，校文二時，下午校閱文三時，吳士選來談。

九日　晴　至研究所辦公，校文二時，下午校文四時。

十日　陰雨　上午準備論語課，校文二時，下午參加雙十節國慶酒會。

十一日　晴　上午上課二時，校文一時，下午校文二時。

十二日　晴　上午校閱文三時，下午校文二時。
十三日　晴　今日重九放假，上午校文三時。
十四日　雨　上午校文四時，下午休息。
十五日　陰　上午上課一時，校文二時，午睡，閱文二時。
十六日　陰　上午校文三時，下午新亞中學董事會開會，校文二時。
十七日　陰　上午研究所辦公，校文二時，下午校文三時。
十八日　陰　上午上課二時，下午校心物與人生。
十九日　陰　校文三時，寫信數封。
二十日　晴　上午上課二時，校文一時，下午校文三時。
廿一日　陰　上午至研究所辦公，校文，下午將心物與人生校稿寄臺灣，校閱生命三向與心靈九境一時許。
廿二日　陰　上午上課一時，與教育部會計處及黃振華各一函，下午校文二時，出外看一電影。
廿三日　晴　上午至研究所辦公，下午校文三時許。
廿四日　陰　上午研究所辦公，下午校文，閱論語註疏二時。
廿五日　晴　上午上課二時，閱論語註疏二時。

廿六日　晴　校文三時。
廿七日　晴　上午上課二時，下午校閱原道篇三時。
廿八日　晴　上午至研究所辦公，下午校文二時。
廿九日　晴　上午校文一時，上課一時，下午校文二時。
三十日　晴　上午校閱文三時，並至研究所辦公，下午董事會開會。
卅一日　晴　上午校閱文二時，至中國文化協會參加蔣老先生冥誕紀念，午睡二時，校文三時。

十一月

一日　晴　上午上課二時，午睡起校文二時。
二日　晴　上午校閱文三時，下午亦校文三時。
三日　晴　上午上課二時，下午校原道篇三時。
四日　晴　上午至研究所辦公，校原道篇三時，下午校閱此書四時。
五日　晴　上午上課一時，校文三時，午睡後校文二時。
六日　晴　上午至研究所辦公，校文二時，下午研究所董事會開會，晚至中國文化協會看臺灣閱兵電影，歸來校文一時許。

七日　晴　上午研究所辦公，校文二時，下午校改文至夜。

八日　晴　上午上課二時，校文二時，下午睡，晚校文二時。

九日　晴　上午校文四時，下午珠海學生紀念中山先生會，約我講話，七時歸校文二時。

十日　晴　上午上課二時，校文二時，下午校文四時。

十一日　陰　上午至研究所辦公，與李鼎元一函。

十二日　晴　上午上課一時並辦公，下午寫書生事業與中國文化二千字，以作明報月刊十週年用。

十三日　晴　上午增加昨文二千字，並至研究所。

十四日　晴　上午至研究所辦公，下午改文二時許。

十五日　晴　上課二時。

十六日　晴　上午校閱文，午睡後至全漢升處談學校事。

十七日　晴　上午上課二時，午睡後李杜來。

十八日　晴　上午至文華酒店與桂中樞先生談，下午擬新亞同仁與福爾敦書約千字。

十九日　晴　上午辦公，上課一時，午睡後校閱書二時。

二十日　晴　上午至研究所辦公，閱宗三所著現象與物自身一書，下午新亞董事會開改制小組會。

廿一日　晴　上午辦公，並閱宗三書，下午睡。

廿二日　晴　上午上課二時，閱宗三書。

廿三日　晴　晨閱宗三書完，與研究所師生同遊流水嚮，午後五時返。

廿四日　晴　上午辦公，上課一時，下午擬正式於研究所中成立哲學研究所之計劃書。

廿五日　晴　上午研究所辦公，下午睡，蕭立聲約晚飯。

廿六日　晴　上午研究所辦公並上課，午睡後二學生來，晚與黃耀烱一函。

廿七日　晴　上午研究所辦公，下午董事會改制小組會。

廿八日　晴　上午研究所辦公，下午請景嘉講演，晚宴景嘉及研究所同仁。

廿九日　晴　上午上課一時半，新島日報記者來訪，有關對中大改制意見。下午與廷光乘機赴臺北。

三十日　晴　訪錢先生，中午與梅貽寶共午餐。

十二月

一日　晴　與吳士選一函，訪方東美先生，下午訪周開慶、劉泗英先生等。

二日　晴　休息，並校原道篇。

三日　晴　上午至臺大上課，下午馮愛羣來。

四日　晴　上午上課二時，下午睡，晚李慶增約晚飯。

五日　晴　上午上課二時。

六日　晴　上午上課一時，周開慶約中飯。

七日　晴　訪劉季洪及雷雨均。

八日　晴　上午至教育部，下午睡，曾昭旭等來談，晚與趙潛一函。

九日　陰　終日校對原道篇。

十日　陰　上午上課二時，下午校原道篇。

十一日　晴　上午上課二時，午睡，校原道篇。

十二日　陰　上午上課二時，講哲學之功與過，下午校原道篇，晚參加臺大學生歡迎會。

十三日　陰　上午上課一時半，下午校原道篇。

十四日　陰　上午準備講演二時，吳經熊等來，下午陳修武帶臺大學生來，校閱原道篇。

十五日　陰　校閱原道篇。

十六日　晴　上午校閱原道篇，張曉峰約於中國文化學院午飯。

十七日　晴　上午上課二時，下午校閱原道篇。
十八日　晴　上午上課二時，下午中國文化大學博士班學生來上課二小時。
十九日　晴　上午上課二時，下午寫信，政大學生來。
二十日　晴　準備明日講演，校對文。
廿一日　陰　於文化會堂爲鵝湖月刋社講中華文化復興之德性基礎，中午曉雲法師約赴永明寺。
廿二日　陰　上午爲研究所事赴太平洋基金會。
廿三日　陰　上午校文，劉季洪夫婦約在故宮博物院中飯，歸來校文。
廿四日　晴　上午上課二時，校對文，下午睡，孫守立來，晚看一川劇。
廿五日　晴　上午校文，下午學生來家上課二時。
廿六日　晴　上午上課二時，下午睡，彭震球約晚飯。
廿七日　晴　上午上課二時，中午程緝之約午飯。下午李霜青來，張若琳約晚飯。
廿八日　陰　上午許仁圖來，錢賓四先生約中飯，下午補生命存在與心靈境界一千字。
廿九日　陰　下午上課二時，晚爲晨曦佛學講佛學與中國文化。
三十日　晴　至輔仁大學哲學研究所與學生講話，晚約兆熊、彭震球夫婦等晚飯。
卅一日　晴　上午上課三時，中午王澈來，下午至故宮博物院。

民國六十五年（一九七六年）

一　月

一日　晴　看謝幼偉病，至慈雲寺及圓通寺一遊。

二日　晴　上午上課二時，中午參加兆熊子定婚宴。

三日　晴　上午校對文三時，下午傳記文學社約，爲張君勱先生生平事開座談會。

四日　晴　校原道篇，趙文藝約晚飯。

五日　晴　校原道篇，劉強約晚飯。

六日　晴　校原道篇，晚至政治大學講演。

七日　晴　上午上課二時，校原道篇。

八日　晴　上午上課二時，午睡後上課二時。
九日　晴　上午上課二時，侯靖遠、臧廣恩夫婦來同午飯。午睡後看一電影，馮愛羣約晚飯。
十日　晴　上午上課二時，陳修武約晚飯。
十一日　晴　中午約趙文藝、張若琳等午飯，下午休息，黃振華約晚飯，校原道篇。
十二日　晴　上午上課二時，校原道篇。
十三日　晴　與侯靖遠遊大溪慈湖謁蔣總統陵，並至石門水庫。
十四日　晴　上午上課二時，下午出試題，並準備週六日講演人的存在問題與中國文化之講演綱要。
十五日　晴　上下午共上課四時，晚改學生所記錄我之講演。
十六日　上午上課二時，下午閱雜書。
十七日　晴　上午在實踐堂講演。午睡後閱試卷，晚湯承業帶東海學生來談。
十八日　晴　上午看醫生，下午何宇川約茶會及晚飯，閱試卷。
十九日　晴　上午閱試卷，下午方先生來，湯承業約晚飯。
二十日　晴　上午至臺大及方先生處，下午學生來談。
廿一日　晴　上午離臺返港，清理雜物。

廿二日　晴　上午至研究所辦公，下午睡，唐端正來。

廿三日　晴　上午至研究所辦公並寫信，晚復觀約。

廿四日　晴　上午上課二時，午睡後回賀年片。

廿五日　晴　上午至沙田慈航淨苑父母靈前上香，明日爲我六十七歲生日，與李國鈞夫婦同午餐。午睡，李杜來。

廿六日　晴　上午上課二時，下午睡。

廿七日　晴　上午辦公，下午睡並寫信。

廿八日　晴　上午上課一時，下午睡，約研究所同學及教師晚飯。

廿九日　晴　上午校文，下午睡，晚約研究所之另一部份師生晚飯。

三十日　晴　上午在家休息，下午睡，今日爲農曆除夕。

卅一日　晴　今日農曆初一，學生及友人等來拜年。

二　月

一日　晴　至宗三及吳士選處拜年，下午至中文大學數同仁處回拜。

二日　晴　上午哲學系學生來拜年，下午將二妹所抄母親詩前寄來校對表，一一撿出錯處。

三日　晴　上午將母親詩錯處一一改正並黏貼改正之字。中午新亞團拜，下午仍黏貼母親詩冊至夜深。
四日　晴　黏貼母親詩稿印本完。
五日　晴　上午閱雜書，午睡後亦閱雜書。
六日　晴　上午至研究所辦公，下午董事會改組小組開會。
七日　晴　上午上課二時，午睡後閱雜書。
八日　陰　上午改傳記文學社所寄來前在臺北爲張君勱先生紀念會所發言之紀錄，下午學生來。
九日　陰　上午上課二時，午睡，閱雜書。
十日　晴　至研究所辦公，晚與趙潛一長途電話問其病情。
十一日　晴　上午上課一時，午睡，閱雜書。
十二日　晴　上午至研究所辦公，下午整理母親思復堂詩膠卷。
十三日　晴　整理母親思復堂詩膠卷完。
十四日　晴　上午上課二時，午睡，閱雜書，唐端正、孫莉蓮來。
十五日　晴　重整理母親詩膠卷，下午閱智旭閱藏知津。

十六日　晴　上午上課二時，下午整理雜物。
十七日　晴　上午研究所辦公，下午新亞教育文化會開會。
十八日　晴　上午上課一時，下午整理雜物。
十九日　晴　上午至研究所辦公，下午睡，黃麟書約。
二十日　晴　上午研究所辦公，午睡，閱雜書。
廿一日　晴　上午上課二時，下午看一電影。
廿二日　晴　上午閱雜書，下午與蔡德允夫婦同去沙田。
廿三日　晴　上午上課二時，下午閱黃彰健所贈之經學記學書。
廿四日　晴　上午研究所辦公，午睡，閱林正弘所編之邏輯書。
廿五日　晴　上午上課一時，午睡，閱孟子集註。
廿六日　晴　上午至研究所辦公，午睡，閱雜書，並準備星期日與研究所學生講話。
廿七日　陰　上午至研究所辦公，午睡，與二妹六妹各一函，看一電影。
廿八日　陰　上午上課二時，教育部劉承叔及成功大學劉顯琳來，約其與研究所同仁於樂宮樓午餐，下午復信三封。
廿九日　陰　上午在家休息，下午至研究所爲所會學生講在臺講學之感想。

三　月

一日　陰　上午上課二時，午睡，閱佛學雜誌。

二日　陰　上午至研究所辦公，午睡，閱 Tsanoff: The Nature of Evil。

三日　晴　上午上課一時，午睡，續閱昨書一章。

四日　晴　上午研究所辦公，午睡，閱昨書一章。

五日　晴　上午研究所辦公，午睡，閱昨書一章，看一電影。

六日　晴　上午上課三時，魏羽展來中飯，午睡，閱漢書。

七日　晴　上下午閱漢書。

八日　晴　上午上課二時，下午仍閱漢書，開董事會臨時會。

九日　晴　上午至研究所並至圖書館看書，午睡，閱後漢書。

十日　晴　上午上課一時，下午閱後漢書。

十一日　晴　上午至研究所辦公，下午復信三封，辦雜事，閱後漢書。

十二日　晴　上午研究所辦公，午睡，開會，今日爲母親八十九歲冥誕，晚閱三國志。

十三日　晴　上午上課二時，午睡，閱三國演義。

十四日　陰　上午寫在臺灣講學之一報告。
十五日　晴　上午上課二時，趙潛回港，午睡，閱 The Nature of Evil。
十六日　晴　上午研究所辦公，下午閱雜書，並看一電影。
十七日　晴　上午上課一時，下午閱 The Nature of Evil 及三國志。
十八日　晴　上午至研究所辦公，下午閱昨日所閱二書。
十九日　晴　上午至研究所辦公，下午閱 The Nature of Evil。
二十日　晴　上午上課二時，下午閱智顗之小止觀禪波羅密次第法門。
廿一日　陰　上午閱昨書完，改原道篇數百字，下午睡，晚閱太虛法師一書。
廿二日　陰　上午上課二時，下午閱法相學會年刊及 Stcherbasky: Buddhistic Logic。
廿三日　晴　上午至研究所辦公，下午閱 Stcherbasky 書第一卷第四部大體完。
廿四日　晴　上午上課一時，下午閱雜誌，與二妹一函。
廿五日　晴　上午研究所辦公，下午新亞教育文化會小組會。
廿六日　陰　上午研究所辦公，下午翻閱南齊書及梁書，晚應約出外晚飯。
廿七日　陰　上午上課一時，至筲基灣婚姻註册處爲徐志強及徐楓結婚證婚，午睡後閱隋書經籍志。

廿八日　陰　上午閱 The Nature of Evil 及雜書。
廿九日　晴　上午上課一時，董事會小組會。
三十日　晴　上午研究所辦公，中午宴蕭約於樂宮樓，下午閱三國演義。
卅一日　晴　上午上課一時，下午睡，許孝炎約晚飯。

四　月

一日　陰　上午研究所辦公，下午新亞董事會開會。
二日　陰　上午研究所辦公，下午看一電影。
三日　陰　上午上課二時，下午睡，晚閱大藏經翻譯名義集。
四日　陰　上午至中國文化協會爲蔣先生逝世周年紀念日。
五日　陰　上午研究所會議，中午宴虞兆興、黃繩曾等於菜根香，下午爲麥仲貴看屋。
六日　晴　上午至研究所辦公，下午閱晉書。
七日　晴　上午研究所辦公，上課一時，下午閱藏經。
八日　晴　上午至研究所辦公兼校文，下午閱雜書。
九日　晴　上午辦公，下午閱藏經。

十日　晴　上午上課二時，下午閱雜書。

十一日　晴　上午閱雜書，下午睡，晚至大會堂聽古琴音樂。

十二日　晴　上午上課二時許，下午睡，晚閱朱光潛詩論百餘頁。

十三日　陰　上午研究所辦公，下午閱昨書完。

十四日　晴　上午上課一時，下午閱雜書，晚至香港看臺灣來此之特技團表演。

十五日　陰　上午看雜書，下午開會，今日為六妹五十歲生日，與之一函。

十六日　陰　上午閱李通玄華嚴合論，下午睡。

十七日　陰　上午閱雜書，十一時後與關展文夫婦同遊新界，歸來閱彭際清居士傳。

十八日　陰　上下午閱藏經永嘉證道歌註，永嘉禪宗集及翻譯名義集，心賦注。

十九日　陰　閱心賦注大體完。

二十日　陰　終日閱藏經，晚閱常盤大定中國佛教與儒教道教。

廿一日　晴　研究所師生同遊新界。

廿二日　晴　上午至研究所辦公，下午閱釋東初中國佛教近代史至夜。

廿三日　晴　上午至研究所辦公，午睡，看一電影。

廿四日　晴　上午上課三時，下午睡，晚閱雜書。

廿五日　晴　上午寫信二封與柳嶽生及孫守立，閱大乘義章。

廿六日　晴　上午上課三時，午睡，閱藏經。

廿七日　晴　上午研究所辦公，閱雜書，午睡，閱任卓宣孔孟學說的眞相和辨證，閱 The Nature of Evil 數十頁完。

廿八日　晴　上午上課一時，下午閱雜書，看一電影。

廿九日　晴　上午研究所辦公，午睡，閱雜書。

三十日　陰　上午至研究所辦公，下午閱雜書。

五　月

一日　晴　上午上課二時，下午閱雜書。

二日　陰　上午閱大乘義章，下午閱黎東方細說清朝。

三日　晴　上午上課二時，午睡後閱大乘義章。

四日　陰　上午研究所辦公，下午閱雜書。

五日　晴　上午上課一時許，下午至研究所爲發中山獎學金之人來所。

六日　晴　上午閱細說清朝及其他雜書，下午睡。

七日　晴　上午研究所辦公，下午閱細說清朝。
八日　陰　上午上課三時，本學期課完，下午睡。
九日　陰　與李國鈞夫婦至鄉間，下午歸。
十日　陰　上午至研究所辦公，復李霜青一函，下午傷風發燒。
十一日　陰　傷風在家休息。
十二日　晴　傷風在家休息。
十三日　晴　傷風在家休息。
十四日　陰　傷風仍未癒，在家休息，晚約中國學人兩任編輯於樂宮樓聚餐。
十五日　陰　傷風未癒，下午睡，閱雜書。
十六日　陰　閱雜書，下午睡。
十七日　陰　上午至研究所辦公，下午睡。
十八日　陰　上午至研究所辦公，午睡後，復吳士選一函，與陳修武一函。
十九日　陰　上午研究所辦公，午睡，復黃耀炯一函。
二十日　晴　上午至麥仲貴新居一看，爲黃耀炯事與數人通電話，新亞不聘黃君，極不公平。
廿一日　晴　上午至研究所辦公，爲黃君事與數人通電話。

廿二日　陰　上午與全漢升一函，端正來談黃耀炯事。

廿三日　陰　上午與安兒一函，午睡，閱大乘義章。

廿四日　陰　上午與劉述先一函，至研究所辦公，下午閱大乘義章。

廿五日　晴　上午復文守仁一函，閱大乘章義，下午新亞中學董事會開會，復柳嶽生一函，晚閱大乘義章。

廿六日　晴　上午研究所辦公，下午新亞董事會小組會。

廿七日　晴　上午至研究所辦公，下午睡。

廿八日　晴　上午閱富爾敦第二次報告書，此書對新亞之仍尙有各系之敎師與學生一點尙支持，但此外對制度之改革，則仍爲集中統一，與新亞之目標相違。十二年來，我爲有關新亞敎育理想而爭之事：一爲十二年前之懸掛國旗之事，二爲七八年前至二年前新亞研究所在大學之存在地位之事，三爲二三年來爲保存新亞之組織之事，凡爲此等等而爭之事，大皆失敗，然亦必至山窮水盡而後已。今對新亞之組織之保存之爭，亦將至山窮水盡之時矣，看來名義上新亞之文商社會諸科並存之形式能保持，但若干組織制度權力上之事則難保存，卽得保存，而新亞內部之人無力氣亦保存不了。我對此一切之事與諸同仁所共同奉獻之力，在客觀上無甚價値，在主觀上則做到問心無愧而已。

廿九日　晴　上午在家休息，下午看春梅一電影。

三十日　晴　上午寫對富爾敦報告之書面意見千字以答星島日報潘先生之問。午睡，閱大乘義章。

卅一日　晴　上午改昨日之書面意見，至研究所辦公，下午閱大乘義章。

六　月

一日　陰　上午閱大乘義章，中午黃麟書約飲茶，下午閱大乘義章。

二日　陰　上午至研究所辦公，午睡後校對文三時。

三日　陰　上午閱雜書，下午校生命存在與心靈境界。

四日　陰　上午董事會改制小組會，下午校昨書。

五日　陰　上午研究所辦公，下午新亞中學研討會。

六日　陰　上午校文一時許，與徐志強、李國鈞夫婦至流浮山午飯，下午新亞學生來。

七日　陰　上午研究所辦公，校對文，下午訪吳士選夫人。

八日　陰　上午至研究所辦公，下午校文。

九日　陰　上午研究所辦公並校文，下午又校文，晚中央大學同學會校慶聚餐。

十日　陰　上午與董事會改制小組人至新亞聽取教師意見，午睡後校文二時。

十一日　陰　上午至新亞書院聽取學生對改制意見，午睡後校文四時。
十二日　陰　上午研究所辦公，午睡後校文一時，晚新亞教職員聯誼會聚餐。
十三日　陰　上午校文六時，看一電影，爲黃耀烱事寫一意見書四百字。
十四日　陰　上午研究所辦公，下午校文三時。
十五日　陰　上午研究所辦公，下午中國文化協會座談會。
十六日　陰　上午研究所辦公，下午新亞改制小組會。
十七日　晴　上午研究所辦公，下午睡後校文三時。
十八日　晴　上午研究所辦公，下午新亞改制小組會，校文三時。
十九日　晴　上午研究所辦公，下午校文三時。
二十日　陰　上午校文四時，下午看一電影。
廿一日　晴　上午辦公並校文，下午仍校文。
廿二日　晴　上午校文三時，下午又校文三時。
廿三日　晴　上午校文三時，午睡後校文二時。
廿四日　陰　上午新亞中學接見應徵教師，校對文二時，午睡後校文至夜。
廿五日　晴　上午在家休息，校文，下午董事會開會。

廿六日　晴　上午研究所辦公，校文一時許，下午睡。
廿七日　陰　上下午改生命存在與心靈境界序，晚復曹敏一函。
廿八日　晴　上午研究所辦公，下午校文。
廿九日　晴　上午與王家琦、吳士選各一函，並至研究所，下午閱 Waisman: The Principle of Linguistie Philosophy 三十頁。
三十日　晴　復林繼平一函，與黃聖德一函，至研究所辦公。

七　月

一日　晴　上午閱雜書，下午校文，晚閱遍照金剛文鏡秘府論。
二日　晴　上午研究所辦公，下午睡，晚校文三時。
三日　陰　上午至研究所辦公，與桂中樞、李秋生各一函。
四日　晴　在家休息。
五日　陰　上午至研究所辦公，下午校對文。
六日　陰　上午研究所辦公，下午董事會工作小組會。
七日　陰　終日校文七八時。

八日　晴　上午研究所辦公，下午新亞董事會小組會。
九日　陰　上午研究所辦公，午睡後校文，與趙潛長途電話。
十日　晴　上午辦公、校文，下午吳士選來談。
十一日　晴　上午校文三時，參加吳康先生追悼會。
十二日　晴　上午校文二時，中午約易陶天等於樂宮樓吃茶，午睡，校文二時。
十三日　晴　上午校文一時許，與易陶天至沙田畫舫午餐，午睡後校文四時。
十四日　晴　上午校文四時，下午新亞中學會議。
十五日　晴　上午校文三時，下午新亞董事會小組會。
十六日　晴　上下午校文共七時。
十七日　晴　上下午校文約七八時。
十八日　晴　上午與關展文夫婦同遊山頂，下午歸。
十九日　晴　上午研究所辦公，午睡，校文二時。
二十日　晴　上午校文四時，下午董事會小組會議，晚校文一時。
廿一日　晴　上午研究所辦公，校文二時。
廿二日　晴　上午研究所辦公，下午約桂中樞、李秋生、李祖法、吳士選於文華酒店談新亞事。

廿三日　晴　上午研究所辦公，下午新亞董事會小組會開會。
廿四日　晴　上午復學生函，午睡後閱黎華標論文。
廿五日　陰　上午校文三時，午睡後閱雜書。
廿六日　陰　上午校文二時，下午睡，晚新亞研究所宴黃麟書、許孝炎、黃國芳、李祖法等於樂宮樓。
廿七日　晴　上午研究所辦公，
廿八日　晴　上午研究所開會，下午董事小組會。
廿九日　晴　上午研究所辦公，下午睡，閱雜書。
三十日　晴　上午研究所辦公，下午閱慧遠大乘義章。
卅一日　晴　上午研究所辦公，下午睡後閱大乘義章。

八　月

一日　陰　上午復王家琦一函，至研究所辦公，下午睡。
二日　晴　研究所考試新生，午睡，閱大乘義章。
三日　晴　上午閱錢先生諸子新學案，下午閱大乘義章。

四日　晴　上午研究所辦公，今日考試新生完畢。午睡後閱大乘義章。

五日　晴　上午閱朱子新學案及哲學考試試卷，下午閱大乘義章，晚約程兆熊及家人及吳士選同晚飯。

六日　陰雨　上下午校文六七時。

七日　陰　上午研究所辦公，吳士選約午飯，下午校文四時，至聶醫生處檢查身體。

八日　晴　上下午校對文六七時。

九日　晴　上午研究所辦公，午睡後校文三時許。

十日　陰　上午研究所辦公，下午閱雜書，照X光線。

十一日　晴　上午研究所辦公，下午新亞董事會小組會。歸來廷光謂已至醫處看過X光片，醫云肺有問題，希再另請專家診斷。

十二日　晴　上午至張公讓醫生處，下午又至盧醫生處，根據X光片，皆言肺有腫癌現象。盧醫生主張立即動手術治療，張醫生則介紹一些中醫單方，一時間很難決定，擬先服張醫生介紹之中藥，必要時至臺灣診治。打電話與學生書局張洪瑜請其速排生命存在與心靈境界一書，以便至臺灣校對，但電話始終不通。

十三日　晴　昨夜睡不成眠，念自己之學問，實無工夫，實庸人之不若，如何可至於聖賢之途？

今日下午與廷光談我所見之理，自謂不悟。但智及不能仁守，此處最難，望相與共勉，應視當前困境作吾人德業之考驗。

十四日　晴　上午至研究所辦公，下午整理札記。

十五日　晴　上午整理信件，與二妹、六妹各一函。

十六日　晴　上午研究所招生會議及所務會議，下午睡未成眠，起整理雜物。

十七日　晴　上午清理雜物，下午新亞研究所董事會開會。

十八日　晴　上午至研究所辦公。

十九日　晴　上午補寫中國哲學原論卷三中之一節二千字。下午睡，與安兒一長途電話，復劉季洪一函。

二十日　晴　上午改昨日所補寫之文，下午新亞董事會小組會開會，並接見快報記者談中大改制事。

廿一日　晴　二三年來我嘗念人於死無所畏懼之道，在念對此世界而言，昔之聖賢豪傑吾之父母及先輩師長，皆無不離此世界而去，則我有何德當久存於斯世乎，每一念此，即於吾一生之生死覺洒然無懼矣。吾若欲求延其生之壽，亦只以有其他尚存之人之故而已，每念他們失去了我的悲哀，我實不忍離開愛我而尚存的人。

上午整理雜物，又與安兒一電話。

廿二日　與廷光赴臺直至榮民醫院檢查並治療，於九月九日動手術，住院至十一月八日，後移至劍潭青年活動中心休養，至十二月五日回港，治病經過見廷光之日記。

廷光代筆（十）

八月廿二日　晨五時卽起床，六時許由李國鈞夫婦送機，他們並不知道毅兄患了嚴重之疾，此行是去治病的，廷光心情實在沉重。在飛機上見毅兄不在乎的態度，廷光縱有千言萬語，亦只好默默無言，到臺北有逯耀東、徐志強夫婦來接，由斐文風先生陪同到榮民醫院，在門診部作初步檢查後卽住入中正樓第九樓四十二病房第六病床。宋時選先生來，一見如故，並約大家去醫院餐廳午飯，席間宋先生說了許多吉祥的話，眞感謝他的好意，回到病房，不斷有醫師及護士來。

廿三日　今日驗大小便痰和血。並作氣管鏡檢查，是一種很辛苦的檢查，檢查前還要塡志願書。逯耀東夫婦、謝正光來，廷光約他們中飯。歸來毅兄說他咳出的痰有血，據說是作氣管鏡檢查後常有的現象。午後作心電圖。毅兄不斷的催廷光電話張洪瑜先生，要他早送稿來校。與安兒、及趙潛各一函，晚飯毅兄感到無口味不想吃。

廿四日　晨技術人員又來抽血化驗，總是抽出滿滿的一針筒，午前張先生送來生命存在與心霛境界書校稿，亦送來禮物。從此每天除了醫生吩附應作的事外，毅兄卽付出所有時間，亦可以說付出他的生命校對他的書稿，晚上志強夫婦送來雞湯，與安兒一電話。

廿五日　連日毅兄口味均不好，但校對書稿時他就提起精神。宋時選先生來，說了許多令人興奮心寬的話。今天又照X光線。廷光有空卽唸大悲咒和心經，毅兄笑我臨時抱佛脚，晚志強夫婦來。

廿六日　午前爲毅兄往復印文稿，今日又作氣管鏡測驗，中午張先生又送稿來，李錫俊先生送來花籃。晚上醫生來云各項診斷檢驗工作已完，待會診決定治療方式，志強夫婦送來牛肉湯。

廿七日　今晨又抽血。毅兄繼續校文，但頻頻咳嗽，吐出不少鮮血，廷光驚告醫生，要他躺床休息，他亦不肯，他左手拿著一疊草紙，接著一口一口的鮮血，右手拿著筆桿一心一意校對書稿，還向廷光說：「不要怕，我不覺有什麼痛苦，我如不校對書稿，恐以後就無時校對了。」醫生爲他打了止血針，我給他吃了白藥。

廿八日　昨夜二人睡不成眠，但今日起身特早，他知道他的病嚴重，他拚命的校對書稿，不盥洗，早餐亦可不吃，護士爲他量血壓亦等了許久。十時主任醫師來言會診結果，決定用手術切除患部。與安兒一信，毅兄與王家琦及趙潛、二妹、六妹各一函，志強送湯來，並帶來六妹信。

廿九日　晨磅體重，又瘦了一公斤，血壓亦高了，但他毫不在乎，仍繼續校文，文章勝過他的生命。大概生命的意義他認爲就是付出生命。世間亦必須有這樣的人，宇宙的眞理才能顯現的。

三十日　逯耀東來電話擬來醫院，我勸他不要來，有事會通知他，趙濳來一信言同仁同學知道唐先生到臺灣治病的消息，十分關切，晚志強送湯來。

卅一日　醫生照例每日查房看病人。宋時選先生說最好等盧光舜主任返臺爲唐先生動手術，因他手術高明，經驗又多，三兩日內卽可由美返臺，與安兒一電話。

九月

一日　上午主任醫生來略言毅兄病情。云病在右肺上葉，若能切除上葉而根斷病源則最理想，但此要在手術時才能決定，若發現有蔓延現象，或者整個右肺均要切除亦說不定。廷光心情甚沉重，但毅兄全不畏懼，不畏懼病與死可能就是他抗病的精神力量。午後宋先生來電話云盧光舜大夫九月四日返臺。晚上與安兒電話，提醒她歸來一切應注意事項，志強夫婦送來魚湯。

二日　晨磅體重增加了一公斤，這全是大家照顧和志強夫婦常常送湯送菜的功勞。黃振華來。此次來臺治病，並未通知友好，但漸漸亦被友好知道了。又與安兒一電話。

三日　宋先生來並送蜜糖，宋先生說話誠懇且能鼓舞人，使病人覺得前途是一片光明，午後得安兒一信，志強今日去香港。

四日　斐文風先生來與醫院交涉，通融安兒來此亦可住在醫院。午後潘振球先生與侯靖遠來，送了最適合病人所需要的營養品。算算時間安兒已在歸途中，祝她沿途順風平安。

五日　午前宋先生來電話云，盧大夫已返臺。安兒來電話，她已到了香港，我二人十分興奮，又怕是在夢中。醫生來要毅兄練習深呼吸可以幫助手術後吐痰，並說每天至少要練習四百次，但毅兄一心一意校對生命存在與心靈境界書稿，不肯練習。晚逯耀東來，又得趙潛長途電話。

六日　上午盧光舜大夫來，他的態度，使人對他生一種信心。今日由九樓遷至八樓。中午安兒來電話，已定明日臺來。午後有一技術人員來見毅兄不會用腹部行深呼吸，很細心的幫助練習。

七日　毅兄與趙潛一信。盧大夫來亦勸毅兄好好練深呼吸，並說應請一特別護士，因手術後要照顧的事很多。學生書局送稿來，宋先生又來說了許多關心鼓勵病人的話。午後兩時安兒來了，悲喜交集，念她一路辛勞，我把乃父病況說得較輕，毅兄三言兩語後，仍伏案校稿。晚上馮愛羣等先生送來中秋禮物，物理治療小姐又來教練習如何吐痰運動，安兒亦幫助乃父作深呼吸運動。

八日　今日是中秋節，逯耀東夫婦送來月餅，毅兄的書稿已大體校完。午後護士來作些明日動手術的準備工作。晚上志強夫婦來同度佳節。睡前護士來灌腸並給病人吃睡藥。廷光夜不成眠，時聞父女說夢話。

九日　今晨特早起，毅兄見我們心情沉重，特安慰我們說他的身體可以經得起這次手術，望我們放心。上午七時送毅兄至手術室，母女中心如焚，相擁而泣。逯耀東一直陪著我們，並不斷去打聽手術情況，直到中午後盧大夫來病房，才知道治療時間太晚，癌細胞已有轉移現象，雖說應切除的地方均已切除，但可慮者是癌細胞常遠處移植使人無法發現，所以待病人傷口好後還要作其他治療。廷光全身麻木，欲哭無淚，惟聞安兒痛哭之聲。今日斐文風先生來，志強來了幾次，趙潛又來電話。午後四點多鐘毅兄回病房，他說他沒有什麼不舒服，又說他聽盧大夫講，今天毛澤東死了，他說他很高興他今天身上去了一個瘤，中華民國亦去了一個瘤。我與安兒本擬輪流通夜陪伴毅兄，但特別護士說他可以照顧，望我們休息。

十日　晨起見毅兄精神還好，唯無力吐痰，又去照X光，他說辛苦的很，什麼東西都不想吃了，醫生吩咐爲他注射葡萄糖，午後逯耀東夫婦來，盧大夫來，物理治療小姐來，大家都幫助作深呼吸運動，晚上趙潛又來電話，志強送湯來。

十一日　毅兄感到不舒服，心中空虛難受，醫生抽血化驗，說是血內氧氣不足，主張使用氧氣。盧大夫來拔出插在傷口內的兩條膠管，並望毅兄下床活動多吃東西，但他根本不可能，氣喘痰咳不出，只有用抽痰機抽痰亦是一件辛苦的事。午後宋先生與盧大夫同來。毅兄試下床走動，但不能支持。逯耀東來，大家扶毅兄坐輪椅在走廊繞了一個圈。

十二日　仍感心中難受，勉強吃點東西，亦勉強下床走動，今天仍使用了抽痰機，眞是辛苦。上午侯靖遠夫婦來，午後潘振球先生，逯耀東、志強來。

十三日　昨夜毅兄不能入睡，亦說難過，只有吃鎭定劑。今天尚好，他自己走出病房並去客廳坐了一會。午前又照X光。盧大夫認爲治療醫師不該給毅兄服降血壓藥，只希望多活動，多行深呼吸。毅兄說他今天已走了一千步。晚志強夫婦送來冬菇湯，趙潛又來電話。

十四日　連日每到半夜毅兄總說心中難過，日間還好，但始終無胃口，見食物就有反胃現象。盧大夫說不要太勉強他吃東西，只求飲料要充足。又吩咐醫師抽血化驗和作心電圖，及吊葡萄糖等營養品。午睡後他說覺得舒服一點，大家很高興，父女二人還談了一些人生志趣和讀書爲人的道理；又談死生幽明之理，孔子曰：「大哉死，君子息焉。所愧自己全無修養工夫。」

十五日　晨起到房外散步，由特別護士陪他或我與安兒陪伴，但不思飲食，難受的感覺仍有，仍須吊用葡萄糖電解水。心臟專家來作檢查，認爲難過現象與心臟無關，而是腸胃關係。夜與清瑞一電話。

十六日　治療醫生來擇去傷口縫線。毅兄與安兒講他們手足情深，不比尋常，頗爲傷感，要安兒寫信報告他的病況。陸達誠來電話問候，梅廣來，清瑞來信。大夫怕毅兄肝臟有問題，今日又請肝臟專家來檢查，亦說問題在腸胃。志強送來鴨湯。

十七日　近兩日服胃藥今天吃的東西稍多。晚上李國鈞由香港來，志強送來牛肉湯，大家談談，毅兄很高興。今日注射免疫針。

十八日　毅兄說覺肚內有許多悶氣，醫生給服消氣藥，今天全日都在放屁。盧大夫來說應當多吃東西，恢復體力，準備作鈷六十治療。逯耀東夫婦來，晚趙潛來電話。

十九日　今日星期日，國鈞、志強夫婦來談了許久，毅兄說他不覺疲倦，中午吃的東西不少，我們都很開心。晚飯安兒作了兩味菜，毅兄說十分可口。

二十日　盧大夫來見毅兄健康有進步很高興。國鈞今日返港。宋先生來見毅兄精神好亦高興，並主張早日作假牙。得唐端正信言：「……吾師近年來爲中國文化而戰，老而彌堅，始終不懈，其精神魄力，超越常人遠甚，惟時代病痛，非朝夕可改，而老成人在今日尤爲可貴，故希吾師善自珍攝……。」

廿一日　逯耀東來電話謂一切醫療住院等費用可有八折優待，事前我們並未抱此希望。午後斐先生來，我拜託他代安兒接洽治療痔瘡事，晚志強送湯來。

廿二日　午前去放射部，主任醫師說他讀過毅兄很多書，然後才說如此嚴重的病有現時的情況實在很不容易，作鈷六十治療是一種防備作用。午後安兒辦好住院手續，接受痔瘡手術治療，陳修武來。

廿三日　午前盧大夫來，並去安兒病房，甚爲關心，還主張安兒除治療痔瘡外，應當作婦科檢查。午後毅兄去放射部作照鈷六十之準備工作，晚上第一次接受鈷六十治療，安兒今天亦作了許多手術前的準備工作。

廿四日　安兒動手術的預備工作全作好了。但有些外感並發燒，不知明日可動手術否。午後毅兄去牙科看牙，晚上照鈷六十。

廿五日　午前七時送安兒至手術室，明知小手術無危險，但心中仍有無限難過，幸九時卽平安回病房。她說傷口甚痛，亦無法小便，只有用輸尿管輸尿和打止痛針。毅兄說今天口味不如以前，可能與照鈷六十有關。

廿六日　以有兩位病人，志強夫婦送來菜和湯特別多。午後馮愛羣、張洪瑜來，黃振華亦來電話問病。

廿七日　午前毅兄去牙科室拔牙。仍說口味不好。午後至放射部檢查，晚照鈷六十。

廿八日　今日爲孔子聖誕、教師節，新亞研究所師生來電報致候。安兒已好很多，醫言一週後即可自由行動了。唯毅兄仍不想吃東西，心情亦較差。吳士選先生來信。午後逯耀東來，趙潛又來電話。

廿九日　午前午後都去牙科部，今天設法讓毅兄多餐少吃，情況尚好。侯靖遠及王丕延大夫來，談到癌症復發的可能性百分率甚高，如病人精神力量強則病癒的百分率就高許多。晚照鈷六十。

三十日　上午去牙科部修整模型，安兒作婦科檢查，晚毅兄照鈷六十。

十月

一日　宋先生帶來蔣經國先生贈送臺幣貳萬元，我們不想接受，但盛情難卻，只好暫時收下，將移作其他用途。廖鍾慶、曾昭旭、王邦雄、袁保新來，毅兄說病中才反省到自己全無修養工夫，只是摸索到應走之路而已。又談一些人生經驗，他說談談話，心中亦舒暢些。陳榮灼來一信。

二日　上午又去牙科室，安兒今天出院，仍搬回乃父病房。吳經雄老先生夫婦來，他們自己亦有病，如此周到，使人不安。日班特別護士早停止僱用，夜班特別護士由今日起亦擬停止。清瑞來電話，有些問題，我們認爲安兒應當早日回美。乃父與兒今日談話甚多，最後勉以生活愈淡泊愈好。潘振球先生來，晚志強送湯來。

三日　毅兄託雷大夫爲我安排檢查身體，我本不願意，但爲了毅兄與安兒，我當留意我的身體。今天有醫生來抽血化驗，說毅兄血液正常。沈亦珍先生來臺參加國慶，特來醫院看毅兄，談到中大改制事。新亞董事孤軍奮鬪，當然失敗，不過人事已盡，於心已無愧矣，但毅兄仍耿耿於懷。

四日　清瑞來信，冬明亦來信附美金貳佰元，並言有事要大家商量。他是安兒中學同學，以伯伯媽媽稱呼我與毅兄，此次信中言既然叫我們是伯伯媽媽，希望我們當他是子侄，他要盡一份子侄的責任。

五日　今日父女二人談話很多，涉及的事亦廣，有時父女二人又讀詩唱詞，廷光感到其中有無限的離情別緒。晚照鈷六十。

六日　蔡仁厚來，毅兄與他談話，彼此頗有相契之感。走時廷光送他至走廊，他說謝幼偉先生已於昨日逝世，可以不必告訴唐先生。清瑞又有信來，雖不說要安兒早回美的話，但實際情形，安兒實有早回美的必要。毅兄與我皆主張安兒儘快準備回去。晚照鈷六十。

七日　今日毅兄口味不錯，他見志強送來的湯中有粟米，他知我喜吃粟米，定要我吃，彼此相讓，推來推去我亦不吃，他發脾氣了，廷光實覺內疚。安兒去臺北辦些雜事，決定後日經港返美，唯婦科檢查尚未完結，手術後身體亦未完全康復，此亦無可奈何之事矣。陳修武來，何啓民來，晚上趙潛來電話言要來臺看先生，我們阻止他勸他不要來。

八日　安兒今日又去臺北，毅兄至牙科處，午後程兆熊先生來，逯耀東來，吳士選先生來長途電話。今天是閏八月十五，月色清明，晚飯我加添了兩味菜，三人吃得很開心，想起安兒明日卽將離去，千萬般離愁別恨不禁湧上心頭，念人間別離是必有的現象。

九日　晨送安兒至機場，毅兄亦送兒至醫院大門口，我與兒上車，我們回頭望他，他一直站在那裏。車子轉了彎，安兒啜泣著說：「已看不見伯伯了。」回到醫院，毅兄說如今交通方便，見面容易，他是在安慰我，但廷光無言安慰他。曹仕邦來。安兒指導教授羅郁正先生寄來兩卡，祝他父女早日康復。黃振華來電話要毅兄作謝幼偉先生治喪委員。晚安兒由香港來電話。

十日　陪毅兄住醫院已快兩月，始而驚懼，繼而廷光疲乏，毅兄煩躁，如今二人皆可隨遇而安了，盡其在我，成敗由天。今日國慶，二人看電視，精神爲之一振。

十一日　午前陪毅兄去理髮，陳修武來借給我們果汁機。數月不彈琴，今日試彈，尚能記憶。清瑞來信。

十二日　午前安兒來電話，言午後六時卽乘加航赴美。毅兄上午去放射部，午後又校書稿，晚照鈷六十。

　十三日　晚照鈷六十，已照十二次了，看來尚無特別不良反應。

　十四日　安兒來電話，已平安抵美，電話中聲音是如此的清楚，但人已在萬里之外。冬明來信又附來美金貳佰元。午後去牙醫處，晚照鈷六十。

十五日　收到易陶天、二姊、六妹、謙侄等信，晚照鈷六十，徐楓送牛肉湯來。

十六日　啓文、克光來信，冬明寄來絨拖鞋，侯靖遠夫婦來。

十七日　毅兄校閱書稿，廷光往參觀張大千畫展，晚逯耀東夫婦來。

十八日　湯承業來談些算命看相的事，雖不必相信，不過亦有警惕作用。我們相信命與相是可以改變的。午飯後體檢處來電話，要我立去辦手續接受體格檢查。臨走前把毅兄的事作好安排要他一切小心。不料晚飯前他忽來體檢處，這是他住醫院後獨自一人第一次走如此長距離的路。廷光晚上向護士小姐請假去看毅兄，他說已爲我準備好應用的藥物等，要我回體檢處時記著帶走。

十九日　報載丁肇中榮獲今年諾貝爾物理學獎，發明了比原子和核子更小的質子，我電話告訴毅兄，他說他已知道了，我們都高興中國人有如此的成就，晚上亦請假至放射部陪伴毅兄照鈷六十。

二十日　今天報又載中國科學家吳健雄、陳省身在美獲贈科學獎，眞令人開心，足見中國人的聰明智慧是不比人差的。下午廷光體檢完畢，遷回毅兄病房，二人在一起，彼此就放心了。晚至牙醫處並照鈷六十。

廿一日　程兆熊先生、逯耀東、黃振華、何啓明來。

廿二日　上午技術人員來注射第二次免疫針。上次注射右臂，還在發痛，今天注射左臂，此針反應很快，卽注射卽見紅腫，繼卽潰爛發痛。此針是用毅兄本身之癌細胞而培養成的疫苗。吳士選先生、趙潛、王家琦、黃耀炯來信。晚照鈷六十，志強今日由美返臺，送來雞湯。

廿三日　報載李卓皓博士由腦下腺中發現天然止痛劑，効力較嗎啡強四十倍，據云此對生命科學開拓了新領域，又是中國人的優越成就，令人興奮。安兒來一信，晚趙潛又來電話。

廿四日　閱薛光前先生自述患胃癌經過，謂服西洋參果皮湯，可減輕照鈷六十之反應，又謂雲南白藥有抗癌作用，我們均決定試用。午後陳修武、周文傑來說臺中有中醫可治癌症，並有一算命先生很靈，我們擬出院後往訪。

廿五日　今天是臺灣光復節，逯耀東夫婦來。

廿六日　午前斐先生來，嚴靈峯先生來，蔡德允先生來信，遠近友好對我們的關心，眞使人感謝難忘。今天至放射部作檢查，又至牙醫處，晚又照鈷六十，二人皆感疲倦，幸志強送來雞湯，我們吃後覺得身體有充實之感。

廿七日　晚照鈷六十已照廿一次了，幸而反應不是太壞。

廿八日　牙科主任詹大夫認爲毅兄假牙有問題，決定由他親手重作，盧大夫來說毅兄氣喘可能與照光有關，晚又照鈷六十。

廿九日　上午至牙科室，晚照鈷六十，與冬明一信。

三十日　午前吳士選、劉季洪兩先生來，吳先生是來臺參加十一月一日所舉行之亞洲學術會議的。本來毅兄亦被邀請，今有病不能參加了。此次會議討論問題有四個㈠孔子思想與世界和平，㈡釋迦思想與世界和平，㈢回教思想對亞洲文化之影響，㈣耶穌思想對亞洲文化之影響。再去牙科室，復蔡德允先生一函，午後潘振球先生及高雄師範學院薛校長來訪。

卅一日　今日重陽節，中午逯耀東夫婦來。午後廷光往參觀書法展覽及韓畫展覽，與安兒一信。

十一月

一日　上午林清臣來，午後廷光赴故宮。安兒來信。

二日　午前至牙科室，午後檢查，晚照鈷六十。又得安兒一信。

三日　毅兄終日校閱書籍，六妹來信，晚照鈷六十。

四日　上午去放射部、牙科室，斐先生來商談我們出院休養的事。晚照鈷六十，並至體檢處訪吳士選先生。

五日　與國鈞、安兒各一函，嚴靈峯先生來並贈近著。晚照鈷六十，今次爲最後一次，共照了二十七次，不知效果究竟如何。

六日　晨與安兒一電話，上午潘振球、吳士選、柯樹屏、鄭通和等先生來。王丕延大夫來談些與癌症有關的醫療近況。

七日　與安兒一信，宋先生來恭賀毅兄明日出院，歡迎我們移住劍潭青年活動中心，希望不要客氣，宋先生說大家樂於爲唐先生服務。清理雜物，在院住了兩月餘，東西愈來愈多。

八日　斐先生、逯耀東來幫忙辦理各項出院手續。盧大夫來，我們向他道謝，他向毅兄道賀，並希多多保重，定期回來檢查。我們擬向護士小姐及各服務人員表示一點心意，但他們拒絕接受。在此多日，彼此有了感情，臨行不免有依依之感。到了青年活動中心，下榻志清堂，環境幽美。中午約斐先生、逯耀東及中心江新鵬總幹事等至圓山飯店午餐，晚飯後毅兄忽說他喉痛，我眞有點緊張，驚弓之鳥，我總是往壞處推測。室中有蚊，夜間睡眠不好。

九日　晨起作晨運，毅兄仍說喉痛，服了田七花精，西洋參陳皮水。兩臂注射免疫針處引起之潰爛仍很厲害，如今只有由廷光爲之換藥打理了，大夫說此種潰瘍往往要數月才能痊癒。志強送來一些必用品。

十日　早起仍作晨運，午前裴先生陪同至醫院喉科部診治，又去牙科部。住劍潭一切都好，就是伙食不合我們味口，晚上志強夫婦及吳思遠來。

十一日　晨起至花園散步，園中有池，內種白蓮。毅兄仍感喉痛。晚至志強家吃飯。

十二日　逯耀東勸毅兄在此多休養，不要忙著回香港，但在此亦有不便之處。毅兄又掛念研究所，以牟先生亦來了臺灣，哲學組學生缺人指導。

十三日　上午至醫院牙科室，至八樓看看，收到翟志成、郭少棠、陳寧萍等來信，毅兄午後卽各復一函。張洪瑜來談印書事。毅兄說喉部痛稍好，但感到身體空虛，擬看中醫調補。

十四日　廷光赴一中藥店，想打聽臺北有名的中醫，正好有在人購藥，我見他買了許多包，購藥人去後，我問店家那些藥是什麼用處，原來是治癌症的，一共兩味卽白花蛇舌草（二兩）與半枝蓮（一兩）。廷光心喜亦買了數包，又購一電爐，午後照店家告訴方法煲與毅兄飲用。

十五日　雷家驥同學來，說毅兄精神還好，毅兄說近一二年來已有老之感覺，以往晨起，清明在躬志氣如神，文思如泉湧，如今如此現象就少了。晚志強送水魚湯來。

十六日　晨起毅兄說他喉已不痛了，我眞開心。午前赴醫院牙科室。與安兒一信。午後爲毅兄買一晨褸。

十七日　有記者欲來訪問，怕毅兄費精神，已婉拒了。吳森同學由美來臺，來一電話謂怕打擾先生休養，改日再來拜候。趙潛來信提到陳再思已去世，令人驚悼不已。人生無常，吾人應當一切淡然，處世泰然，只問耕耘，不問收穫。毅兄兩臂潰爛處已好很多了。

十八日　赴醫院牙科室，午後逯耀東來。

十九日　今日又赴醫院牙科室，最後一次，毅兄與大夫握手謝別。毅兄磅體重爲六十公斤。晚廷光胃痛發嘔。

二十日　廷光往購物，付錢時發現錢包內空空如也，自然遇到了扒手，其實我已很小心，但扒手的本領實在大。毅兄說失財免災，不要不舒服。晚廷光往配眼鏡並作檢查。

廿一日　宋先生來，毅兄將蔣經國先生所贈之醫療費貳萬元交宋先生作專上學生獎學金。黃振華來。國鈞又來了臺北，同至瓊華酒家晚飯，飯後廷光往眼醫處。

廿二日　以眼不舒服，起身較晚，不見毅兄，原來他散步去了。今日停電，幸而志強送來一瓦斯爐，我們仍可以煲煮食物。黃振華陪著方東美先生來，勉毅兄養病重在心境寬暢，並云現有一派醫學家不重藥物治病，而重心理治療，心理健康，卽能抵抗疾病。晚吳森來。

廿三日　侯靖遠陪我們去新竹工業研究院，內有張錦得先生專研究由中藥材中提煉抗癌藥物，已有相當成效，但云他非醫生，不能隨便給人使用，經我們說明了病情，最後登記了毅兄病況，才答應給藥試用。我們感到風大不勝寒，侯先生說新風基雨是臺灣很特出的自然現象。午後歸，見程先生留下一便條，剛由高雄佛光山歸，言星雲法師歡迎毅兄南下修養。廷光再看眼醫。

廿四日　今日買來土雞煲湯，黃振華陪著曹愼之、牟宗三、劉孚坤等來，毅兄一時興趣，說話太多，實有違養病之道。晚飯畢毅兄起身離座，不知何故跌倒地上，不斷呻吟，廷光大驚。餵以白藥，按摩傷處，貼了狗皮膏藥後，才慢慢扶他起身，眞是多災多難。與安兒一信。

廿五日　今日毅兄起床，亦要我拖他，幸而行動不用參扶。與安兒一電話，責她久未來信。中午程先生來一同午飯。冬明來信亦說要做生意，相信是權宜之計，亦可想見他們在異國生存之艱難，望他們作生意不只是以賺錢爲目的。

廿六日　可能跌傷關係，毅兄心情不好。來此不覺已廿日，好像這裏已成了我們的家，尤其那園中的花木，池中的白蓮已成了我們的伴侶，還有那池邊的石櫈，我們常坐那裏休息談心。

廿七日　毅兄心情仍不好，我似乎受到感染，心中亦不安。

廿八日　毅兄仍說跌傷處（腰部）痛，換用另外一種跌打損傷膏。劉孚坤送來雞湯。學生書局轉來安兒一信。

廿九日　病人易發脾氣，陪侍病人的人往往不能體貼病人心情，諸多疏忽。

三十日　由電話與盧大夫等聯絡，承大家賞面，允邀餐敍，我們親自送請柬至醫院。並在醫院理髮吃中飯。今天走的路不少，毅兄說不覺辛苦。宋先生贈花瓶及磁製壽桃，眞感受之有愧。

十二月

一日　在劍潭街市走走，購買必需品。曹愼之先生來同訪甘家馨。又訪方東美先生，並約午飯。

二日　整理雜物。晚於翠華樓宴盧光舜、王丕延、乾光宇、陳光耀、詹兆祥五位大夫及潘振球、宋時選、斐文風、侯靖遠、江新鵬、逯耀東諸位先生。由志強夫婦陪客，最後由他夫婦搶著付賬，我們亦不與他夫婦爭了。

三日　上午去街市買水果、吃豆漿，又買跌打膏藥。廷光至志淸大樓辦事處付伙食費，他們不過象徵式的收了一部分。報載國科會已定計畫由幾間醫院進行由中藥材中提煉治癌藥物令人興奮。晚馮愛羣、張洪瑜來。

四日　許多東西卽存放志強處，連琴亦不帶回去，因爲兩月後要回來檢查。毅兄寫信與王家琦、易陶天，又由電話向友好告別。

五日　我們今天要離此回香港了，再到花園走走，覺得一草一木與我們都有感情。十二時與中心人員道謝告別，志強、遂耀東夫婦送我們至機場，到香港國鈞夫婦在機場等候，回到家中，老工人金媽喜極而泣，我與毅兄都有恍如隔世之感，毅兄打了許多電話，廷光清理雜物。（「廷光代筆之十」止）

六日　晴　上下午趙潛、李杜、唐端正、孫國棟及復觀夫婦來，重校生命存在與心靈境界一書。

七日　陰　吳士選夫婦來，重閱生命存在校稿。

八日　晴　上午至研究所，重閱生命存在一書。

九日　晴　重閱生命存在一書校稿。

十日　晴　上午至研究所，下午重閱生命存在一書校稿，友人及學生來。

十一日　晴　上午至研究所，下午閱雜書，學生來。

十二日　晴　上午閱雜誌，下午學生來。

十三日　晴　上午至研究所，下午睡，晚友人學生來。

十四日　晴　上午至研究所，下午休息。

十五日　晴　重校生命存在一書一二百頁。

十六日　晴　上午校書，下午董事會。

十七日　陰　上午至研究所，午睡，閱新文豐書局所出版歐陽先生遺集。
十八日　晴　上午至研究所，下午校對人生之體驗重排本。
十九日　晴　終日有友人及學生來。
二十日　晴　校人生之體驗重排大字本。
廿一日　陰　上午校人生之體驗完。
廿二日　晴　上午至研究所辦公，下午閱雜書。
廿三日　陰　上午閱雜書，中午至樂宮樓飲茶，下午友人來，晚閱雜書。
廿四日　陰　上午閱宋人軼事彙編，午睡後復王家琦等信。
廿五日　陰　上午古梅夫婦及孩子來，同至樂宮樓午餐，午睡後閱吳芳吉先生遺書。
廿六日　陰雨　上午與孫國棟談，中午研究所宴端木愷先生，下午休息。
廿七日　陰　閱雜書。
廿八日　陰　閱智者語錄及雜書。
廿九日　陰　閱智者語錄完。
三十日　晴　閱石頭記，並至研究所。
卅一日　晴　閱石頭記。

民國六十六年（一九七七年）

一月

一日 晴 上午虞兆興來。中午大專校教授聚餐。

二日 晴 上午閱石頭記，下午看表演並至趙潛處省視其病。

三日 陰 上午至研究所，下午睡，閱石頭記。

四日 陰 上午至研究所，下午閱石頭記。

五日 晴 上午閱石頭記，下午睡，廷光明日生日，晚與李國鈞夫婦同出晚飯。

六日 晴 上午至研究所辦公，復信兩封，下午閱 Encyclopedia of Philosophy 中論量子物理學之一章。

七日　陰　閱石頭記。
八日　陰　閱石頭記，晚約李幼椿、吳士選、胡欣平夫婦晚飯，飯後參加研究所琴社音樂會。
九日　陰　上午閱石頭記，中午約琴社同仁於慶相逢飲茶，下午閱雜書。
十日　陰　上午研究所上課二時，下午睡。
十一日　晴　上午至研究所辦公，下午閱石頭記完。
十二日　晴　上午至研究所，下午閱雜書，晚習靜坐。
十三日　晴　上午至研究所，下午睡，閱雜書。
十四日　陰　上午至研究所辦公，下午李杜來談。
十五日　晴　上午上課二時，下午柳存仁講演道教之研究，晚研究所宴柳存仁夫婦及前日參加琴社表演之數先生。
十六日　晴　上午與李國鈞夫婦、徐志強等同遊鄉間並午餐，下午蔡德允夫婦來同晚飯。
十七日　晴　上午上課二時，午睡，閱 Waisman the Principle of Linguistic Philosophy 二十頁及雜書。
十八日　晴　上午至研究所辦公，下午孫國棟來談，閱雜書。
十九日　晴　上午至研究所辦公，復信，下午睡，閱雜書。

二十日　晴　上午至研究所辦公，下午睡，夜校原教篇。
廿一日　晴　上午至研究所辦公，訪虞兆興先生，下午睡，閱雜書。
廿二日　晴　上午上課二時，校文一時，擬復香港稅務局之函稿。
廿三日　晴　上午回友人賀年卡附短信，下午睡，唐端正等來。
廿四日　晴　上午上課二時，下午看一電影。
廿五日　晴　上午研究所辦公，下午至沙田慈航淨苑父母及岳父母靈前進香。
廿六日　晴　上午至研究所辦公，李了因先生約午飯，下午看一電影。
廿七日　晴　上午至研究所辦公、下午睡，閱雜書。
廿八日　晴　上午至研究所辦公，午睡，閱雜書，全漢升約晚飯。
廿九日　晴　上午上課二時，午睡，復黃耀烱一函。
三十日　晴　上午閱芝園宋詞選講及陳伯谷宋詩選講。
卅一日　晴　閱昨書。

二　月

二月一日至四月廿五日赴臺北檢查身體兼治病，經過見廷光日記中，四月廿五日返港。

廷光代筆（十一）

二月一日　陪毅兄赴臺作定期檢查，國鈞送機並有志強夫婦同行，到臺北逯耀東、斐文風先生來接，直赴榮民醫院，一切手續皆由斐先生代辦。此次住中正樓十一樓八號，床位亦是八，是吉利的號碼。遇張肇琪云方東美先生亦患癌疾，在此治療，實令人驚訝，毅兄師生情篤，尤爲難過。我們立卽赴方先生病房，先生十分平靜，但師母言西醫已絕望，現服中藥，希有奇蹟出現，我們把帶來的白藥和抗癌靈送方先生服用。此外眞不知如何安慰方先生和師母。盧大夫乾大夫等都來看毅兄。今日不作檢查，讓毅兄好好休息。

二日　今日檢查開始，抽血、照X光、作心電圖。晚上一醫師來，我問由X光片看來情形如何，他不表示意見，廷光已有懷疑不安之感，不過對著毅兄我仍表現鎮定。

三日　今日作核子測驗，程兆熊、彭振球先生、逯耀東來。

四日　午前技術人員呂小姐來注射疫苗，黃振華、劉孚坤來，午後張洪瑜送書來，晚上志強夫婦送湯來，言屛東有一中醫能治癌症。

五日　盧大夫來說，唐先生旣然來了臺灣，就應當澈底檢查一下，過兩天卽作肝臟檢查。

六日　潘振球先生來。

七日　吳經熊先生寄來祝賀卡。這幾日比較事情少，我們常至醫院園中散步，小小庭園直通天空，廷光有與天地相往來之感，毅兄說只要用心，處處可得益處。盧大夫來。午後又照X光，黃季陸先生來。晚醫師拿X光片與我們看，見脊骨在腰部那段有彎曲現象，醫問毅兄是否曾有跌傷腰骨之事。斐先生來說我們上次住過的青年活動中心志清堂一直空在那裏，歡迎我們出院後仍去那邊休養。

八日　安兒來電話，望我們春天去他們那裏，又說她正在寫博士論文，寫家書可能有時會忽略。今日去核子醫學處作肝部檢查。午後陳大毅、陳修武、逯耀東來，晚志強來。

九日　李煥先生亦在此住院，特乘輪椅過來問候，午後潘振球先生、侯靖遠來，張洪瑜來。晚曹愼之先生來言他與中醫張禮文甚熟，可以陪我們去看病請教。

十日　很想知道檢查結果，但盧大夫總說各方報告尚未收齊。毅兄說他在病歷上看見紀錄，似乎大夫們對他的病況很有懷疑。眞使我提心吊膽，周開慶先生來電話。

十一日　午前周開慶先生來，希望我們能長住臺灣，午後無事，共讀宋詞。

十二日　盧大夫每日都來，總說檢查報告尚未齊全，未有會診結果。安兒來電話問檢查結果，並爲乃父拜生，明日是毅兄的生日。劉孚坤又代我們要來新竹張博士提煉之抗癌中藥，今日開始服用。

十三日　文守仁、潘振球先生來，中國時報記者邱秀文來。廷光買了蛋糕和毅兄喜吃的豬腳為他賀壽，祝他從今日開始萬事如意。

十四日　大夫說我們可以隨時出外探訪朋友，不過不要超過四小時。

十五日　午前宋先生、程先生來，午後曹愼之先生來陪我們往張禮文醫處。中醫診病是以生命與生命接觸，由生命的感通以了解病者之情況，且重培元固本增加病人抵抗力量。

十六日　今日遷往劍潭，開始服中藥，志強送來一些必需用品。

十七日　今日除夕，回想是最不幸的一年，毅兄大病，被人誤解，安兒他們撞車，不如意的事很多。吾人只有反省、思過，責己恕人，晚至志強家吃團年飯。

十八日　今為丁巳年元旦日，一年開始，萬象更新。早餐吃年糕，中心總幹事及各組長均來賀年，上午潘振球先生來，蔣彥士先生和他的老師沈宗瀚老先生來，許多濃情厚意，使有病不能歸家的人，實在得到無限的溫暖。今日陽光普照，毅兄一時高興，我們拍照留念，午後黃振華全家來拜年，晚忽聞恭喜之聲，原來是國鈞夫婦由香港來與我們共渡年節，一同去吃臺灣料理。頗有日本風味。

十九日　程兆熊先生來拜年，並帶來周文潔、蔡仁厚為毅兄買的草藥。斐文風先生來說宋先生去了阿里山參加青年活動。午後與國鈞夫婦、志強夫婦赴陽明山賞花，唯毅兄腹部不適，沒有講話，晚至志強家吃飯。

二十日 今天天氣很好，我們擬至附近動物園一遊，但人太多，我們半途而歸，劉孚坤帶其孩子來拜年。

廿一日 約國鈞夫婦等遊故宮，並在故宮餐室吃飯，午後歸。毅兄仍感腹內難受，他說今天去故宮他很勉強，只是想到國鈞夫婦今夜卽將返港，應當陪他們玩玩。

廿二日 晨起見毅兄滿面愁容，他說肋部痛要我爲他貼膏藥。幾日來時與國鈞夫婦、志強夫婦在一起，熱熱鬧鬧，今日志強他們年假已過均要上班，國鈞夫婦已走了，使人感到寂寞。

廿三日 天氣很好，我二人又至街市購物，吃些小品以當中飯；午後還在花園互相拍照，希望添點生活情趣。

廿四日 這幾日常電話醫院，但盧大夫去了南部，關於檢查結果，其他大夫不便奉告，只有等待了，劉孚坤又送來新竹張博士所提煉的抗癌藥。

廿五日 報載甘家馨病逝，年前另兩位相識病友亦病逝，他們患的都是癌症，這對我們確實是大的打擊，毅兄說各人情況不同，不必驚惶，他不過是在安慰我。還要我中午去館子吃飯。午後又去動物園。晚上又至一川菜館吃飯。

廿六日　徐復觀先生公子武軍來拜年，惜未相遇。午前我們去志清禮堂坐坐，內有中山先生及總統遺像，我們同感中山先生相貌十分凝聚，總統相貌則甚挺拔。中午至劍潭街市小吃。午後學生書局送來稿和所轉信件。

廿七日　午前至張禮文醫處復診，感到中西醫治病之不同，西醫治病是攻打包圍方式，而中醫則採用疏導方法。侯靖遠約晚飯，座中尚有其他客人，但毅兄身上發痛，無興趣說話。

廿八日　臧廣恩夫人介紹一位吳靜儉先生，據說有天生神力，能治難症，慕毅兄之爲人，願爲其治病，他謂毅兄有三種病(1)肺、(2)氣喘、(3)由於跌傷而引起之疼痛，並言他能治癒各症，立卽爲毅兄治療，似乎很有效，但他走後不久，毅兄說痛處仍然照痛。柯樹屏先生來。

三月

一日　盧大夫來電話，他不直說毅兄檢查結果，但望徐志強與他聯絡，如此自然情形不妙，立電話通知志強，我去中心大門等他，他說他已早知伯伯病情惡化，治癒希望甚微，大夫說不要告訴病人，讓病人過一個快樂的新年，並望唐先生留臺，最好住在醫院附近，照顧方便。盧大夫說他們要盡量減輕唐先生的痛苦，又說唐先生生命最多可有三個月……遠遠看見毅兄向我們走來，我眞想抱他痛哭，我們不敢把實情告訴他，但不講他亦知道了。毅兄說他要去醫院感謝盧大夫他們的關切。志強主張去屏東，那裏有一位邱開逢中醫師曾治癒不少癌疾病人。與安兒一信，眞有苦難言。吳森來，毅兄相託幫忙看看他的英文著作，他說這些文章講中國哲學大概亦有一系統，因爲英文不好，可能辭不達意，故望吳森爲他看看，若在國外有機會成書出版最好，否則交學生書局印行，吳森說絕不負所託。

二日　毅兄近兩晚，每到午夜卽說夢話，我很清楚的聽見他在與已死的人和尚在的人講話，儼如死去的人就在我們房中，廷光毛骨悚然。大概毅兄是在懷念值得他懷念的人。晨起打起精神，面對現實。毅兄靜坐，午後宋先生來，知我們擬去屏東看中醫，立通知澄清湖那邊的青年活動中心爲我們安排住處。志強來說屏東邱醫生的詳細地址已打聽清楚，並說盧大夫電話告訴他安仁有電話至醫院，盧大夫已告訴她伯伯的病況了。與安兒一電話，兒聲淒苦實不忍聞，廷光強作鎭定，勉兒好好作論文，暫勿歸。

三日　毅兄近年來特喜讀佛書，昨夜睡時我把兩本佛經放在他床前櫃上。與安兒一信。何啟明來。

四日　今天是元月十五上元佳日，晨毅兄向我說，他昨夜想了很久，他的病是不會好的，不過他相信他還可以拖一段時間，他希望在臺能有一小屋，自己有屋，就可以少麻煩人，臺灣是自己的國土，死亦應當死在這裏，又說我們應買一塊墓地，不必太大，只要能葬我二人就夠了，我們生在一起，死亦要在一起。廷光滿懷辛酸，愁腸欲斷，只點頭表示同意，把當天的報紙放在他手中，希望轉移一下激動的情緒。中心早上吃湯丸，又特爲我們買了兩張籐椅供我們在陽臺使用。午後順毅兄的意志強陪我們出外看了幾處較爲便宜的房子。

五日　曉雲法師、臧夫人、吳森、郭文夫、傅佩榮來，潘振球先生亦來，晚上黃振華來。

六日　毅兄與他妹弟寫信，語氣輕鬆，免增掛念。有時他身體明明很疼痛，他亦說還好，他總是處處替人設想。午後又至張禮文醫處，開了一可以長期服的膏藥方，並勸毅兄⑴不要生氣⑵不可感冒⑶注意飲食。

七日　志強陪同赴屏東，逯耀東夫婦到機場相送，帶來徐復觀、吳士選先生致毅兄函，及嚴耕望先生所介紹在臺中醫姓名地址。飛機飛行四十分卽到達高雄機場，李宏熾及澄清湖青年活動中心總幹事來接直赴湖邊別墅五號下榻，其地風景幽美，最宜養病。午後志強返臺北。

八日　今日由李宏熾帶路，有中心人員駕車和作翻譯，赴屏東長治鄉。車行約一小時到達醫生診所。室內掛滿病人贈送之匾額和錦旗。醫生有點怪怪的好像並不歡迎我們遠道來求診，但把脈斷症高明，並說他能治毅兄之病。又言服藥後要忌生氣和防感冒，此與張禮文醫生所說相同，回到澄清湖別墅，毅兄說他很欣賞此醫生，覺得他有個性，廷光希望醫者與病者有特殊的緣份。今日服藥兩劑。

九日　昨夜不成眠，毅兄輾轉反側不時呻吟，明知服藥見效不會如此之快，但他與我俱有空幻之感。他說他小便不暢並感身體發熱。早飯還能吃點東西，但中午就不想吃了。夫妻二人相對無言，心情沉重，不免有些感傷。他想吃木瓜，吃後他說身體略感舒適，今日仍服藥兩劑。

十日　昨夜未服鎮定劑毅兄亦能成眠，今日心情較好。午前沐浴，不慎滑跌浴盆中，駭得廷光一身冷汗，扶他起來，幸未受到傷害，以盧大夫曾警告不可跌交，以防引起癱瘓，今日仍服藥兩劑。

十一日　晨毅兄尚未起床，廷光至湖邊走走，歸來見毅兄在戶外作柔軟操，眞出廷光意料之外。午前服務人員來清潔房子，爲我們搬出兩張籐椅，我們排排坐上。毅兄說來此數日，今天才發覺此間風景的美，不覺大家誦詩唱詞，霎時間忘去了人間的一切。晚飯毅兄說覺口味略好些，與安兒一信，今日仍服藥兩劑。

十二日　邱醫生的藥已服了八劑，看不出有什麼特別反應。毅兄只說感到痛處由胸背移到腰部。來此服邱醫生藥卽停服白藥及新竹工業研究院所製成藥，今日又一併與毅兄服用，希能加強治療效果。星雲和尚來電話歡迎我們去佛光山休養，望毅兄以精神力量克服一切，並祈佛祐庇保護，今日毅兄特思念他的妹弟，又念安兒尚未成立，又念他的身體不知能夠撐持到何時，一切責任皆由我負擔，謂我太辛苦了。廷光說夫妻要共患難，不能只共安樂。陳修武來電話謂他的親戚已與那位治癌醫師聯絡上，病人不必親往診病，只要說明病情就可配藥服用，這是一件使人高興的事，暫時岔開了毅兄不快的心情。今日仍服邱醫生藥兩劑。

十三日　與安兒一信謂乃父心情時有感觸。廷光勸毅兄安心養病，不可操之過急。毅兄勸廷光凡事要想得通，看得開，逆來順受。忽聞叫師母聲，原來是趙潛同學由香港來，耀東同學亦同來，意外的高興，提起了我們的精神，連吃飯亦覺特別有味了，午後佛光山星雲和尚等來，又表示歡迎至佛光山修養之意。毅兄一向與佛門有緣。天將晚耀東同學返臺北，趙潛留此。

十四日　邱醫生藥已服完，雖未見大效，我們仍抱著希望。今日又請中心服務人員往醫處購藥。午後毅兄休息，我陪趙潛在湖邊走，他告訴我已早知道先生病情惡化的事，醫生說癌細胞已浸入脊骨，病人恐有癱瘓之可能，生命不會超過數月。何以醫生不直接告訴我們，自然是一番善意，但廷光反對，這種善意太消極了，並且剝奪了病人求生存的其他機會。今日毅兄說他身上的痛略好些。晚陳修武來電話。

十五日　收到陳修武親戚寄來抗癌中藥。這幾日趙潛在此陪伴，侍奉湯藥，如同子侄，我們得到無限的安慰，午後我們三人坐在戶外閒談，又陪毅兄繞林間小屋一周。

十六日　今日道別中心諸位先生返臺北，並合照留念，中午抵臺北機場，在機場午餐，毅兄口味尚好，亦未感旅途辛勞，並說感到身上痛的地方範圍縮小了，難道是邱醫生的藥見了效，廷光心中暗喜。回到劍潭，收到友人及同學們寄來的祝福卡，服務員說有美國來的長途電話，曉雲法師、曹愼之先生亦曾來過。

十七日　學生書局送稿來，趙潛幫助校對。

十八日　經國先生又贈醫療費臺幣貳萬元，只好暫時收下。曉雲法師要學生送來齋菜，並常常在佛前爲毅兄祝福。由巴西來臺之林醫生，據說亦能治癌疾，方先生服他藥覺得有效，我們亦想去請教他。

十九日　今日趙潛返港。馮永明來信說每晚皆在佛前爲先生唸大悲咒。安兒來電話欲早歸，我們都不同意，並要她專心作論文。午後黃振華、劉孚坤、程兆熊先生來，張洪瑜先生送來故宮法書一套共三十五册，是毅兄特爲我買的。

二十日　近日毅兄情況令人滿意，看來張禮文醫生藥對他氣喘有效，邱醫生的藥已控制了他身上的疼痛。但我們都不敢太過高興。毅兄剪下中報副刊析烏衣巷一文囑寄安兒。

廿一日　臧廣恩夫婦來信，望毅兄去日本治病，此事不易，況且近日病情好轉，應當安心調養，不擬作其他打算，去一函道謝盛意。

廿二日　志強來，我責他不該隱瞞伯伯的病惡化的事，這樣會躭誤治療的機會，凡事總應權衡輕重。與安兒一信。蔡仁厚、曹愼之先生來，離去時毅兄送他們至中心大門口。這段路並不短，毅兄說他是想試試他的體力有無進步。

廿三日　去附近街市理髮，亦緩步當車，走去走回。聽說如室內水喉不通，對病人很不利，不管是否迷信，亦告訴中心服務人員，望派人來修理。

廿四日　毅兄寫信兩封內附澄清湖合照，寄與星雲法師及澄清湖陳幹事，聊表謝意。

廿五日　宋先生來說毅兄氣色好健康有進步。毅兄略述此次赴屏東治病經過，並謂身體髮膚受之父母，有病應當盡心治療，實不可治，於心亦安。

廿六日　志強謂將去法國數日，已安排由翠華酒樓每日送湯菜給我們。程兆熊先生來謂臺大農學院一教授服張霽天藥治癒肝癌。今天毅兄不時去花園散步，使人開心。

廿七日　逯耀東來說最近事務太多，少來看先生，明日又要參加中共問題討論會共四天。毅兄勉以事務當有節制，否則會妨害造學問。

廿八日　吳士選先生來信，望毅兄勿亟於言旋，宜留臺就醫。中心青年聚會有歌舞表演，我與毅兄去參觀，看了約兩小時的表演，我怕毅兄太累，但他說看看年輕人活動，覺得自己亦年輕了。

廿九日　與安兒一信。吳森來談。近日與毅兄服燕窩，據說最能補肺。

三十日　張洪瑜送稿來並轉來曹仕邦信。劉孚坤來謂方東美先生服巴西林醫生藥略有進境，但先生自知病入膏肓，時提及後事之處理。毅兄今日又開始服張禮文醫處方膏藥。

卅一日　毅兄復曹仕邦、馮永明各一函，二人同去寄信，在劍潭邊走走，雨後萬物生意盎然，人亦感到份外清新。

四　月

一日　由侯靖遠、劉孚坤陪同至新竹工業研究所訪張錦得博士，徐武軍招待午飯。鄭捷順來信，廖伯源來信。

二日　近日廷光欲念多，問毅兄如何能去掉欲念，他說「清靜自然無欲，無欲自然清靜。」

三日　中午志強夫婦約於天香厨午飯，志強定明日赴法。

四日　得二妹、克光、柳先生信。冬明來信說安兒到他那裏見到毅兄與我的像就哭了。王培光夫婦來臺灣渡蜜月，特來看我們，並轉來一些信件。學生書局又轉來唐端正、翟志成的信。

五日　安兒來一信，復安兒一信。並與冬明一信。今日廷光練練琴，毅兄一人到花園散步，他說散步時感到腿比以前有力些。

六日　清理雜物，冬季夜衫、書籍等，如有便人卽託帶回香港。

七日　去市立中興醫院訪熊凡院長，他認爲在臺一切治療，可謂已盡夠人事，但又說如精形許可，不如赴美作作檢查，並願爲我們寫介紹信，至崇儉化驗所驗血並作心電圖，又往參觀曉雲法師等舉辦的叢林文化特展，晤呂佛庭先生。大家說毅兄的簽名秀潤有力，表示身體已康復。午後歸來得吳汝鈞一信。今日展覽中有曉雲法師所繪峨嵋、五臺、普陀、九華四大名山，晚飯後毅兄告訴廷光，謂峨嵋山是普賢菩薩說法的道場，菩薩願力最大如煩惱無盡誓願斷，苦海無邊誓願渡！……五臺山是文殊菩薩的道場，菩薩智慧最高，普陀山是觀音菩薩的道場，菩薩救苦救難謂凡呼我名必得救，九華山是地藏菩薩的道場，菩薩入地獄救母，發誓超渡地獄一切衆生，謂地獄不空，誓不成佛。

八日　午前與潘振球先生同至方東美先生家，毅兄把最近一切治療經過報告方先生，並帶了幾包屛東邱醫生的藥，望方先生斟酌試用。午後唐端正同學由港來，毅兄甚開心，端正說看先生的樣子比在香港好。端正亦住中心內，霍韜晦同學來信，亦擬近日來臺看先生，李杜同學亦擬來臺。

九日　毅兄告端正他病已好轉，要端正返港後告李杜、韜晦等不要來臺了。中午約黃振華、陳修武、郭文夫、吳森、劉孚坤、逯耀東夫婦與端正聚敍於天廚飯館，午後三時返，毅兄說他不覺得疲倦。

十日　約曾昭旭、王邦雄、袁保新、吳貽、潘柏世、莊秀珍鵝湖諸君子與端正相會，恰好臺大同學朱健民、李淳玲、胡以嫺、何淑靜、尤惠貞來，大家聚在一起，可謂盛會。毅兄今天說話很多，大家說等於上了一課。亦如昨日，拍照留念，中午就在中心餐廳午飯。午後周紹賢先生來。

十一日　上午與端正同訪孔廟，參拜先賢，購朱子字贈端正。午飯後他二人談學論道。四時端正即離臺返港，臨行不免依依。

十二日　與安兒一信。出外購藥，取回驗血及心電圖報告尚正常，曹愼之先生來。

十三日　安兒來一信。畢澤宇來。毅兄見廷光不說話，不高興，他亦不高興並說中午他不吃飯了。廷光甚覺慚愧內疚，招呼病人，應當和顏悅色，病人的心理，是很敏感的。午後宋先生來，毅兄感謝他對我們的安排和關照，宋先生說他佩服毅兄，樂於爲他服務。

十四日　與冬明一信。因爲服蛇呑草過多關係，毅兄腹瀉，精神亦不好，口味就差了。以後一切更應小心才是。

十五日　毅兄腹瀉已好，張曼濤來，介紹一位丁超醫生。何啟民來亦介紹了一位朱醫生。

十六日　崔美儀同學來看毅兄，並言盧瑋鑾、陸婉儀特託代候先生。晚看雲門舞集舞蹈表演，來去有三時半之多，毅兄說他不覺得疲倦。

十七日　宋先生希望我們去其他活動中心住住，如日月潭、溪頭、金山……等處非常寧靜，宜於休養。以金山較近，今日乘中心車赴金山住中心竹林別墅。此間青年活動中心近海邊，風景頗佳，中心尤總幹事慇懃招呼，飲食亦合口味。中飯後乘車遊野柳、石門，司機為我們拍照。毅兄說可以把照片寄與親友，使親友放心他的病已好，已可以遊山玩水了。毅兄今日很開心，晚上我們坐在陽臺看漁家燈火。

十八日　與安兒一信。今日雖然天陰較涼，但毅兄興致好，我們亦去林間、海邊散步，互相拍照，以活動多，心情愉快，吃飯亦覺津津有味。

十九日　今日天晴，我們一早卽去海邊欣賞氣象萬千的海上日出。午前尤總幹事陪我們出遊，參觀軍事要塞基地。午後我們在客廳休息，毅兄發現一雜誌上有蘇東坡論字一文，他唸給我聽並要我記下：「……眞書難於飄揚，草書難於嚴重，大字難於結密而無間，小字難於寬綽而有餘……，應重神似，及藏巧於拙……。」

二十日　毅兄一早卽去散步，他告訴我他走得很遠，又說這個地方眞好，實在不想離開了，他問我邱醫生的藥已服了多少劑，我算算由三月八日開始至少平均每日服一劑，到今天已服四十多劑了。毅兄說邱醫生藥對他最有效。

廿一日　今天要返臺北了，我收拾雜物，毅兄一人去散步。回到臺北劍潭已十一時許，收到曹仕邦、鄒慧玲信，服務臺又送來水果鮮花名片，是曉雲法師及徐子貞託他在臺友人給我們的禮物。志強今天返臺北。屏東及圓林藥今日亦寄到。蔣彥士先生因大專師生海港羅難事，引咎辭職，毅兄去一函以表慰問。

廿二日　程文熙先生來，志強、國鈞來，國鈞由港帶來一些信件和新出的治癌藥片，此藥轉送方先生試用。今日至張霽天醫處，醫云既然邱醫生藥有效，就不必轉醫換藥了，不過給了我們他香港的地址。又去孔廟徘徊多時，買了朱子字，就在廟旁一小館午飯。飯後毅兄理髮，我往購箱子，回到劍潭已午後三時。晚至志強家吃飯。

廿三日　教育廳長梁尚勇來看毅兄，他說他看唐老師許多書。畢澤宇來，託他帶行李一件返港。收到王道太太、唐端正、王家琦、程石泉、趙潛、謝扶雅、蘭訓妹、二姊、遠帆信，又收到謝嘉璋、謝仲儀、謝仲明、周柏喬、關祖雄等同學祝福卡。午後牟先生、程先生及黃振華來，毅兄喜說話，牟先生說養病不要多說話更不要談道理。

廿四日　潘柏世、莊秀珍夫婦來教我作黃魚膠，謂病人服此最相宜。與安兒一信並寄去近照。午後斐先生、陳修武來，晚至志強家吃飯。

廿五日　今夜將同國鈞返港，廷光收拾雜物，毅兄電話各友好道謝告別，晚飯後宋先生特來話別。由中心車送我們至機場，逯耀東夫婦、曹敏先生、張洪瑜先生、劉孚坤先生、志強夫婦均至機場送別，不免有依依之感。到香港有張浚華、趙潛、黃樹志、梁麗雲、岑詠芳等同學接機。

回到家中，老工人金媽仍悲善交集，我們亦甚感動。

（「廷光代筆之十一」止）

廿六日　晴　上午吳士選夫婦來，與友人電話，下午睡。

廿七日　晴　上午至研究所，下午休息，晚數學生來。

廿八日　陰　上午至吳士選先生處，有學生來，下午休息。

廿九日　陰　上午翻閱雜誌，林昌恒來午飯，午睡，學生來。

三十日　陰　上午至研究所，下午睡，學生來。

五　月

一日　陰　上午學生來，下午閱雜誌。

二日　晴　上午至沙田慈航淨苑父母靈前上香，至研究所，李國鈞約午飯，午睡後復翟志成一函。

三日　晴　上午閱雜誌，午後校病裏乾坤一文已發表於鵝湖月刊者。

四日　晴　端正夫婦約遊新界，並至研究所與學生談，下午睡。

五日　晴　上午閱雜誌，午睡後仍閱雜誌。

六日　晴　上午閱雜誌，下午睡。

七日　晴　上午至研究所，學生來，下午訪嚴耕望。

八日　晴　上午友人來，下午二同事來，閱雜書。

九日　晴　上午至復觀兄處並至研究所，下午胡欣平來，陳延荔來，重閱歐陽竟無先生釋教一文。

十日　晴　上午與逯耀東、宋時選、潘振球、侯靖遠、黃振華、陳修武各一函，下午與二妹、六妹各一函。

十一日　晴　上午至研究所，吳汝鈞來，午睡後閱歐陽竟無先生釋教文完。閱古尊宿語錄。

十二日　晴　閱沈介山所譯佛教與基督教之比較。

十三日　晴　上午至研究所，下午閱雜誌。

十四日　晴　閱古尊宿語錄。

十五日　晴　閱古尊宿語錄，吳士選來，中午與盧瑋鑾、陸慶增等同至沙田午餐，午睡後訪蘇文擢，蘇先生與我同住一大廈。

十六日　晴　上午至研究所，午睡後閱佛教與基督教之比較一書。

十七日　晴　上午閱張鍾元所譯傳燈錄，下午睡。

十八日　晴　上午至研究所，下午至觀塘參觀癌症展覽，並看一電影。

十九日　晴　上午閱古尊宿語錄，下午閱兆熊兄論大地邊緣人物。

二十日　晴　上午至研究所，下午睡，閱吳經熊禪學的黃金時代。

廿一日　陰　上午閱古尊宿語錄，覆曹明明一函。

廿二日　陰　上午閱宗密答斐休問禪門師資承襲圖。

廿三日　晴　上午至研究所，下午閱古尊宿語錄，晚唐端正、黃耀炯來。

廿四日　陰　上午閱南懷謹禪海蠡測，閱古尊宿語錄，金耀基夫婦來。

廿五日　晴　上午至研究所，勞思光來，下午睡，李杜來。

廿六日　陰　上午閱古尊宿語錄，下午復周開慶、曹明明各一函。腰部發斑疹。

廿七日　陰　發斑疹處作痛，未作事，下午復張曼濤一函。

廿八日　陰　身上仍發痛，略閱古尊宿語錄，下午關展文來。

廿九日　陰　身上仍發痛，略閱古尊宿語錄。

三十日　晴　身上之斑疹如故，廷光以六神丸調醋敷患處。

卅一日　晴　身上之斑疹似轉好，與二妹、六妹各一函。

三十一日　晴　上午閱禪海蠡測，下午睡。

六月

一日　晴　上午閱雜書，下午睡，吳汝鈞來。

二日　陰　身上斑疹雖減少但仍痛，閱古尊宿語錄。

三日　晴　因病休息，略閱古尊宿語錄，唐端正來。

四日　晴　因病休息，略閱古尊宿語錄。

五日　晴　仍休息，下午閱雜誌，復吳森一函。

六日　晴　上午約 Barnical 及吳士選、李杜來家茶會，下午睡。

七日　晴　上午閱古尊宿語錄，下午莫廣詮、冼景炬來。

八日　晴　閱古尊宿語錄，下午梁宣生來，復張洪瑜一函。

九日　晴　閱古尊宿語錄完。

十日　陰　閱傳燈錄及張鍾元譯文，覆柯樹屏一函。

十一日　晴　與李國鈞夫婦過海午餐，下午閱傳燈錄。

十二日　晴　上午至研究所辦公，下午閱傳燈錄。

十四日　晴　閱傳燈錄，復宋哲美一函。

十五日　晴　閱傳燈錄。

十六日　晴　閱傳燈錄，復觀兄來。

十七日　晴　閱張鍾元譯傳燈錄完。

十八日　晴　閱美人 Thomas A. Metzger 書 Escape From Predicament Neo-Confucianism and China's Evolving Political Culture，此書爲彼所贈，其中有專章評述我年來之論文化著作者。

十九日　晴　上午劉伍華、蕭欽松、徐匡謀等來，下午閱永明萬善同歸集。

二十日　晴　上午研究所畢業生考試，下午休息，閱雜書。

廿一日　陰　閱 Barnett 編之 Suzuki 選集。

廿二日　陰　閱 Suzuki 選集，晚赴大會堂聽音樂。

廿三日　陰　閱 Suzuki 選集。

廿四日　雨　閱 Suzuki 選集，下午閱畢澤宇論文。

廿五日　雨　閱蘇新鋈及黃漢光論文，爲蘇文寫審查報告。

廿六日　晴　爲黃漢光論文指出應改正之點書於一紙上。

廿七日　晴　上午研究生畢業口試，中午宴研究所同仁於菜根香餐館，下午休息。

廿八日 晴 閱 Barnett 編之 Suzuki 選集完，下午閱 Suzuki 之 Zen Buddhism 第三集。
廿九日 晴 閱 Zen Buddhism 第三集，下午改畢澤宇論文。
三十日 晴 閱李世傑所譯 Suzuki 禪佛入門完。

七 月

一日 晴 閱 Suzuki 之 Zen Buddhism 第一集。中午與李國鈞、徐志強至沙田午餐，下午列航飛來談華夏書院事。
二日 陰 閱 Suzuki 書。
三日 陰 閱 Suzuki 書。
四日 晴 上午至研究所，下午閱書 Suzuki 第一集完。
五日 陰雨 上午至研究所，下午閱 Suzuki 書，復文守仁及二妹信。
六日 陰雨 閱 Suzuki 書。
七日 陰 閱 Suzuki 書。
八日 晴 閱 Suzuki 書第二集完，至研究所，下午閱 Suzuki 書第三集。
九日 晴 閱 Suzuki 禪學論集第三集完。

十日　晴　在家休息，下午嚴耕望夫婦來。

十一日　晴　上午至研究所，下午睡，馮永明、岑詠芳來。

十二日　晴　上午李杜來談，下午休息。

十三日　晴　上午至研究所，下午閱 Metzger: Escape From Predicament。

十四日　陰　閱昨書，聞方東美先生逝世，去一電報致唁方師母，方先生與我同病，今竟以醫藥罔效而逝世，不知其遺著由何人整理。

十五日　晴　閱 Metzger 書。

十六日　晴　上午至研究所辦公，下午閱 Metzger 書。

十七日　晴　閱 Metzger 書完。

十八日　晴　至研究所，今日招考新生。

十九日　晴　上午復吳汝鈞、郭少棠各一函，下午整理雜物。輓方東美師一聯：

從夫子問學五十年，每憶論道玄言，宛若由天而降；

與維摩同病逾半載，長懷流光慧日，如何棄我先沉。

二十日　陰　閱 Waisman: The Principle of Linguisti Philosophy。

廿一日　陰　閱 Waisman 書，至研究所辦公。

廿二日　晴　閱 Waisman 書，下午睡，身上斑疹已全癒。
廿三日　陰　上午至研究所，下午閱 Waisman 書。
廿四日　晴　閱 Waisman 書，晚至美麗華參加李祖法先生八十壽辰祝壽宴。
廿五日　晴　閱 Waisman 書，與六妹一函。
廿六日　陰　至研究所辦公，閱 Waisman 書。
廿七日　陰　上午兆熊夫人及女明琤來，閱 Waisman 書完，下午看一電影。
廿八日　陰　上午至研究所辦公，下午閱大乘義章，前已看至十一卷，今自十二卷起。
廿九日　陰　上午閱大乘義章，下午與研究所琴社同學至般若精舍晚飯。
三十日　晴　上午至研究所辦公，下午閱大乘義章。
卅一日　晴　閱大乘義章。

八　月

一日　晴　閱大乘義章，彭子游由美來，晚約徐匡謀、蕭欽松等同學於慶相逢餐聚。
二日　陰　上午至研究所辦公，下午閱大乘義章。
三日　陰　復曹士邦、文守仁信，閱大乘義章完。

四日　晴　上午至研究所辦公，下午閱窺基法苑義林。
五日　晴　閱法苑義林，郭文夫來，復張洪瑜信。
六日　晴　上午至研究所辦公，下午閱法苑義林。
七日　晴　晨寫有關方東美先生二三事一文。中午與關展文夫婦同至沙田慈航淨苑，並同午餐，下午睡，晚閱法苑義林。
八日　晴　閱法苑義林。
九日　晴　閱法苑義林章完（除無表色一章）。下午閱慧詔法苑義林章補闕之一半。
十日　陰　上午閱雜誌，下午看一電影。
十一日　晴　上午至研究所辦公，下午復柯樹屏及二妹信。
十二日　晴　復希伯大學教授 Vitaly Pubin 一函。
十三日　晴　上午口試研究所新生，所務會議，與同仁至樂宮樓午餐。
十四日　晴　在家休息，閱雜誌。
十五日　晴　泛覽經學書。
十六日　晴　至研究所辦公。
十七日　晴　閱經學書。

十八日　陰　上午閱經學通志並至研究所，下午閱 Suzuki: Outline of Mahayana Buddlism。

十九日　晴　上下午閱 Suzuki 書二百餘頁。

二十日　晴　至研究所辦公，閱 Suzuki 書百五十頁完，晚與新亞數同學在樂宮樓晚飯。

廿一日　陰　閱經學書。

廿二日　晴　閱宗三佛性與般若書。

廿三日　晴　上午至研究所辦公，閱宗三佛性與般若書。

廿四日　晴　閱宗三書。

廿五日　晴　上午至研究所辦公。復方天華一函。下午復程兆熊與張洪瑜各一函。

廿六日　晴　上下午均睡，因前兩夜均未睡好，晚赴孫國棟子婚宴。

廿七日　陰　上午至研究所辦公，下午睡。

廿八日　晴　上午吳森、唐端正來，同至慶相逢午茶，午睡後復黃振華一函。

廿九日　晴　上午休息，下午睡。

三十日　晴　上午至研究所辦公，下午休息。

卅一日　晴　上午閱雜書，下午休息。

九月

一日　晴　上午至學校辦公 Metzger 來談約二時，彼卽著 Escape from Predicament 一書之人，下午看一電影。

二日　晴　在家休息。

三日　晴　上午至研究所辦公，下午改臺大學生所記筆記四千字。

四日　陰　上午標點改正昨改學生筆記有關佛學之判教問題者。

五日　晴　上午上課二時，下午休息。

六日　陰　上午休息，閱雜誌。

七日　晴　上午上課二時，下午睡後改文二千字。

八日　晴　改文二千字。

九日　晴　上午至研究所辦公。

十日　晴　上午至研究所，與梅貽寶一函。

十一日　晴　上午閱雜誌，下午睡。

十二日　晴　上午上課二時，下午睡，閱雜書。

十三日　晴　改文一千字，下午閱雜書。

十四日　晴　上午上課二時，下午睡，閱雜書。

十五日　晴　標點麥仲貴所抄佛教中判教問題，許孝炎約晚飯。

十六日　晴　上午上課一時，下午睡。

十七日　晴　在家休息。

十八日　晴　朱惠清約午飯，下午睡。

十九日　晴　上午上課二時許。

二十日　晴　在家休息，閱雜書。

廿一日　晴　上課二時許。

廿二日　陰　在家休息。

廿三日　陰　上課一時。

廿四日　陰雨　閱詩聯新話。

廿五日　陰雨　在家休息，咳嗽已三週矣。

廿六日　陰　上課二時。

廿七日　下午新亞中學校慶典禮。

廿八日　晴　上午新亞研究所慶祝孔聖誕教師節，並開董事會。中午宴請若干與研究所有關係之外賓並與同仁同學聚餐，晚研究所晚會。
廿九日　晴　上午在家休息。
三十日　晴　上午上課一時，下午休息。

十月

一日　陰　上午復王家琦一函。
二日　陰　與二妹、六妹各一函。
三日　晴　上課二時，下午休息。
四日　晴　上午閱雜書，下午休息。
五日　晴　上午上課二時，下午閱雜書。
六日　晴　休息，閱雜誌。
七日　晴　上午上課一時，下午睡。
八日　晴　上午閱了然著大乘止觀法門宗圓記。
九日　晴　上午閱佛書，中午與李國鈞夫婦午餐，下午休息。

十日　陰　上午王道太太及逯耀東夫婦來，下午睡，閱佛書。
十一日　陰　上午閱了然大乘止觀法門宗圓記，下午弔關展文母喪。
十二日　晴　上課二時。
十三日　晴　在家休息。
十四日　晴　上課一時，下午睡，復程緝之一函。
十五日　晴　上午閱了然書，郭少棠父爲中醫，下午至其處看病。
十六日　晴　上午閱了然書，下午休息。
十七日　晴　上午上課二時，下午睡，柯榮欣來。
十八日　晴　上午王培光來談其論文事，下午睡，閱了然書。
十九日　晴　上午上課二時，下午睡，閱了然書。
二十日　晴　閱了然書。
廿一日　晴　上午閱了然大乘止觀法門宗圓記完。
廿二日　晴　上午與張公讓一函，下午至郭醫生處看病。
廿三日　晴　在家休息。
廿四日　晴　上課二時，與遠帆侄一函。

廿五日　晴　在家休息，閱雜書。
廿六日　晴　上課二時。
廿七日　晴　上下午校對生命存在與心靈境界一書印本，看最後改正之錯字是否已改。
廿八日　晴　上課一時。
廿九日　風　閱雜書，下午至郭醫生處看病。
三十日　晴　在家休息。
卅一日　晴　上課二時，下午睡。

十一月

一日　晴　今日咳嗽似稍好，再校生命存在與心靈境界一書。
二日　晴　上課二時，校生命存在一書。
三日　晴　校閱昨書。
四日　晴　上課一時，校閱昨書。
五日　晴　校閱昨書，午後至郭醫生處看病。
六日　晴　校讀生命存在與心靈境界一書，唐端正、余英時來。

七日　晴　上午上課二時，校讀生命存在與心靈境界一書完。

八日　晴　閱禮記學記篇註疏數種，以備明日講課之用。

九日　晴　上課二時。

十日　晴　在家休息。

十一日　晴　上課一時。

十二日　晴　與研究所師生旅行凌雲寺，下午所會，與學生談新亞研究所之性質與其他研究所之異同，及新亞諸導師成學之經過各不相同，亦多有曲折，如從事政治教育行政等。然其所以能成其學，則在先有根底，在從事他業時於學問不忘，而其多曲折之經歷乃為增其識見之用。故諸同學應自諸導師之識見向之學習。又研究所同學應重視外國語，並互相了解取法其所長云云。

十三日　晴　上午至郭醫生處看病，下午復信。

十四日　晴　上午上課二時，復伍廉伯一函。

十五日　在家休息，復兆熊兄一函。

十六日　晴　上午上課二時，下午復二妹、六妹各一函。

十七日　晴　上午閱禮記註疏二時，下午閱佛學雜誌。

十八日　晴　上午上課一時，下午休息。

十九日　晴　上午與劉文潭一信，下午睡起閱禮記集註。
二十日　晴　上午至郭醫生處看病，下午休息。
廿一日　晴　上午上課二時，下午復周陽山一函。
廿二日　晴　上午閱雜誌，下午睡。
廿三日　晴　上午上課二時，下午睡，端正來。
廿四日　陰　上午評改朱冠華之一文，下午睡。
廿五日　晴　上課一時。
廿六日　陰　在家休息。
廿七日　陰　至郭醫生處看病，下午余慧文來。
廿八日　晴　上課二時。
廿九日　晴　在家休息。
三十日　晴　上課二時，下午閱哲學與文化一刋。

十二月

一日　晴　上下午在家休息，閱雜誌。

二日　晴　上午上課一時，吳錦東君來談，下午睡並復劉文潭一函。

三日　晴　在家休息，閱哲學與文化雜誌，復謝扶雅一函。

四日　晴　至郭醫生處看病。

五日　晴　上午上課二時，下午睡。

六日　晴　上午清理雜物，與陳特一函。

七日　晴　上午上課二時，張曼濤來，下午睡，準備課。

八日　晴　休息，閱雜誌。

九日　晴　上午上課一時半，下午休息。

十日　晴　上午閱徐進夫所譯東西人我觀，下午至郭醫生處看病，歸來仍閱徐書。

十一日　晴　上午至吳士選處談，下午睡，今日咳嗽加劇。

十二日　晴　上午至研究所，與何蒙夫一函，下午睡，復王家琦、蔣炎午各一函。

十三日　晴　在家休息，閱雜誌。

十四日　晴　上午上課一時半，自今日起停課，下午復劉文潭及程石泉各一函。

十五日　陰　上午擬一英文信稿與中大文學院院長者，下午與張鍾元、陳榮捷各一函。

十六日　晴　上午抄信，下午唐端正來。

十七日　晴　上午休息，下午黎華標來。

十八日　晴　上午與陳佐舜一函，下午休息。

十九日　晴　抄改函件。

二十日　晴　復曾昭旭、霍寶屏、曹士邦各一函，與馮愛羣一函，閱霍寶屏禪服一書大概。

廿一日　晴　上午至研究所，下午睡，與黃秀璣一函。

廿二日　晴　與柯樹屛、張洪瑜各一函，下午休息。

廿三日　晴　唐端正、黎華標來。至黃漢卓醫生處看病，彼謂應住院作詳細檢查。

廿四日　晴　入聖德肋薩醫院，民國六十七年一月一日出院，檢查結果，舊病延至左肺，右肺則無病徵，於此七日自校中國文化之精神價值一書一次。

廷光代筆（十二）

十二月廿四日　端木愷先生由臺來港，他擬約研究所先生吃飯。毅兄要進醫院，不能奉陪，但親自電話與各同仁聯絡端木愷先生約吃飯事。午後關展文先生送我們入醫院。今天是耶穌聖誕節，一進醫院門卽聽見護士們在唱聖詩，詩聲感人，使人覺得似乎精神在上升。我們入住二一七號病房，隨即作檢查如心電圖及照X光等。毅兄向我說他已看見肺上有一大片白色影子，我心中甚沉重。晚上醫生來謂此種情形是肺炎的成分多，但須治療數日始能斷定究爲何病。我們心中有數，毅兄與廷光無可奈何的彼此說些安慰話。毅兄帶了中國文化之精神價值一書，他就開始校讀。晚上國鈞夫婦來。

廿五日　午前十時醫生來，言心臟無問題，血壓不是太高，可放心。關先生來，趙潛夫婦來。

廿六日　昨夜毅兄睡得好，亦未咳嗽，但晨起又咳了。他勉強到陽臺作柔軟運動，剛好醫生來，醫生不主張多活動，應當完全靜養，尤其要避免受凉感冒等。熊醫生來，他是安兒培正中學的同學，很關切我們，他在此負責X光片的鑑定。我問他毅兄的X光照片情形如何，他說已有報告送交治療醫生，未答復我的所問，看來自然是情形不好。我盡量保持鎮定的態度。醫生走了，我把毅兄帶到醫院的一本詩濂洛風雅，是宋明儒家寫的詩，我大聲的讀，毅兄亦隨著我低聲吟誦，剎那間我們均沉入詩中的境界。晚黃醫生來。

廿七日　今日廷光生日，回家拜祖先父母，並帶雞湯燕窩等回醫院，以醫院的伙食不合毅兄的口味。午後端木愷先生來，徐復觀夫婦來，晚上醫生來說今日驗血結果很正常。

廿八日　毅兄咳嗽今日加劇。王家琦來信說因爲唐先生病，使他對癌症有特殊的認識，並想到一些治療方法，我們很高興，預祝他的想法早日成功。程文熙先生來信，趙潛、麥仲貴來，晚關先生、張浚華來。

廿九日　昨夜不能安眠，時聞毅兄咳嗽聲與嘆息聲，今晨他告訴我說他腰酸痛。

三十日　今日毅兄痰中有血，我內心實在沉重，我決定繼續給他服邱醫生的中藥，和白藥，中西醫同時治療，希望絕處逢生。午後關先生、孫德智先生來，晚上張浚華及父母來。

卅一日　今日又照X光，洪名俠父女來。晚醫生來，使我們這幾日所抱的希望全部幻滅了。醫言仍是瘤腫不是肺炎，主張以去臺請原來主治醫生治療較好。

（「廷光代筆之十二」止）

民國六十七年（一九七八年）

一月

一日　陰　上午自醫院返家，復劉文潭一函。

二日　陰　在家休息，閱禪學論文集。

三日　晴　上午閱雜誌，下午閱圓覺經疏抄。

四日　陰　閱圓覺經疏抄，復周開慶、王家琦各一函。

五日　陰　閱圓覺經疏抄，下午睡，復吳士選信。

六日　晴　閱圓覺經疏抄，與王家琦一函。

七日　晴　閱圓覺經疏抄，復馮愛羣一函。

八日　晴　在家休息，唐端正、吳森來。
九日　晴　上午上課二時，下午閱圓覺經疏抄。
十日　晴　閱圓覺經疏抄前四卷大體完，以後者不擬看；復陳啟恩一函，伍廉伯一函。
十一日　晴　上午上課二時，下午關展文陪同看關肇碩醫生。
十二日　晴　上午休息，下午與關展文同去看曹戴熙醫生。
十三日　晴　上課一時。
十四日　晴　閱圓覺經，下午為中國文化之精神價值一書擬改之新版寫一短序。
十五日　晴　閱圓覺經，復二妹、六妹各一函。
十六日　陰　上午上課二時，下午睡，校對中國文化之精神價值。
十七日　陰　與黎元譽、柯樹屏各一函。
十八日　陰　上午上課二時，下午睡。
十九日　陰　上午閱圓覺經疏抄卷五完。
二十日　陰　上午看曾鑑泉醫生，下午入浸信會醫院檢查，至廿六日下午出院，在院中事廷光日記有記。在院中曾復張曼濤二信。

廷光代筆（十三）

一月二十日　見毅兄咳嗽氣喘走路亦很吃力的樣子，只恨我不能替他負擔半分。他想去研究所，幸趙潛來，我們勸他先去看病，然後再去研究所。這位曾鑑泉醫生是吳士選先生及關醫生介紹的，醫生作了心電圖後卽說應當住院，留在家中不大好。午後卽由趙潛送我們進浸信會醫院住七〇七號病房。馬上卽進行各項檢查。有一位高醫生說，他在化驗室作事，他說以前在新亞書院餐廳作過職員，若有什麼事須要幫忙，可以隨時去找他。晚上曾醫生來說，須經兩三日檢查才能決定治療方式，望病人不要着急，好好靜養。關先生來，唐端正夫婦來。

廿一日　今日曾醫生來未言他事，仍勸病人好好休養，少說話，一切行動都要慢，如此可減輕氣喘。金媽送湯和藥來，李杜、霍韜晦夫婦來。

廿二日　醫生來說檢查結果明日卽有詳細報告。以醫院距家近，金媽每日送來湯及邱醫生藥。毅兄什麼好吃的東西他都不大想吃。吳太太及胡健爲來。唐端正來，我告訴他醫生說唐先生不可以再上課了，毅兄則不以爲然，他說「坐而論學他是可以勝任的，如話亦不說，課亦不上，精神不能與人相通，只求一生命的存在，那有什麼意思呢。」毅兄精神力量特強，常忘去了他的病。可能是使他生命超出盧大夫的估計的主要原因。

廿三日　昨夜毅兄咳嗽很多，他睡不好，我亦不能成眠。上午照X光。下午趙潛帶著岑詠芳、黃樹志等同學來問候，還送了一康復卡，上面有許多同學的簽名，並說他們不願來醫院打擾先生休息。張曼濤來信擬收毅兄四篇有關佛學文章放入他所編的現代佛學叢書中，毅兄立即回信表示意見。當他執筆寫信時，眞看不出他是一個病危的病人。何敬羣、徐訏、王韶生幾位先生來，唐端正、霍韜晦、吳森夫婦來。晚醫生來說，檢查結果不令人滿意，把所有病況都告訴了我們，他認爲我們應當知道，現在唯一的辦法就是試用抗癌素針，但後果不能預斷。我們很了解自己的病況，唯有接受醫生辦法，聽天由命了。

廿四日　上午醫生來注射抗癌素針，醫生說用藥的份量是依照中國人的體質，大概不會有不良的反應。我送醫生至病房外，醫生說你先生病癒的希望甚微，望我應當有所準備。唉！上蒼何故對我們這樣殘忍。安兒來電話，說她的論文已作好了，要我們放心，她以居留事等待移民局接見，不能馬上回來，不知伯伯近來情形如何，我只有輕描淡寫，免她遠念。志強來電話說已託友人帶邱醫生藥來港。孫國棟、許濤來問候，晚醫生來勸毅兄要多吃東西以增加體力，晚飯後陪毅兄至走道散步，並至八樓視羅香林先生疾。

廿五日　昨夜毅兄不停的咳嗽，氣喘亦加劇。上午醫生來，謂咳嗽多的原因可能是針藥已破壞了癌細胞，被破壞之細胞侵入氣管所以增加咳嗽，給服止咳平喘藥，陳克文、胡應漢二先生來。

廿六日 昨夜咳嗽仍多，醫生說不能完全止咳，因爲要使髒東西咳出來。醫生同意病人回家休養，只須定期至他診所接受注射。毅兄又與張曼濤一信，午後關先生接我們出院。毅兄磅體重，他說住兩次醫院共瘦了八磅，他不想吃東西是主要的原因。

(「廷光代筆之十三」止)

廿七日 晴 上午擬一證明書稿，下午休息，張公讓醫生來。

廿八日 陰 復二妹六妹信報告我病情，並復賀年片。

廿九日 陰 可能打針反應，胃口不開，咳嗽哮喘仍舊，並感氣悶，感身體上下不相連。

三十日 陰 胃口仍不好。

卅一日 陰 在家休息，廷光爲我理髮。

二月

一日 陰 與王家琦一函。

唐君毅日記刊行記

一

先夫嘗言十五歲至三十歲之日記、札記最有價値，此十五年中乃學問最有進步之時，在日記中所記之生活反省及思想進境皆甚詳細，札記中則包含三十歲以前之思想系統，是他過去最寶貴的東西。以抗戰時期避日機轟炸，將日記、札記與家中藏書和他父親文稿一併寄存成都附近之雙流縣劉雲家中，劉乃他父親學生。後來共產黨以劉家爲地主，被抄家，故所寄存之藏書、父親文稿，和他的日記、札記、詩稿就不知去向了。言下不勝唏噓。又言在香港日記，則無大的價値，不過對他個人則有極大之歷史意義。

所以先夫逝世後，爲其出全集，編委們主張將在港日記發表，作爲全集之一卷，廷光初不同意，繼而同意選錄發表，但編委們總望全部發表，廷光不敢多固執，遂逐日抄錄，抄成計約五十萬言。

因爲抄日記，我才了解所謂日記的價値，它是個人的歷史，個人生命的歷程。尤其是一位學人的日記，不但可窺其願力與志趣及治學經過和爲人之道，確實有許多發人深省之處。所以了解一位學人，應當看他的日記。

二

廷光抄先夫日記，因而更增加了對他的了解。他的日記寫得很簡單，似乎很平凡，但在簡單平凡的句子裏，已表現了他溫純敦厚、勤勞孝友之天性，及一種由內在的道德的自覺反省而表現出來的至誠惻怛之性情，常抱苦心孤詣，與人爲善，望人人各遂其生，各不受委屈之懷。人格、家庭、友誼在他內心中所佔的地位是高於一切的。

如較具體的說，我對先夫所增加的了解，不妨略述一些於下，不過我敍述的不是他的學問，而是他的願力，他的人生情調。在未到香港前有一段時間，當山河破碎，國家民族危急存亡之際，他念國家興亡，匹夫有責，曾欲安頓家庭，想獻身國家社會，犧牲個人幸福，去學如甘地那樣的人。但後來發現自己之長處在思想學術方面，所以報國之道，唯有從學術文化方面努力，貢獻力量。在三十歲左右卽與友人合辦雜誌，如重光、理想與文化等刋物，本義理之當然撰寫文章，希望能引起廣泛性之文化運動，開拓國人之心量與智慧，以轉移國運。來香港後卽與友人創辦學校，本宋明書院之精神，兼採今日之教育制度，以求對國家文化與教育負一點存亡繼絕，反本開新之責。同時在一般人皆緘口結舌，不敢直言時事之日，卽挺身負思想文化之責，與數友人經常在數刊物上不斷撰稿，針對時代立言，以疏導、呼喚、鼓舞人心。又發起各種講會，如人學講會、文化講座、哲學會、東方人文學會等，願與師生友好共同努力去發掘宇宙之眞理和悟澈人生的意義、價値，與歸宿。同時先夫在思想學術上的態度是非常寬大的，只要是從良知理性出發，目標在使人類社會更合理想，不同的思想路向是可以相容的，不同的著作，他都欣賞。他說若人人能本良知理性，化私爲公，心光交映，這是多麼美的世界。

三

先夫對於理所當然之事，必據理力爭，在香港爲新亞教育理想而爭之事，有幾件値得提出，如一九六〇年香港政府通知學校停止懸掛國旗事。中文大學成立後，新亞研究所在大學中之存在地位事。大學改制事……。凡此等等爭論之事，大皆失敗，然亦至山窮水盡而後已，雖在客觀上似無甚價値，在主觀上則作到問心無愧。

抄先夫日記，增加了對他的了解，受益不少，同時感到難過慚愧的地方實多。廷光太麻木了。對他的體貼愛護太不够了。爲什麼平時沒有注意到他所擔任的工作，乃兼人之任，不是一人能够勝任的。要教書，要讀書，要用思，要寫作，要辦行政，更要負擔這個時代的使命。算算他校內校外所兼職務約有十個之多，每週出席會議平均要花數十小時，而且酬酢又繁，雖說這些事都與文教事業有關，然而負擔實太重了。所以先夫每日工作時間很長，深夜仍在讀書用思寫作或校改文章，或寫書信。精神常在透支中，時感疲倦，不時生病發燒。廷光糊糊塗塗，除了代他寫寫家書，不讓雜務打擾他以外，其他的事我太疏忽了，如今已成廷光不能彌補的遺憾。又先夫禀性仁柔，苦心孤詣，凡事爲人設想，自己苦惱，我不但不能幫助他解決問題，反而說他優柔寡斷，姑息養奸，實乃仁者之過矣。這種性格的人，眞不宜於辦行政，誰知行政的事竟累了他一生。不過先夫毫無怨言，他只覺行政事務太多，有妨害他讀書寫作的時間。

先夫沒有什麼娛樂可消遣，或爲太忙之故。唯一調劑生活的辦法，就是去看看電影，或者去鄉間走走。這是在他工作太辛苦，精神疲倦到不能再支持時，或讀書用思寫作欲罷不能時，又或心情動盪不安，所思所想問題得不到解答時，他就要我陪他去看電影或去鄉間。我們多半看公餘場和早場，不但觀眾少，票價廉，而且還可以看到很好的影片，往往在樓座中，只有我二人，眞是全無打擾，可以得到眞正的休息。但醉翁之意，先夫有時雖身在電影院，而實際並未看電影，是在利用那無打擾的環境，在閉目沉思。到鄉間他喜坐草地上，觀行雲流水，或昂首天外，面對蒼茫宇宙，如醉如癡去思索那許多又是情又是理，情理交融的深遠意境，了解那深遠的古人的心。

四

抄完先夫日記，使廷光念念不能忘懷，於心有所不能忍者有以下種種。我念他苦心孤詣，赤誠惻怛，與人爲善的情懷。我念他自一九六六年患嚴重目疾仍要上課、校文、辦公、開會，因而失去了有效的治療時間，致一目幾乎全失明，從此只有一目可用之情境。我念他晚年患不治之疾，臨危之時，仍不忘學生課業，勉強支持回學校上課辦公的精神。和他對死亡無所畏懼，肅然承擔的魄力。但他想到失去了他而尚存在之人的悲哀，他就不忍離開愛他而尚存之人。我更懷念先夫一九七六年八月十三日的日記，他知道自己患了不治之疾，他寫下如此一段話：「昨夜睡不成眠，念自己之學問實無工夫，實庸人之不若，如何可至於聖賢之途？今日與廷光談我所見之理，自謂不悟，但智及不能仁守，此處最難，望相與共勉，應視當前之困境，作吾人德業之考驗。」痛哉此語，刻骨銘心，這是支持我繼續生存下去面對現實的力量，望我夫在天之靈安息，廷光絕不懈怠，願死生相與共勉。

五

先夫在港日記由一九四八年五月卅一日起，至一九七八年二月一日卽逝前一日止，無一日間斷，除母喪期間，病中，忙中，或旅途中，有廷光代筆處。廷光代筆處不多，凡代筆處皆註明「廷光代筆」四字。又先夫記年、月、日，喜以「號」代「日」，偶亦直用「日」，今爲統一起見，全部用「日」，「年」則仍用民國年號。

日記是隨筆而成，行文草率，時有誤筆。先夫日記字很小，零篇不成册者多，整理鈔錄，比較不易，加以廷光不學無能，視力又差，既無能力校正誤筆之處，又鈔錯之處必多，此乃廷光之罪矣，望仁者憐而正之。

民國七十三年廷光記於香港

國家圖書館出版品預行編目資料

日　記（全二冊）

唐君毅著. – 初版. – 臺北市：臺灣學生，1988.07

面；公分　–(唐君毅全集；卷 27-28)

ISBN 978-957-15-1763-6 (全套：平裝)

1. 唐君毅 2. 傳記

782.886　　107004008

唐君毅全集　卷二十七・卷二十八

日　記（全二冊）

著作者：唐君毅

出版者：臺灣學生書局有限公司

發行人：楊雲龍

發行所：臺灣學生書局有限公司

臺北市和平東路一段七五巷一一號

郵政劃撥戶：〇〇〇二四六六八號

電話：（〇二）二三九二八一八五

傳真：（〇二）二三九二八一〇五

E-mail: student.book@msa.hinet.net

http://www.studentbook.com.tw

本書局登記證字號：行政院新聞局局版北市業字第玖捌壹號

定價：新臺幣九〇〇元

一九八八年七月全集初版

二〇一八年五月全集初版二刷

78226

ISBN 978-957-15-1763-6 (全套：平裝)